特华论坛（2009—2019）

特华博士后科研工作站　编

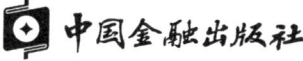

责任编辑：曹亚豪
责任校对：孙　蕊
责任印制：丁淮宾

图书在版编目（CIP）数据

特华论坛（2009—2019）/ 特华博士后科研工作站编 . —北京：中国金融出版社，2019.12
ISBN 978 - 7 - 5220 - 0345 - 0

Ⅰ.①特… Ⅱ.①特… Ⅲ.①中国经济—文集 Ⅳ.①F12 - 53

中国版本图书馆 CIP 数据核字（2019）第 247080 号

特华论坛（2009—2019）
Tehua Luntan（2009—2019）

出版	中国金融出版社
发行	

社址　北京市丰台区益泽路 2 号
市场开发部　（010）63266347，63805472，63439533（传真）
网上书店　http：//www.chinafph.com
　　　　　（010）63286832，63365686（传真）
读者服务部　（010）66070833，62568380
邮编　100071
经销　新华书店
印刷　北京市松源印刷有限公司
尺寸　169 毫米 × 239 毫米
印张　17
字数　272 千
版次　2019 年 12 月第 1 版
印次　2019 年 12 月第 1 次印刷
定价　56.00 元
ISBN 978 - 7 - 5220 - 0345 - 0
如出现印装错误本社负责调换　联系电话（010）63263947

不忘初心，牢记使命，责任担当

特华博士后科研工作站，自2000年11月经全国博管办和人事部批准成立以来，已经走过20年的发展历程。时光荏苒，日月如流。20年来，在全国博管办、人力资源和社会保障部及北京市人力资源和社会保障局的关心指导下，在博士后合作导师的大力支持下，在全体博士后和工作人员的共同努力下，"特华论坛"也成功举办了20届。作为工作站的科研阵地和学术交流平台，"特华论坛"品牌知名度日益提升，社会影响力不断扩大。

不忘初心，"特华论坛"坚持建设博士后和合作导师学术交流平台，努力打造成为我国经济金融领域的高端智库。工作站建站之初，就确立了站在"知识、信息、政策、操作"四个源头的办站方针，聘请国内外一流的专家学者担任工作站博士后合作导师，坚持"招收一流博士后研究人员，推出高质量的研究成果"的办站目标。为搭建高端学术交流平台，我们依托博士后合作导师和博士后的群体优势创办了"特华论坛"，邀请国家部委和监管部门领导、著名高校和科研院所专家学者以及相关行业一线企业家参会发表高屋建瓴的观点。20年来，"特华论坛"从小到大，社会影响力不断提升。在这里政、商、学、研实现交流对话，政策、理论和实体经济部门形成良性互动。博士后不仅可以领略合作导师远见卓识的崇论闳议，也会感受到合作导师对国家经世济民观点的高山仰止。

牢记使命，"特华论坛"坚持把脉中国改革开放伟大实践，探讨我国经济金融领域的前瞻性和战略性问题。20届"特华论坛"先后探讨了"中国经济结构和金融结构调整""中国私募基金""中国经济与金融形势""短期公司债券""中央银行体制""中国保险业的改革与发展""中国房地产市场与房地产金融""中国金融生态与经济安全""坚持科学发展观，做大做强中国保险业""优化资本市场结构，提高直接融资比重""全球金融危机下的中国应对策略""2010'中国宏观经济形势分析""2011'中国宏观经济形势与政策""2020年的中国经济：目标、环境与对策""保险资金：

助推经济　服务社会""全面深化改革：实现中国梦的历史新起点""新常态下中国经济发展的新机遇""新起点、新机遇、新目标——全面推进国家'十三五'发展规划实施""寻找中国经济发展新动能"和"稳中求进　迈向高质量发展"等一系列重大经济金融问题。20年来，"特华论坛"以实证研究为突出特色，以探讨解决实际问题为立身之本，"在实践中探索，在探索中创新"。

责任担当，"特华论坛"坚持以国家民族复兴为己任，努力为新时代中国经济实现高质量发展贡献智慧。"责任、专业、奋进"是特华凝聚积淀的企业文化，其中"责任"是特华价值观的核心内涵。特华人特别强调企业的社会属性，强调企业发展要对国家负责、对社会负责、对员工负责和对股东负责，而承担社会责任是排在第一位的。20年来，工作站始终坚持"用知识服务社会，以智慧回报国家"的办站理念，并将这一理念具体化为"三个有利于"原则，即"有利于服务社会，有利于企业发展，有利于博士后成长"。正是在"责任"文化的引领下，"特华论坛"以独特的视角、专业的眼光，直面中国经济社会发展面临的现实问题，为新时代中国经济实现高质量发展献计献策。

"执大象，天下往。""特华论坛"的生命力，源自特华人勇于追求国家民族利益、勇于承担社会责任之"大道"。"不忘初心，牢记使命，责任担当"是"特华论坛"取之不尽、用之不竭的动力源泉。

站长：李玉泉

目 录

第十一届特华论坛（2009）：全球金融危机下的中国应对策略 / 1

  吴晓灵：发展融资租赁业务　促进企业技术进步 / 3
  王君：坚持不断学习　适应新的经济增速 / 6
  王松奇：中国应该如何应对全球金融危机 / 8
  陈文辉：全球金融危机下中国保险业的应对策略 / 10
  胡祖六：危机后三个比较重要的趋势 / 13
  常博逸：危机带来机遇　发展需要变革 / 15
  李茂生：危机应对的核心问题是信心 / 17
  郑新立：危机的持续时间及根源 / 18
  肖金成：扩大内需面临三大困难 / 20
  韩立岩：调整经济结构　坚持金融创新 / 20

第十二届特华论坛（2010）：2010'中国宏观经济形势分析 / 23

  王国刚：调整经济结构　促进经济发展 / 28
  胡祖六：中国能否成为全球金融危机的大赢家 / 31
  罗平：银行监管与宏观调控 / 35
  黄达：冷静稳健分析问题 / 38
  康雁提问：如何加强对中小企业的信贷支持 / 39
  罗平回答：银监会六项机制从微观角度指导小微贷款 / 40
  高材林：宏观经济形势分析 / 40
  王稳提问：城市化与城镇化的区别 / 41
  王国刚回答：县以下为城镇化 / 42
  吴小平：转变发展方式　调整业务结构 / 43

张国祚：对中国经济发展的七点看法 / 44
王洛林：论坛可以更年轻化 / 46
李茂生：宏观政策问题研究要实事求是 / 47

第十三届特华论坛（2011）：2011'中国宏观经济形势与政策 / 51

王茂林：经济发展不能一味追求高 GDP / 56
胡一帆：后危机时代的分化 / 59
王国刚：中国宏观经济形势的三个问题 / 64
洪崎：中小银行面临的挑战与对策 / 66
周道炯：重视投入产出比例不协调问题 / 67
戴根有：决定未来经济形势的两个指标 / 68

第十四届特华论坛（2012）：2020 年的中国经济：目标、环境与对策 / 73

陈兴动：欧债危机及其影响 / 77
王茂林：未来 10 年中国经济社会发展展望 / 80
王国刚：就业、风险与创新 / 82
李茂生：未来仍可能保持高速增长 / 83
戴旭：未来中国经济发展的外部环境 / 85
关建中：改革国际评级体系　推动世界经济复苏 / 85
米建国：中国财富分配流向 / 87
胡坚：2012 年经济金融发展建议 / 88

第十五届特华论坛（2013）：保险资金：助推经济　服务社会 / 91

陈文辉：论保险资金的运用 / 97
王国刚：保险资金运用与金融服务实体经济 / 100
余云辉：保险资金运用服务经济社会发展 / 102
王茂林：保险资金的两方面运用 / 103
胡继晔：借鉴国外养老金政策 / 105
李茂生：扩大医疗保险资金来源 / 106
王稳：保险资金运用的三点体会 / 107
吴小平：保险资金运用的安全性、流动性和盈利性 / 108

目　录

第十六届特华论坛（2014）：全面深化改革：实现中国梦的历史新起点 / 111

陈文辉：保险在国家风险管理体系中的作用 / 117

陆文山：股票发行注册制推行是一个系统工程 / 119

王国刚：利率去行政化不等于利率市场化 / 121

康建明：互联网金融前景非常广阔 / 124

李韶宁：获取互联网思维　自己变成"自媒体" / 126

董文标：在利率市场化问题上相信市场的力量 / 129

王茂林：中国金融要为农民和小微企业服务 / 131

谢平：关于政策性银行发展的几个问题 / 134

王君：政府职能才是未来十年金融改革的重点 / 135

李茂生：市场的"决定性作用"和"基础性作用" / 137

第十七届特华论坛（2015）：新常态下中国经济发展的新机遇 / 139

郑新立：稳增长、调结构与金融体制改革 / 141

吴晓灵：释放金融抑制，提高金融效率 / 144

王茂林：新常态下中国经济发展的新机遇 / 147

刘尚希：财政角度下效率与公平的有机融合 / 150

李清娟：推进"一带一路"倡议　参与全球经济治理 / 154

李成勋：新常态下核心任务是稳增长 / 157

米建国：正确全面理解新常态 / 159

李茂生：60年来的"急紧死"问题 / 160

高传义：新常态下的融资租赁发展 / 162

马庆泉：新常态的四个重要特征 / 164

郭夏：新常态、新指标、新思想 / 165

第十八届特华论坛（2016）：新起点、新机遇、新目标 / 169

阎庆民："十三五"期间京津冀一体化发展 / 175

高传捷：引入信托制度　活跃农村土地市场 / 178

肖金成："十三五"期间中国区域发展新战略 / 182

张领伟："十三五"期间互助保险发展 / 186

李青云："十三五"期间我国居民财富管理 / 188

第十九届特华论坛（2017）：寻找中国经济发展新动能 / 193

  吴晓灵：金融创新的逻辑路线 / 197
  宣昌能：监管创新与金融稳定 / 200
  米建国：正能量地进行创新 / 202
  施安平：创新 VC 投资的新玩法 / 206
  唐银山：英国的创新创业案例 / 211
  夏华：新时代的产业互联网 / 213
  李光荣：通过企业创新寻找经济发展新动能 / 217
  王茂林：营造社会创新的法律制度环境 / 220
  周延礼：重视金融业的风控和创新 / 223
  李茂生：官产学研结合起来贡献力量 / 224
  李成勋：支持特华智库建设 / 225

第二十届特华论坛（2019）：稳中求进　迈向高质量发展 / 229

  宋泓：中美贸易摩擦评述与展望 / 234
  姚望：国际合作新趋势、新特征、新发展 / 237
  陈昌盛：2019 年的中国经济 / 241
  王国刚：中国资本市场发展的瓶颈与可选之路 / 244
  陈伟钢：金融监管的技术创新与价值重塑 / 248
  邓智毅：做好不良资产处置，有效防范金融风险 / 250
  刘绪光：应对金融科技挑战与加强监管 / 252
  王茂林：发挥优势推动中国经济高质量发展 / 256
  李光荣：新起点新征程——特华论坛回顾与总结 / 257

2009 第十一届特华论坛

—— 全球金融危机下的中国应对策略

会议背景与论坛主题：2009年1月10日，第十一届特华论坛在北京京都信苑大酒店成功举办。会议背景是中国经济进入结构调整和周期下行期，而由美国次贷危机引发的全球金融危机带来更大压力。中国政府出台了"四万亿"经济刺激计划，"保增长、扩内需、调结构"成为宏观经济政策的核心。如何研判危机严重程度，应对危机应采取哪些措施，怎样才能使经济持续健康发展，成为亟待解决的问题。在此背景下，论坛围绕"全球金融危机下的中国应对策略"这一主题，就全球金融危机的理性思考、危机下欧美金融体系的重大变化与发展趋势、危机下中国经济面临的困难和问题、中国应对策略的选择等问题展开深入探讨。

主办单位与发言专家：本届论坛由中国社会科学院金融研究所、中国保监会政策研究室和特华博士后科研工作站联合主办，由罗兰·贝格国际管理咨询公司、华安财产保险股份有限公司协办。中国社会科学院金融研究所所长、特华博士后科研工作站研究总指导李扬研究员主持论坛，全国人大财经委员会副主任委员吴晓灵、世界银行东亚太平洋地区首席金融专家王君、中国社会科学院金融研究所副所长王松奇、中国保监会主席助理陈文辉、高盛（亚洲）有限责任公司董事总经理胡祖六、罗兰·贝格大中华区总裁常博逸、北京特华财经研究所所长李茂生做主题发言。中央政策研究室副主任郑新立、国家发展改革委国土开发与地区经济研究所副所长肖金成、北京航空航天大学经济管理学院教授韩立岩等做评论发言。

参会导师与特邀嘉宾：特华博士后科研工作站博士后合作导师（按姓氏笔画排序）王力、王君、王建、王铎、王稳、王一鸣、王太元、王松奇、王洛林、卢德之、田进、刘元、史建平、米建国、孙海泉、李扬、李光荣、李茂生、肖金成、吴小平、吴晓灵、何盛明、邹东涛、陈文辉、陈栋生、陈锡文、周道许、郑新立、孟焰、胡坚、胡昭广、胡满泉、南京明、姜洋、敖惠诚、袁力、晋保平、夏杰长、徐信忠、高传捷、唐双宁、黄湘平、梁琪、蔡鄂生、潘晨光、霍学文、戴根有等，以及来自金融监管部门、相关部委、企业界、著名高校和科研院所的特邀专家、工作站博士后共350余人出席论坛。

吴晓灵：发展融资租赁业务　促进企业技术进步

发言专家：特华博士后科研工作站博士后合作导师、全国人大财经委员会副主任委员吴晓灵

一　全球金融危机给我国经济调整带来压力和动力

2008年，中国经济发展进入金融结构调整和经济周期下行阶段，而由美国次贷危机引发的全球金融危机给我国经济调整带来了更多的压力和动力。2009年，我们应该利用这次危机产生的压力，积极主动地推进中国经济结构调整和企业技术升级换代。中国经济能否健康地向上发展，关键不在于速度，而在于经济结构调整与技术升级更新换代的效果。

二　融资租赁是促进设备更新换代的有效融资方式

第一，对于中小企业来说，融资租赁是资金融通的有效方式。融资租赁业务是租赁物购买选择权和业务付款权分离、租赁物所有权和使用权分离的金融交易。这种特殊的交易为实体经济发展和中小企业融资业务提供了便利条件：购买选择权和业务付款权分离，能够满足承租人的投资需求；所有权与使用权分离，能够保证出租人资金的安全。因此，融资租赁是促进企业技术设备更新换代的重要融资方式，尤其对于有效抵押物不足的中小企业，融资租赁是其获得资金融通的有效方式。

第二，对于设备供应商来说，融资租赁可以扩大产品销售、扩展企业的发展空间。中国设备投资中采用融资租赁方式的比重与国际相比差距较大，中国在2%左右，而发达国家平均为15%～20%，最高的超过了30%。在当前我国融通资金存在着一定瓶颈的情况下，充分利用好融资租赁这种方式，对于企业的扩大发展十分有利。

第三，当前我国发展融资租赁业务面临的问题和建议。

对融资租赁物权与债权的同等保护是促进融资租赁发展的基础。一般而言，信贷只保护债权，然而，融资租赁却具备所有权归出租人所有、产品使用权归承租人所有的特点，在安全性上保证了融出资金人的利益。虽然在融出大量资金的时候没有其他抵押物，但物权相当于抵押物，如果对物权保护缺失就会导致其他风险。因此，在立法过程中，如果对物权保护缺失，就会严重影响租赁业的健康发展。为保护物权，在破产清算时，一旦承租人进入破产程序，尽管该设备仍参与其生产活动，但因为设备所有权归出租人所有，这时应充分保护出租人的所有权权益。

区分出租人和承租人的权利与义务是促进融资租赁发展的关键。在发展融资租赁的过程中，我们主要面临两个问题，一是特殊资质要求问题，二是税收缴纳主体问题。

特殊资质要求问题是指诸如汽车、医疗器械、航空、船舶等有特殊资质要求的物品或设备进行融资租赁时，哪一主体应具备特殊资质。一般认为，若承租人最后要购买设备，则承租人而非出租人应具备相关资质。而若要求出租人——金融租赁公司具备特殊资质，则其要办较多的执照，资质要求将是开展业务的一大障碍。所以我认为，在最终以购买为目的的融资租赁中，应要求承租人而非出租人具备特殊资质。

税收缴纳主体问题是指虽然目前融资租赁公司按照营业税缴纳税收，但在营业税向增值税转型之际，要按照有利于承租人使用融资租赁方式租赁设备的原则制定税收制度。如果从"一方使用则该方抵扣"的角度出发，承租人在增值税上进行抵扣，但购买时名义付款人是出租人，这就导致税收环节中出现前后衔接问题。为避免该问题，也可以采用出租人抵扣增值税的方法，直接把税收优惠传递下去。建议从融资租赁物经济所有权出发，明确规定由租赁资产记账并提取折旧的一方使用税收优惠。在记账时，哪方提的折旧，则哪方享受税收优惠。按照以上原则，如果承租人或出租人在监管年限内海关核准出售、转让或者移作他用时，应按照其使用时间折旧估价补征进口关税，在关税环节中调节好出租人和承租人的关系。

分类监管促进融资租赁业务更好发展。四年的《融资租赁法》起草过程，促使了分类监管的形成，也促进了融资租赁业务的发展。中国银行业监督管理委员会出台的《融资租赁公司管理办法》,适用于全体金融机构中的融资租赁业务。非金融机构仍可以用自有资金来开展融资租赁业务,除了外商企业,还有一些中资企业也在做融资租赁业务的试点。无论是金融机构还是非金融机构,从事融资租赁业务,在法律上都应该有明确的界定,有物权和债权的保护、特殊资质要求、税收等方面的统一规则。但是根据其是否吸收公众存款、有无金融功能,要实行分类监管。对于具有吸收存款功能的金融机构,其融资租赁业务应该受金融监管当局的监管;而对于不吸收公众存款机构的融资租赁业务,由于不存在外部效应,可以只受针对非金融机构的监管。

正值经济结构调整、经济周期下行以及全球金融危机叠加之际,我国只有通过技术的升级换代和经济结构的优化调整才能走出困境,为未来发展奠定良好的基础。希望融资租赁业务在此过程中发挥自己特有的作用。

吴晓灵女士的演讲虽然简短,但是内容十分重要。

1. 新的融资方式

现阶段应对经济下行、保持经济增长需要资金。一方面,社会上有闲散资金未使用;另一方面,中小企业急切地需要资金。金融部门的任务就是为二者建立沟通的桥梁,将充裕的资金引导到需求者手中。在现有框架制度下,建立这种桥梁是困难的。今天吴晓灵讲到用融资租赁的方式来融通资金,中国企业资金来自融资租赁业务的只占2%,西方国家已达到了15%~20%。如果我国加快发展融资租赁业务,那么在目前经济增速下滑的情况下,企业转型过程中的融资安排问题就可以得到有效解决。

2. 法制先行

可能与职业有关,吴晓灵历来对法制非常重视。她从立法的角度讲了很多内容,有了法律的保障,这样一套制度才能有效实施。

3. 继续创新

在全球金融危机发生之后,人们谈金融创新而色变。因为美国的金融危机正是由于金融创新不当、监管不力而造成的。中国监管当局和研究者没有因噎废食,我们还是要根据中国的实际需要,根据中国的实际情况,勇敢地进行金融创新。今天新兴金融、融资租赁的方式,就体现了改革者们创新的想法和我们接纳创新的态度。

王君：坚持不断学习　适应新的经济增速

发言专家：特华博士后科研工作站博士后合作导师、世界银行东亚太平洋地区首席金融专家王君

一　坚持学习不应停止

在中国，令人忧虑的是，很多官员和学者认为这次金融危机发生在美国这样一个金融监管制度相当成熟的国度，便盲目地得出中国的金融监管制度比美国优越的结论。但向西方尤其是向美国学习的过程并没有结束。即使发生了这次金融危机，美国的银行现场检查制度仍然是世界上最先进的。融资租赁也仍然是以美国为代表的一些国家做得比较好。虽然现在美国经济翻了车，但一旦将错误纠正过来，仍会有很大的发展前景，因此我们向世界先进经验的学习不应停止。

二　顺应经济发展趋势，适应新的经济增速

危机之下，原来经营状态好的企业受到了影响，原来经营状态不好的企业更甚。一系列连锁反应产生了严重后果。由于无法了解申请对象的经营情况和资信状况，并且其间企业可能会出现各种突发状况，小微企业贷款项目很难得到落实。公司的现金流会受到上家、下家、周围客户、外部环境等各种因素的影响。以小见大，我不认同2009年第一季度之后中国经济"V"形拐点就会出现的说法。虽然不做预测，但我认为金融危机会持续

很长时间。我们应该尊重规律，允许经济增速有所放缓。

我们要顺应大势，允许一些资不抵债的企业和银行倒闭，然后建立新生机制。这一过程中无疑将面临很多困难，因为一般认为危机来临时要采取"反周期"政策。然而从长期看，我们应该慎用"反周期"政策，适应新的经济增长速度，否则会破坏对未来发展有利的资源、环境保护及激励机制。长期来看，西方经济走出金融危机阴影后，其机制、能力还在；而我们一旦破坏自身长远的发展机制，将在未来很长一段时间内处于更为严重的竞争劣势，那时将付出更多的代价。

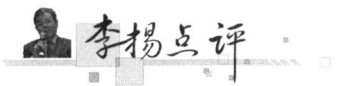

王君以他惯有的冷静和严谨的态度讲了几个观点：

1. 反思。我们以前经常犯妄自菲薄的错误，而妄自尊大是现在的主要问题。王君用其专业背景和对全球经济情况的了解做出提醒。如果把危机过程划成摊牌、洗牌、发牌三段，则美国处在摊牌的尾声，中国和欧洲还在摊牌的过程中，结果未知；美国已经开始洗牌，我们尚未开始；发牌是进入新一轮增长，期限会比较长。

2. 对危机持续时间的理解。王君认为危机持续时间可能较长。金融增长要依托经济发展，经济发展要依托科技进步，只有科技进步演变成经济变革时，金融业才能继续高速发展。目前科技进步等基础还未形成，所以我认同危机持续时间可能较长的观点。

王松奇：中国应该如何应对全球金融危机

发言专家：特华博士后科研工作站研究总指导、中国社会科学院金融研究所副所长王松奇

一 金融危机的严重程度

将这次金融危机已经造成的影响和1929—1933年经济大萧条的影响进行对比，可以得出危机的严重程度。1929年美国国民收入为870亿美元，1933年跌到谷底390亿美元；1929年美国全国就业人口为4500万人，1933年全国失业人口是1400多万人，失业率近1/3。反观这次金融危机，美国目前失业率低于8%，可见美国已经有了一个健全的社会保障体系；有了一个做好充分准备的政策体系，准备了一系列办法；有全球协调统一的反危机行动。所以，我认为这次金融危机的影响小于1929—1933年经济危机。

二 中国面临的四个问题

第一，我们虽然出台了"四万亿"计划，有"国十条""金融九条""国三十条"等一系列措施，但关键在于2009年特别是上半年，总需求拉动和扩张的宏观经济政策能否迅速生效。

第二，经济结构调整要出台明确的内容，改变制造业大批量生产低附加值产品的模式，才能使结构调整成为拉动内需的主要力量。

第三，我国在反危机措施下面临的形势和美国正好相反。美国是金融体系危机影响实体经济,中国要预防的是避免实体经济影响金融体系、金融系统反过来再影响实体经济的问题。

第四,商业银行掌握绝大多数金融资源但缺少放贷积极性,中国扩张内需的关键在于如何让银行动起来。《华尔街日报》刊登的一篇文章说,"美国的金融危机起源于信贷市场,也将结束于信贷市场"。受此启发,中国在扩张内需、调整经济结构时要靠信贷市场,提高商业银行的积极性,这是解决问题的关键。

三 货币政策的五个调整方向

货币政策能够快速达到紧缩的目标,但是很难达到宽松政策的预期效果。中央银行并不能强制商业银行放款,但可以通过指标管理、规模控制等窗口指导手段缩减其放贷规模。因此,货币政策需要改进和调整,以下有五个调整方向。

第一个方向,要进行目标的调整。美国是市场经济国家,崇尚经济自由主义,但现在也在进行变相的国有。所以,在全球金融危机面前,我们的思维方式需要更新,需要来一次"思维革命",中国的货币政策需要增加新目标,考虑资产价格问题。

第二个方向,要增加调节的主动性。央行在制定货币政策、出台新政策时,要避免央行是靠国务院或者其他部门推着走的印象。

第三个方向,央行应该出台前瞻性的政策,为所有的市场参与者提供具有前瞻性的信息。这次美国次贷危机、全球金融海啸,是全世界的经济学家都没有预料到的,中国的经济学家以及各监管部门也没有及时向党中央、国务院提出危机预警的前瞻性信息,导致被动应战。今后在这一点上需要进行改进。

第四个方向,央行要增加可信度,引导市场预期,货币政策要增加透明度。

第五个方向,货币政策调整时,应该遵循数量手段优于价格手段的原则。在官定利率和市场利率差距非常大时,价格手段的作用可能不明显,此时要用数量手段调节。降低存款准备金率,使商业银行头寸充足,才能让商业银行放手做扩张性的规划,更好地为实体经济服务。

李杨点评

监管调整政策要融入反危机政策中。反危机并不意味着过去不支持的事情现在都可以做,甚至违法的事情也干。但在反危机中调整结构的步伐应坚定不移,否则放任不合理的结构存在会给以后的经济调整带来更大的阻力。中央制定了"保增长、扩内需、调结构"的政策,最后的"调结构"应该给予足够的重视,调整要适度,不应迁就市场中的落后因素。

陈文辉:全球金融危机下中国保险业的应对策略

发言专家:特华博士后科研工作站博士后合作导师、中国保监会主席助理陈文辉

一方面,保险业自身能够应对全球金融危机,并使今后的发展更具有可持续性;另一方面,也要通过结构调整,使中国保险业更好地服务于整个国民经济发展大局。

一 保险核心业务表现非常稳健

全球金融危机对各国金融业影响巨大,但许多专注于传统保险主业的公司,比如纽约人寿,其业务非常稳定,市场表现良好,标准普尔在全球金融危机期间仍给它最高的评级。这种现象可能与保险产品具有较强的抗金融周期或抗金融危机能力有关。一个是风险保障作用,作为应付风险事件重要的财务稳定工具,金融市场的波动对保险产品影响不大;另一个是保险的金融特征，特别是寿险产品是长期的，保费往往采取期缴的方式，通过分散现金流将短期投资的波动"熨平"。这种长期期缴的金融产品比其他产品有更强的抵御金融风险的能力。

风险保障型产品和长期储蓄类产品抵抗金融危机的能力较强，应该成为保险业的核心业务和优势业务。

二 中国保险业的业务结构需要调整

中国保险业以寿险为主，财险的金融特性不强。近年来寿险业务迅速发展，但出现了短期、短缴业务多的现象，其业务结构不合理，存在失去风险保障功能的风险。短期产品吸引了大量资金投入，能够在资本市场获得较高的收益，但这使中国保险业的业务结构迅速恶化。

这些问题的出现不利于保险行业的科学发展，不利于行业核心优势、核心技术的发挥。风险保障技术和长期资产负债匹配技术是保险行业的核心竞争力。随着全球金融危机的传递，中国保险业也受到了一定的冲击。消费者信心受挫，对投资性产品的需求急剧下降，保险产品的投资回报率也在下降。中国保险业短期保险产品增加的业务结构，导致金融形势波动对保险业的冲击作用加大，整个行业面临着更大的挑战。

三 保险业的危机应对之策

只有结构调整这条必由之路才能使保险业顺利渡过危机，并在危机之后得到更大的可持续发展，使行业再上一个台阶。面对全球金融危机，应该加大结构调整力度，改变保险业务的风险构成，化解和防范风险，这样才能保证保险业的良好发展前景。我认为，今年甚至明年都是保险业结构调整的最佳时期。

首先，全球金融危机没有见底，2009年、2010年的外部环境必然严峻，迫使保险行业收缩短期投资型业务，减弱快速扩张规模的冲动，这是一个有利时机。

其次，2008年整个行业投资型业务大起大落的教训，也增强了保险业调整结构的主动性。

最后，经过这次金融危机的教训，保险业对行业发展规律的认识不断增强。当前整个行业特别是寿险正在大力发展风险保障型业务和长期储蓄型业务，把短期业务做长，把缴费方式从年缴变成期缴，增强风险保障功能。

从监管部门的角度来讲,其重要职责是防范与化解风险。如果结构得不到较好的调整,会积聚大量的风险。监管部门必须积极参与保险业结构调整,为行业进一步长期健康发展打下坚实的基础。在加强产品监管、偿付能力监管方面要付出较大努力,引导行业进行强制性的结构调整。

四 保险业应该对全球金融危机下中国经济社会发展做出贡献

保险的第一大功能是风险保障功能。有了更多的风险保障,居民就会有消费的信心,就能够支持整个经济扩大内需。最近的热门话题是医改问题,医改从近期来说是扩大内需非常重要的方式。如果能够给广大老百姓提供最基本的医疗保障服务,就能帮助老百姓树立消费的信心。保险产品同样具有这种功能。不仅如此,保险产品还具有长期资金积聚的功能,资金可用于长期基础设施建设,对于拉动整个经济增长能起到非常积极的作用。

陈文辉博士以保险业为例,说了在金融界普遍适用的道理。在金融危机中,和实体经济、老百姓、企业密切相关的产品受到的冲击不大,而一些看起来很复杂、很玄妙的金融产品受到的冲击却比较大。这说明,在我国金融结构改革和发展的过程中,一定要把公司债、融资租赁等基础性产品开发好,不要总搞一些花里胡哨的金融产品。结构调整分为两层,一是保险业自身结构调整,二是保险业通过自身发展促进国民经济结构的调整。"防风险、调结构"是务实、务本的态度。

胡祖六：危机后三个比较重要的趋势

发言专家：高盛（亚洲）
有限责任公司总经理胡祖六

这次金融危机，从 2007 年开始，持续时间之长、波及面之广、破坏力之大，只有 1929—1933 年的经济大萧条可以与之相提并论。这次金融危机可分为三个阶段。第一阶段是危机的最初阶段，从 2007 年 2 月一直到 2008 年 2 月。第二阶段是从 2008 年 3 月一直到 2008 年 9 月。第三阶段是从 2008 年 10 月开始。这三个阶段是根据危机本身的蔓延程度、性质恶化、各国政府处置方式的变化划分的。

在第三阶段，仍有很大的不确定性。信贷市场还没有完全恢复，股票市场持续低迷，全球商品市场包括原油、天然气、贵金属、汇市都处于急剧的波动中，存在很多不确定性。全球金融危机严重打击了实体经济，主要经济体如美国、欧盟、日本经济衰退，主要新兴市场如印度、俄罗斯、巴西、韩国也饱受重创，所以全球经济不可能在短期内恢复。但是，西方系统性金融崩塌的风险已经大大降低。由此开始，西方的金融体系经过调整、重组、萎缩资产负债平衡表等各种方式进行自我恢复，可以关注到三个比较重要的趋势。

一　金融业进一步兼并整合

关于金融业进一步兼并整合，有很多重要的案例：摩根大通收购贝尔斯通，去年第四季度收购了全美第六大存款银行——华盛顿富汇银行。美洲银行收购了全美最大的次按贷款机构——美国国民融资银行。全英国最大的按揭贷款银行收购了另外一家银行。德国第二大银行和第三大银行进行并购，超过了德意志银行。法国的富通银行和巴黎国民银行进行了合并。显而易见，这种合并趋势是全球性的。西方金融体系的市场集中度本来已经很高，通过这次金融危机，集中度达到更高水平。投资银行和商业银行进一步混合，美国自1996年金融自由化改革之后，出现了花旗银行、摩根大通等投资银行和商业银行混合的金融机构。全球金融危机爆发以后，因为政府的处置，无论主动或被迫，整合和兼并趋势加剧，金融机构越来越大，新的"太大不能倒"对未来金融系统的稳定性、对未来监管政策来讲都是一个重要课题，需要我们重点关注。

二 危机爆发后西方金融业的国有化趋势

全球金融危机爆发后，美国、英国、欧洲大陆普遍出现了政府参股或者控股金融机构的现象。美国联邦政府开始接手"两房"、AIG，英国对苏格兰皇家银行参股控股，瑞士政府当局对瑞银集团进行控股。但政府参股控股金融机构是被迫的、无奈的，是信心崩塌的情况下为稳定金融体系不得不做的。

这种国有化是暂时的、过渡的，不是永久的，这一点可以从参股方案看出：工具很少是普通股，大部分都是优先股。因为优先股没有投票权，而且是有期限的，一般是三到五年。如果超过五年金融机构还没有能力偿还的话，付息率就会超过5%，这就鼓励金融机构尽快把纳税人的钱还给政府。

三 危机爆发后监管的趋势

1984年以来，巴塞尔协议的资本金监管是一个非常好的依据，效果也非常好。但是这种监管存在很多缺陷，集中表现为对流动性风险和交易对手风险的忽视。比如贝尔斯通的资本充足率远远高于监管的要求，却在去年3月出现了问题，原因就是流动性出了问题。

由于巴塞尔协议对资本金的要求，很多金融机构通过SIV的方式进行表外经营。有人认为全球金融危机的发生是因为美国的监管太松弛，但我觉得美国的监管是到位的，有相对完善的法律和规章体系，其执行也比较严格。然而自由市场经济下，监管在市场的后面，不可能事先制定各种规章制度,把所有的市场风险都一一考虑清楚,而只能通过事后去纠正,因此会出现监管缺失的现象。

分业监管的金融体系下缺少统一宏观的监管架构。现在出现的系统性金融危机,不是证券监管委员会、保险监管委员会或者银行监管委员会可以单独处理的。鲍尔森在2006年底抛出美国金融改革蓝图,其中提到美国支离破碎的监管体系需要统一的宏观监管单位,并建议以美联储作为监管的核心,还提出进行全球性监管。

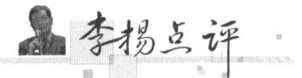

胡祖六服务于全球最大的投资银行,他提供了一个全球性的视角,比如国有化问题。了解欧洲经济史的人都知道,他们是反复地国有化又私有化。如果没有深入研究,我们会认为国有化过程花费巨大,会给财政增加负担,但实际上在国有化、私有化过程中政府是赚钱的。这部分救助资金不会形成财政负担,真正的财政负担是经济救助。胡祖六提到的每个问题都值得研究,非常感谢他提供了一个全球性的视角。

常博逸:危机带来机遇 发展需要变革

发言专家:罗兰·贝格大中华区总裁常博逸

2008年对中国来说是关键性的一年,不仅因为中国成功举办了举世瞩目的奥运会,也因为今年是中国改革开放三十年的关键阶段。现在更多的讨论应集中在思考过去三十年改革开放带来的东西,展望全球金融危机对未来以及今后三十年的影响。

我主要阐述三个问题。第一，全球金融危机严重程度如何。这个问题是不容乐观的，而且超出之前的预计。第二，各国政府应该如何应对这场金融危机。目前，各国政府已出台了很多积极措施，但是到底会有怎样的影响，还有待观察。第三，中国面临的危机、机遇和挑战。在短期内形势是很严峻的，但是从长期来看是一个非常好的学习机会。

全球金融危机对各国的影响是不一样的。美国是受影响最严重的区域，基本上各个领域都受到了影响。英国受影响也非常严重，因为它和美国的贸易往来非常密切。欧洲相对轻一些，因为欧洲的福利体系占到GDP的1/3，这使得欧洲在抵御风险方面有一定的优势。未来全球金融危机还有继续恶化的可能，因为房地产市场的衰退到现在还没有触底，尤其对美国而言，持续时间和深度还难以预料。另外，金融杠杆在很大程度上放大了房地产的迅速膨胀，到底这个杠杆有多大、在什么点上达到平衡，还有待衡量。

对中国而言，2009年是非常具有挑战性的一年。从2008年10月开始，各国政府都采取了非常积极的拯救措施，也有很多新流入的资金来挽救银行和保险公司。从某种意义上讲，各国政府都承担了银行的职能。虽然这次金融危机并不会产生像1929—1933年经济大萧条那样的影响，因为各国的福利体系和保障体系都比当时完备，但是很多东西还是未知的。比如各国的利率尤其是日本和美国的利率逼近零点，货币作用的影响已经接近极限，接下来缺乏有效措施来刺激经济。由于逆周期操作，各国政府增加开支和注入流动性等很多措施对通胀产生的潜在影响也是未知的。中国政府的反应相当迅速，也非常恰当及时。我们应该对近期和远期有一个综合的考虑，做出平衡，合理解决全球金融危机带来的冲击。

长期而言，这次金融危机蕴含了很多机会——这是中国经济健康转型的一个非常好的契机，比如，通过融资租赁以及保险行业融通资金。但是从另外一个角度来讲，虽然全球化进程要求各个国家统一运作，推动全球化的发展，但是各国也必须要制定符合本国情况的经济模式抵御未来可能出现的危机。这些不确定性不仅需要我们在实践中去摸索，同时也需要系统的思考，制订一个相对稳定的长期发展方案。

中国未来三十年要遵循一个相对系统的发展方向。过去的三十年中国经济发展迅速，今后三十年的工作重点应该是建立一个健康的发展体系。第一，要推进各个产业的均衡发展，尤其是农业和服务业的发展，这样有助于经济转型。第二,要建立健全服务体系,这对于拉动内需非常重要。第三,加强基础设施建设,这也是政府在投资方案中着重强调的。第四,进一步完善监控体系和监管体系。美国次贷危机使我们看到西方监管体系存在一些问题,为我国监管体系的发展提供了借鉴。第五,教育的发展和科学技术创新也是中国实现转型的重要推动力。

李茂生:危机应对的核心问题是信心

发言专家:特华博士后科研工作站研究总指导、北京特华财经研究所所长李茂生

全球金融危机下中国应对策略的核心问题就是信心。

第一,要认清形势。只要正确应对,我们的前景就是非常好的。这次金融危机并没有某些媒体或主流经济学家宣扬的那样悲观。现在网站、电视、报纸上一致宣扬这次金融危机的严重性,这在某种意义上同党和政府的要求背道而行。中央领导人一直鼓励大家树立信心,这些人恰恰在摧毁大家的信心,这是非常严重的错误。1929—1933年经济大萧条和现在的金融危机不可同日而语。我举两个例子,一个是美国的,另一个是中国的。20世纪30年代初的美国,经济大萧条导致了25%的失业率,消费需求下降了50%以上,很多家庭一个就业人员都没有,而在由次贷危机引发的全球金融危机中,美国虽然受到了影响,但总体上没有太大的影响。再看中国,现在面临的问题是发展中的问题,这是我们信心的起点。对于这次金融危机,我们要从实际出发,从每个人的经济状况出发,损失最大的是金融资产,股市低迷、股票缩水,但不至于为此轻生,做出极端行为。

第二,要明确任务。目前存在两大问题。第一个问题是,必须彻底抛弃现代重商主义，这是我们目前面临的所有问题的总根源。由次贷危机引发的全球金融危机，对于中国来说，机遇大于挑战。机遇是迫使我们改变现代重商主义，如果我们维持现状，会把第二次现代化的潜力用尽。第二个问题是，要解决几个迷信。一是要破除对外资外商的迷信，对外资外商要有一个清醒的认识；二是要破除对外脑的迷信，学习、吸收、借鉴并不等于迷信，反过来，破除迷信并不是说不利用外脑。

第三，要制定好相应的对策。要刺激消费，必须围绕"三农"问题展开，比如在很多地方，农民工下岗了，但地已经被政府征收，农民失去了土地，也没有工资收入，如何生存？这需要政府为其建立保障机制、组织培训，增加农民工的就业机会。低效益、高投入、资源环境破坏大的企业应破产倒闭，在全球经济萎靡不振的背景下，不应牺牲财政利益支持这样的企业。

第四，要有信心解决问题，应该相信群众、相信党。环顾世界，没有一个党比中国共产党更能解决困难。我们要相信未来，当然这是有前提的，要让群众相信才行，我们要重视群众，全心全意为人民谋福利，要少说空话、套话，多办实事和正确的事。多深入实际、多深入群众，不用演出的办法对待群众，不能搞导演和彩排。恢复了优良传统的中国共产党是完全可以相信的，中国的老百姓也是可以相信的。

郑新立：危机的持续时间及根源

发言专家：特华博士后科研工作站博士后合作导师、中央政策研究室副主任郑新立

一 全球金融危机至少需要两年才能触底回暖

全球金融危机的影响何时触底？多数人认为这次金融危机的影响时间会比较长，因为到目前已经经历了四次冲击，从次贷到投行、到商业银行和保险公司再到实体经济。多数人认为至少还需要两年的时间，才可能触底回暖。我赞成这个观点。尤其在房地产方面，现在美国的房地产泡沫有60%~70%，房价降了15%，所以美国经济的回暖还要看房地产市场的情况。今年、明年还要做好充分的准备，以应对全球金融危机的冲击。

二 消费与投资决定经济应保证8%的增长率

今年政府主导的两万亿元投资能否保证经济增长达到8%以上？这方面的争论较多，关键在于两万亿元投资能否拉动四万亿元以上的社会投资。去年GDP突破了27万亿元，今年向30万亿元的目标冲击。启动银行贷款及其他各种融资方式，把"国九条"落实下去是一个关键。

三 对金融衍生品缺乏监管是次贷危机产生的根源

鲍尔森认为由于中国出口多、储蓄多，给美国人借钱买房子提供了好机会，使美国产生了房地产泡沫，从而导致这次金融危机。他将美国放贷引起的美国次贷危机和全球金融危机赖到中国头上。美国经济学家斯蒂格利茨对这次金融危机产生的原因有一个明确的判断：美国政府盲目崇拜市场，认为市场可以自我修复，因而对金融衍生品缺乏监管，才是这次金融危机产生的根源。美国吸取了20世纪30年代经济大萧条的教训，对银行的监管有一套相对完善的法律，但对金融衍生产品的监管还是一片空白。一些有识之士多次建议美国政府对金融衍生产品进行监管，但房地美、房利美这些利益集团进行游说，阻碍监管金融衍生产品的法律在美国国会获得通过。

还有一个原因是货币政策的错误。货币政策只注重低利率，没有考虑到低利率是进口中国廉价产品带来的，是利用中国资金带来的。美国报纸认为这次金融危机源于发展中国家、金砖四国，特别是中国。对于这种观点，我们要予以驳斥，其言论带有一定的目的性。4月二十国集团峰会将要召开，这次峰会要制定一些措施来改革国际金融货币体系。美国是不是想把矛盾转嫁到中国身上，让中国承担更多的责任，从而为全球金融危机埋单呢？对此我们应有一个清醒的认识。

肖金成：扩大内需面临三大困难

发言专家：特华博士后科研工作站博士后合作导师、国家发展改革委国土开发与地区经济研究所副所长肖金成

中国政府的危机应对政策比较明确——"保增长、扩内需、调结构"。扩大内需是中国应对全球金融危机非常重要的举措，但目前我们面临三大困难。

第一，现在除了财政资金之外，我们更多地寄希望于银行资金。但是在全球金融危机影响下银行风险加大，带来的问题很大，而能够承担更大风险的是民间资本。然而股市低迷，造成民间资本本来就有限的渠道被堵塞了。

第二，我国有一亿多农民工从城里取得资金，其中一部分农民工返乡，在农村消费。农村的消费结构和城市的消费结构是完全不同的，而且农村的消费水平也大大低于城市，这也是影响内需的一个重要因素。

第三，由于我国社会保障制度不健全，中国人储蓄意识很强烈。所以在收入没有明显提高的情况下，消费意念还是趋于减弱。政府应对危机的举措是想扩大内需，如果不解决这些问题，或者没有解决这些困难的办法，扩大内需的举措会受到很大的影响。

韩立岩：调整经济结构　坚持金融创新

第一，调整当前经济结构。金融系统应在结构调整中继续前进。金融创新的步伐不能停止,要抓住今年、明年宝贵的时机加速调整。比如对于指数型产品,在已经准备好指数期货的基础上,要加紧研究相配合的指数期权,推出人民币指数和相关产品。机不可失,我们要抓住这个宝贵机会。相关的保险产品也是一样。银行和保险公司在产品制造和创新方面、以服务为基础方面是很薄弱的。近几年银行做了大量的结构性产品和结构性理财产品,将产品和设计外包给国外投资银行和资产管理公司。开始时有这样一个过渡是必要的,但在后期发展中应该逐步跟进,自主进行产品制造和设计。

第二,特华的选题是非常灵活的,能够抓住当前国内关心的前沿问题,但和其他的研究群体相比,特华博士后科研工作站在学术严谨和重点突出方面还需要进一步加强。这只是一个建议,仅供参考。

今天的会议让我们收获很多,特别是后来提的问题很尖锐,比如,说到这次金融危机的宏观病因在于中国,这应当好好分析分析,但不能轻易地做出简单回答。我们承认中国储蓄高,而别国利用这一理由,悄悄地把问题转移到中国,现在很多国内学者谈及此问题时还在强化这一观点,这是有问题的。我们找到了一个相对比较强有力的证据,美国的储蓄率下降是从20世纪80年代开始的,那时候中国还没有融入全球金融体系,未达到很高的储蓄率,我们是通过顺差、储蓄持有很多美国国债的。这可以作为一条证据,说明在中国进入全球金融体系之前,美国已经有问题了。全球金融危机的客观病因不在中国。

在半天的时间里,各位嘉宾提出了很多精彩的观点,提出了很多问题和今后研究问题的方向,嘉宾的演讲对我们继续做好特华博士后科研工作站的工作有很大的帮助。我再次代表三个主办单位和两个协办单位,对各位嘉宾表示衷心的感谢!

第十一届特华论坛花絮

工作站博士后合作导师
王洛林 吴晓灵

工作站博士后合作导师
李扬 李光荣

工作站博士后合作导师
赵立华 何盛明

工作站博士后合作导师
胡坚 周道许 王一鸣

参会代表合影留念

2009年1月10日 北京

2010 第十二届特华论坛

——2010'中国宏观经济形势分析

会议背景与论坛主题： 2010 年 1 月，第十二届特华论坛在北京国际饭店成功举行。会议背景是全球金融危机的影响仍在继续，而引起全球金融危机的深层次原因仍未消除，全球经济失衡、南北矛盾深化、国际金融体系不合理、金融监管存在严重缺陷等问题进一步暴露。中国经济发展还面临着人口老龄化、金融资产价格膨胀、长期财政赤字等挑战，经济形势仍然十分复杂。在此背景下，论坛围绕"2010'中国宏观经济形势分析"这一主题，就应对全球金融危机、调整经济结构、加强宏观审慎监管、防范银行业风险等问题展开深入探讨。

主办单位与发言专家： 本届论坛由中国社会科学院金融研究所、中国保监会政策研究室、中国银监会培训中心和特华博士后科研工作站联合主办，由华安财产保险股份有限公司协办。中国社会科学院副院长、特华博士后科研工作站研究总指导李扬研究员主持论坛，中国社会科学院金融研究所所长王国刚、高盛亚太区首席经济学家胡祖六、罗兰·贝格国际管理咨询公司合伙人康雁、中国银监会培训中心主任罗平、吉林省政府办公厅副主任高材林、对外经济贸易大学保险学院院长王稳和北京特华财经研究所所长李茂生分别做主题发言。中国社会科学院原常务副院长王洛林、中国人民大学原校长黄达、中国再保险（集团）股份有限公司监事会主席吴小平和全国哲学社会科学规划办公室原主任张国祚等做评论发言。

参会导师与特邀嘉宾： 特华博士后科研工作站博士后合作导师（按姓氏笔画排序）王力、王建、王铎、王稳、王一鸣、王太元、王松奇、王国刚、王洛林、卢德之、田进、史建平、米建国、孙祁祥、孙海泉、李扬、李光荣、李茂生、肖金成、吴小平、何盛明、何德旭、邹东涛、张国祚、陈伟钢、陈栋生、高材林、周道炯、胡坚、胡昭广、胡祖六、胡满泉、敖惠诚、晋保平、贾建平、夏杰长、黄达、黄湘平、梁琪、蔡鄂生、翟海涛、潘晨光、霍学文和戴根有等，以及来自金融监管部门、相关部委、企业界、著名高校和科研院所的特邀专家、工作站博士后共 360 余人出席论坛。

发言专家：特华博士后科研工作站研究总指导、中国社会科学院副院长李扬

按照中央的概括，2010年是最复杂的一年，去年是21世纪以来最困难的一年。这意味着我们度过了21世纪以来"最困难的一年"，迈入了"最复杂的一年"。所谓"最复杂"，是指金融风暴所产生的各种问题并没有很好地消除，可概括为"旧患未除"；同时，在救助危机的过程中，世界各国都采取了大量高强度的宏观调控措施，这些措施在阻止经济继续下滑方面产生了非常积极且有效的作用，但也存在副作用，即"新忧又至"。

所谓"旧患未除"，可以从实体经济方面和金融方面来观察。在实体经济领域，主要有两个问题。

一是全球经济失衡，以及与之互为表里的各国国内经济失衡。全球经济失衡正式被重新提出是在2005年，指的是世界上的国家可分成两类，一类国家的债务大量积累，导致赤字不断延续；而另外一类国家外汇储备不断积累，顺差不断扩大。从这次金融危机来看，这样一种情况并没有有效地消除。把全球看作一个整体，全球经济失衡同时代表着所有国家国内经济的失衡。纠正全球经济失衡或者实现再平衡并非易事，因为这不是简单的贸易调整、汇率调整，而是要深入世界各国国内的经济结构中。现在世界经济版图在重组，新的国家集团不断涌现，在重组的过程中出现了诸多混乱的局面，利益在重组，根源在于各国国内经济失衡以及由它们共同组成的全球经济失衡。

二是南北经济失衡，指发展中国家和发达国家之间的关系，主要指的是资源占有不平衡、财富拥有不平衡、在国际事务中的发言权不平衡、在主导国际事务方面的力量不平衡，这种不平衡状态在全球金融危机后并没有得以消除。近期发生了一些国际事务，清楚地表明南北矛盾其实在进一步加剧。全球经济失衡以及南北矛盾没有得到解决，并且有进一步深化之势。所以全球金融危机并没有过去，现在面临的任务还非常繁重。

在金融方面，导致此次金融危机的一些主要因素也没有得到有效消除。

一是金融对于实体经济疏远化。金融发展有脱离实体经济发展之势，这次金融危机的导火索就是金融衍生品、金融上层建筑过度膨胀，脱离实体经济基础，对经济的发展产生了不利影响。导致金融对于实体经济疏远化的原因很复杂，实体经济的运行基础发生了变化，金融业自身的运行机制也有所改变，由此导致金融和实体经济之间的关系发生了变化，在这种情况下金融发展有一种自我强化、自我服务的倾向。

二是货币政策效益递减。货币政策效益递减是全球问题，20世纪90年代就有此结论，格林斯潘任美联储主席时，就明确指出货币政策的效益递减，操作范式寿终正寝。

三是金融监管存在严重缺陷。在全球金融危机开始之初，人们已经认识到金融监管存在缺陷，而且解救全球金融危机的措施也应从监管出发，监管的国际合作、国际模式调整等都在展开，但是根本问题并没有解决，比如这次暴露出来的问题——有大量的金融活动不在原来的监管框架内，而在场外进行。这次问题主要出在表外、场外，人们会顺理成章地想到将其纳入监管框架里。但要想把它有效纳入监管体系之中并且不损害金融的活力，首先应该搞清楚这些业务为什么是表外、场外，为什么要这样发展。这些问题得不到回答，就无法解决监管问题。从源头来说，表外交易、场外交易是为了提高效率，而且确实提高了资源配置的效率。面对这样的局面，如何进行有效监管是个相当复杂的问题。

四是国际金融体系不合理。这次金融危机源于美国，并且迅速地传导到全世界，演变为一次全球性金融危机，原因在于以美元为主导的国际货币体系。通过该体系，发生在一个国家的金融危机会迅速蔓延至全球。面对该问题，困难重重。国际货币体系改革尺度大，但需要历经五年、十年、二十年才会发生明显变化，短期内观察不到，当前更是如此。国际货币体系的三大要素分别为汇率制度确定、储备货币政策、国际收支不平衡的调节。储备货币多元化已成事实，自欧元在1999年启动之后，全世界就进入了储备货币多元化局面。储备货币问题解决之后就是汇率问题，应当执行何种汇率制度，汇率制度如何进行国际监管，才有利于国际贸易和全球经济的发展？中国明确提出对于汇率制度进行一定的调整，但是主要储备货币国家是回避的。因为对汇率制度进行调整甚至管理，意味着在一定程度上约束其货币政策。汇率问题得不到有效解决，国际收支不平衡的调节就难以进行。

五是金融机构的治理机制还未深入金融体系内部。2009年全球金融机构遭遇危机，各国政府进行财政补贴，拿纳税人的钱拯救了金融机构，金融机构本应有所收敛，但现在有些金融机构的分红、奖金不降反升，在分享纳税人的血汗钱，问题很严重。所以有理由怀疑公司治理机制的合理性，反思正向激励机制。

所谓"新忧"，我国已经步入老龄化社会，老龄化达到一定程度时会出现无劳动能力的人数远比有劳动能力的人数多的情况，形势很严峻。现在美国、加拿大、欧盟的GDP占全球的一半以上，但到2030年只占20%，就是因为缺乏劳动力。有别于以前年度，传统意义上的通货膨胀不会引起严重问题，但是资产价格的再膨胀已显端倪，遗憾的是对于资产价格再膨胀问题现在还没有有效的解决办法。比如房价问题，需要提高居民的财产性收入，让股价、房价上涨，这就难以在诸多社会目标之间找到一个均衡。在财政领域，长期巨额财政赤字是影响经济结构、影响经济长远发展的问题，巨额的财政赤字如果要靠税收还，又该如何促进经济增长？这些问题都非常棘手。

将经济运行秩序理解为市场秩序或者政府调控秩序均可，但问题在于目前没能建立一个秩序，头痛医头、脚痛医脚、朝令夕改，比比皆是。机制本身是有生命力的，会产生一定的结果。克服金融危机有两种可能的途径：一是回到原来的轨道，二是另辟蹊径。回到原来轨道的可能性微乎其微，但是另外的蹊径在哪儿？这在理论界掀起了热烈的讨论。市场还是政府？凯恩斯主义、新凯恩斯主义、后凯恩斯主义、新兴凯恩斯主义均已失效，我们需要重新寻找经济运行的有效机制。

这些情况使我们更加确信"2010年经济形势依然复杂"的判断，这个判断是切实和实际的。正因为情况复杂，宏观调控应当瞻前顾后、如履薄冰。

王国刚：调整经济结构　促进经济发展

发言专家：特华博士后科研工作站研究总指导、中国社会科学院金融研究所所长王国刚

一　结构调整与经济结构复杂性

2010年的经济复杂在哪儿？可以从不同角度、不同层面解读。从结构调整而言，复杂性不仅体现在结构调整本身，还体现在结构调整作用的持续性。对于经济结构合理性，在理论界并没有达成共识，理论上并没有一个定律，也没有一个规则。对于三大需求结构（消费、投资、出口）三者之间的合理性，中国经济结构调整过程中究竟以何为重心，都是问题。将眼界放开，城市化所要求的经济结构和工业化过程中的经济结构不尽相同。中国经济结构究竟是工业化的经济结构，还是城市化的经济结构，还是两者共有的经济结构？具有复杂性。

二　经济结构调整方向——扩大消费需求

从2008年底抗击这场金融危机开始，扩大内需成为各方共识。众所周知，内需是由两个方面构成的：一是消费，二是投资。很多人认为中国扩大内需就应当扩大消费需求。可是对国家的内需而言，消费分为两部分：一部分是政府消费，另一部分是居民消费。从2000年起，政府消费在最终消费中所占的比重快速上升，而居民消费在最终消费中所占的比重逐渐下降。为了扩大居民消费，政府采取了一系列措施，比如家电下乡，确实有一些成效。但是有一个非常奇怪的现象，居民消费增长率在12%以上，可消费占GDP的比重依然在快速下降。产生这种现象的原因是什么？一种说法是中国有效消费不足，但这无法解释为什么城乡居民储蓄存款余额居高不下。2003年城乡居民储蓄存款余额净增突破1万亿元，2008年是4.5万亿元，2009年是4.28万亿元，均突破了4万亿元。净增额如此之大，何来有效需求不足？另一种说法是社会保障不健全，但全国社会保障体系在大踏步前进，健全程度逐年提高，可是储蓄存款依然快速上行，有如此多的储蓄何来需求不足？

合理的解释是有效供给不足，而不是有效需求不足。无论是最初的VCD，还是家用计算机及手机等最新产品，其社会需求一般在一两年内就饱和了，我们有极强的购买力，可是没有足够的供给能力。因此，增加消费需求也需要提升供给能力。

三 消费增长的新关键点——住、行、学

在讨论居民消费的时候，人们一开始讨论的是居民最一般的消费，可概括为三个字：吃、穿、用。首先是"吃"的部分，随着人们收入水平的提高，"吃"在收入中的比重不断下行，仅靠此保持国民经济可持续长期发展是非常困难的，因此不必给予更多关注。至于"穿"，随着人民收入水平的提高，"穿"在人们收入中的占比也必将呈现下降趋势。"用"也依然如此。2000年温饱型小康社会基本实现，也就是吃穿不愁，在这样的背景下，依然仅仅依靠吃、穿、用这三方面的消费来支持整个国民经济的可持续发展恐怕是远远不够的。

吃、穿、用的消费比重在不断下降，那么哪些在上升呢？随着居民收入水平的提高，医疗保健、交通通信、教育文化、居住等的消费比重在不断上升，概括为"住、行、学"。"住"是住宅，人当然得有住所；"行"是道路交通，是医疗保障，身体健康才能"行"；"学"涉及的东西很多，除了学历、非学历教育以外，还应包含文化、体育、娱乐等方面。当今中国各城市在这些方面一直处于短缺状态，供不应求。住房价格如此上扬，最基本的经济学解释就是供不应求；我们的医院人满为患，拿钱看病时排不上号；道路拥挤问题更不用说；还有体育，除了有限的收费场馆以外，很少有地方可供人们活动。这些是随着人们收入水平的提高而需求增加的方面。中国的消费结构在完成了人们基本生理需求——吃、穿、用以后并没有迅速地转型，因此，消费结构调整的重心应偏向后面的住、行、学。

住、行、学作为一种消费对象，需要有形成这种对象的条件，只有有效的投资才能将各种资源聚集，然后形成消费条件。由此我们得出一个非常有意思的结论，扩大内需的重心应放在投资上，不是生产性投资，而是消费性投资上，即非生产性投资。投资能形成各种消费条件和消费对象，这个过程就是城镇化过程，也就是城市化过程。

四　推动城镇化进程，促进经济发展

城镇化的推动将成为中国未来经济的新引擎。继续进行城镇化，有三件事需要特别注意。第一件事，城镇化过程是推动中国经济结构调整的主要力量，是火车头。第二件事，城镇化工程是民生工程，创和谐社会，大家安居乐业，这个过程是必须进行的。第三件事，城镇化是实现全面小康乃至更高水平的基本内容。弄清这几件事，大概就能知道我国宏观经济政策该如何选择。

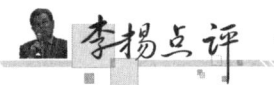

国刚从经济结构调整入手，阐述了中国两大经济增长引擎——工业化和城市化之间的关系，需要从工业化转到城市化，而城市化需要投资，但是投资结构要调整。中央领导同志指出，中国今后发展的动力是城市化。定价机制如何？城市化还是城镇化？这些问题都是复杂的问题，这些问题现在应该被提出并进行认真研究。

胡祖六：中国能否成为全球金融危机的大赢家

发言专家：特华博士后科研工作站博士后合作导师、高盛亚太区首席经济学家胡祖六

一　中国在全球金融危机中是赢家

2008—2009年的全球金融危机，就如同1997—1998年亚洲金融危机一样，在对中国造成巨大调整和外部冲击的同时，也提供了一个加速追赶甚至超越发达国家的历史性机遇。由于措施条件、政策反应和运气的因素，中国平稳地渡过了2008—2009年的全球金融危机，发展基本没有受到影响，甚至可以说在很大程度上是一个赢家。这一点可以从以下三方面予以说明。

第一个方面，全球金融危机催生了世界经济两极分化，中国成为全球经济的大引擎。第二次世界大战以来，以美国为代表的发达国家因为其经济规模和科技实力的优越性，长期作为世界经济的火车头，决定世界经济的景气、繁荣或者衰退，但是大约从2000年开始，互联网泡沫以后，中国成为推动全球经济增长的双引擎之一。日本和欧盟的经济持续低迷，金砖四国其他成员巴西、印度、俄罗斯的成长相对较快，但毕竟规模太小，对世界经济的影响力较小。在此期间，中国对世界经济增长的贡献率约为15%，有时甚至高达30%~35%，仅次于美国。但是2008年美国次贷危机引致的全球金融危机后，美国经济遭受重创，并因此造成世界经济衰退。尽管中国也受到了外需全面崩溃的严峻考验，但是和美国、英国、欧盟、日本及绝大多数新兴市场国家相比，中国处于最有利的位置。原因很简单：

一是中国财政状况良好,四万亿财政刺激政策的出台足以说明我国财政的良好状态;二是中国金融体系相对健康、稳定,所以我们才有能力投入9.6万亿元巨额银行信贷进行扩张,促成了我国经济逆势而上一枝独秀的8.7%的GDP增长率,率先带领全球走向复苏。

第二个方面,全球金融危机推动了中国金融体系的完善。曾几何时,中国的金融体系十分脆弱,国有银行体系不良贷款高企,之后中国开始重视银行体系不健全问题,对银行进行系统性改革,才有了今天金融健康稳定的局面。全球金融危机的原因复杂、波及面广、后果惨重、教训深刻,发人深省,也给中国提供了免费的一课。目前美国、英国、欧盟都在积极酝酿各式各样的金融改革方案,对于资本金、流动性、交易对策风险、资产质量、会计原则、薪酬制度、监管体系等诸多方面进行全方位的结构性改革。西方国家在系统性风险监管等领域的实践值得我国关注,不管成效如何,都可以为我国的改革提供宝贵借鉴。

第三个方面,全球金融危机大大提升了中国的国际地位和影响力。无论是在G20、IMF还是在世界银行中,中国都得到了前所未有的关注度。正是在恢复全球金融危机后世界经济增长的大背景下,G2的概念首次浮出水面。1997—1998年亚洲金融危机时,国际社会普遍赞赏中国为了地区金融稳定和经济局势维护人民币不贬值的做法,但很多国家对于中国金融和经济能否健康发展还是充满担忧的,比如国企的亏损等。这次截然不同,国际社会对中国几乎没有什么担心,而是充满了尊敬、期许和希望。去年是中华人民共和国成立60周年,中国的国际形象和地位达到了新高度。

以上三方面可以说明,中国是全球金融危机的赢家。尽管如此,中国还只是暂时的赢家,而不能算是最大的赢家,也并不意味着成为永久的赢家,因为金融危机后期全球经济进入了一个重要的结构调整和转折期,充满了不确定性。美国和西方世界经济复苏与金融重组的步伐、美国储蓄率的结构调整和消费模式的转变、国际市场利率和美元汇率走势、国际矿产资源价格波动等均充满了不确定性。也许不会产生像2008年9月雷曼兄弟倒闭那样的戏剧性效果,但其实这些对于中国宏观经济稳定和增长可能会产生更为重大和深远的影响。

二 应对全球金融危机需要关注三大风险

第一,出口形势导致决策失误风险。针对当前国际经济和金融形势的准确判断,对我们国家宏观经济政策的制定、金融机构的风险管理以及中国海外投资策略至关重要。特别是2008年底全球金融危机爆发的时候，各方对于会有第二波金融危机的看法非常认同，这在一定程度上误导了决策，导致我们对当时的环境估计过分悲观，甚至把2009年评判为历史上最严峻的考验，这至少导致了两个后果：一是中国的海外投资变得格外谨小慎微，错失了很多千载难逢的机会；二是导致2009年宏观经济过度刺激，出现了超常规信贷膨胀、投资项目效益不确定性、贷款组合的安全和质量问题、房地产的潜在泡沫等问题。而事实上雷曼兄弟倒闭是全球金融危机最深重的时候，到2009年初各项指标表明系统性金融崩溃的风险已经大大降低，金融市场开始初步解冻，金融体系趋于稳定，各类资产价格开始回升。

第二，误读全球金融危机，导致资本金不足、购买力不高、监管失职、金融机构信用膨胀等风险。这在一定时间内、在某种程度上、以某种方式对金融危机的起源、扩散、加剧起到了不同的作用。归根到底，这次金融危机就是信用过度膨胀产生了房地产泡沫，最后泡沫破灭了。如若从该角度认识这次金融危机，就会发现其并没有任何特殊性。十年前的东南亚、北欧等地区都在犯这样的错误——信用膨胀导致资产价格泡沫，最后泡沫破灭。而这次金融危机又很特殊，它标志着自由市场经济模式的破产，是金融创新导致的结果。自亚当·斯密倡导"自由市场论"以来，经济形势呈现出固有的波动性，繁荣或者衰退，偶尔大萧条，金融危机在资本主义历史上连连发生、并不罕见，市场周期性波动导致凯恩斯主义，包括央行监管制度、社会保险等的产生。市场机制尽管存在固有的不确定性，但这不能抵消市场经济的巨大创新能力以及其对生产力的推动作用。

第三，盲目自满的风险。我们应该引以为豪，但是不能认为中国金融可以从此高枕无忧。特别是银行和保险公司，按市值已经排在全球前列。在肯定巨大成就的同时，要看到中国金融业的发展水平与发达经济体的差距。尽管这次金融危机中美国金融体系受到了重创，但是也展示了美国自身的调整能力，这需要引起我们的重视。这次金融危机后，一些稳健的机构，像高盛、摩根大通等能力很强的公司，也在被迫痛苦地重组、补偿资本金、调整运营模式、改善管理。应该说这次金融危机可能使得美国金融体系变得更加健康、更具有全球竞争力。我们应该保持清醒和理智的头脑，认真吸取全球金融危机的教训，引以为戒，深化自身的金融改革，继续学习和借鉴国际上先进的金融知识和经验，尤其是风险管理经验。

只要我国能够高瞻远瞩、审时度势、把握机遇，有推进深化金融体制改革的决心，中国就能够更加巩固和增强在国际经济中的地位与影响力。30

年改革开放,中国已经创下了举世瞩目的奇迹,这是因为市场经济模式解放了中国人的创新精神和活力,也正是因为中国吸收了国际资本、技术、经验和商业模式,中国才成为全球化的最大受惠者。中国可在以下三个方面努力:第一,深化国内金融改革和金融发展;第二,调整经济增长模式,实现经济再平衡;第三,在应对全球气候变化方面做工作。十年前亚洲金融危机中中国是大赢家,这次中国显然也是赢家,但还只是暂时的赢家。只要中国正确认识金融危机,继续坚持改革开放,中国就可以也一定能够成为这次金融危机的大赢家。

祖六每次来都能给我们带来非常新鲜的思想、非常深刻的分析。针对中国可以成为全球金融危机赢家的命题,先说可能性,再说条件,然后讲如果变成现实需要注意的事情,三个风险值得我们高度警惕。中国结构调整的任务还很繁重,中国转变经济发展方式的任务还很艰巨,很容易走回原来的轨道,止步不前。最近国务院又开始推动煤、电、运合作发展,曾几何时这些都是产能过剩产业,不能再投资了,这种矛盾正反映出经济结构调整的艰巨性。当然,在全球金融危机下,刚才祖六讲到从大范围看,十年前亚洲金融危机中中国做出了正确的选择,所以有了十年的经济增长,这次我们也需要做出正确的选择,再带动经济增长十年。目前看来,我们还是很谨慎地判断形势,很谨慎地调整宏观调控政策,因为情况高度复杂,今年的研究任务也非常繁重。祖六刚刚给我们提出了一些在国内媒体上很少看到的见解,这些见解是值得重视的。

罗平：银行监管与宏观调控

发言专家：特华博士后科研工作站博士后合作导师、中国银监会培训中心主任罗平

银监会将积极引领银行业切实贯彻落实国家宏观调控政策，加大信贷投放，为支持国内经济回升做出积极贡献。具体来讲，去年贷款增长状况是前所未有的，增长数额高达9.6万亿元，增幅达30%，往年增幅最高为15%。特别是第一季度月增长信贷1.5万亿元，到目前为止1月前两周信贷大幅度增长，这种大规模信贷投放对经济起到了刺激作用。业界人士认为，银监会在宏观调控中起到了十分重要的作用，甚至提出银监会已经承担了某种宏观调控职能，走到了宏观调控前台。

一 银监会承担某种宏观调控职能

去年宏观经济政策的核心内容是保增长，今年的重心在于结构调整。为了配合四万亿政府投资拉动内需，银行业贷款出现了超常规增长，助推了经济回升。但无论怎样，银监会作为银行业监管部门，要配合国家相关部门落实宏观调控政策。银监会的使命是防范银行业风险，银监会出台监管政策充分体现其职能。比如，经济回稳势头日趋明显时，银监会就已经注意到在金融体系和金融运行中存在的新矛盾和新问题，特别是信贷投放的超量增长。去年4月，银监会开始引导银行业金融机构从信贷超常规投放转向正常投放，第二季度、第三季度、第四季度信贷投放速度放缓，以平均每月9000亿元、4000亿元和3000亿元的总量进行投放。在此背景下，银监会出台监管政策，仍被市场解读为新的宏观调控工具。银监会强调坚守风险底线，相关政策落实在以下几个指标上。

（一）不良贷款余额和不良贷款比例

去年不良贷款实现了"双降"，余额约为5000亿元，下降了600多亿元，不良率为1.5%，下降了0.8个百分点。以下是不良率下降的原因：第一，银行业注销不良贷款；第二，经济开始有所回升，企业还贷能力增强。其中最重要的因素就是，贷款规模大幅度增长，相对来讲稀释了不良率，从这个角度分析，贷款增长对不良率下降的贡献率是最大的。更应注意到，目前不良贷款损失风险仍然处于相当高的水平。美国金融机构发放了许多房地产按揭不良贷款，这些不良贷款都是在经济上行之际放出的，而在经济下滑时暴露出来，中国应该充分以美国为戒。今年银监会格外重视信贷风险，信贷风险是银行业主要风险之一，不良贷款转化为损失可能有几年的潜藏期，去年不良贷款下降，恐怕还只是暂时的下降。但是要真正做到有效地防范风险，确实受到许多因素的制约，这将会是严峻的挑战。

（二）拨备覆盖率

我国去年年底的拨备覆盖率是155%，上升了近40个百分点。拨备覆盖率指按会计口径的减值准备除以不良贷款余额，然后乘以100%，安全值为150%。如何解读拨备覆盖率这一指标呢？从以下三方面入手。第一，监管部门鼓励商业银行实施国际会计准则，现在商业银行贷款分类和准备金计提还不够审慎，只有采取总的多倍覆盖水平才能够提高商业银行抵御损失的能力。第二，为什么安全值是150%。这主要取决于监管部门对银行不良贷款损失的判断，以及银行不良贷款历史损失的收回情况。第三，建立前瞻性的动态计提准备金的关键是将损失、计提水平和商业银行的预期损失紧密挂钩。

（三）资本充足率

2009年1月，商业银行资本充足率为12%，核心资本充足率为9.9%，由于资产迅速扩张，历经几个月的时间，分别降至11%和9%，资本充足率是绝对的硬性约束，只有靠资本充足率才能约束商业银行信贷的超常规增长。银监会去年8月出台了关于相互持有银行债券不能计入资本的管理措施，但这些管理措施同样被认为是宏观调控措施。

二 建立强有力的宏观审慎监管机制

全球金融危机带来的教训是：个体理性不会带来集体理性，单家金融机构的稳健运行并不能确保整个金融体系的稳定运行。比如经济处于上行时期时，绝大部分企业财务状况良好，资金水平较好，从单个机构的角度来看可以增加贷款，但是如果所有金融机构都扩大信贷规模，信贷规模增长可能就会失控，从而形成资产泡沫，乃至引发通货膨胀。因此建立一个能够防范系统性风险、确保整个银行体系稳健经营的宏观审慎监管机制是下一步工作的重点。第一，从银监会的角度出发，把防范系统性风险作为银行监管的重要任务，可以采用实施动态资本充足率和多倍的监管政策，主要是实时进行调整，某种意义上来讲资本充足率、拨备覆盖率和汇率一样，是浮动的而不是固定的；另外，在此基础上力求缓解经济处于不同周期时给银行可能带来的冲击。第二，加强宏观经济政策的协调性，主要指宏观审慎监管政策工具，包括传统银行监管政策、汇率政策、货币政策和财政政策，这样才能保障银行有较好的、有利的宏观经济环境。第三，加强行业监管部门和宏观经济管理部门的信息协调性。

现在银监会已经加入国际金融论坛，国际上新的监管措施很快会对银监会的监管政策产生非常直接的影响，银监会将继续在深化微观审慎监管的同时实施全面宏观审慎监管，并力求在监管理念、方法和手段上都有新的举措和新的突破。

这次金融危机暴露出货币政策和监管体系不协调的问题，一个确定的结论就是货币政策要和监管政策密切配合。出现全球金融危机以后，我们设立了协调小组，发挥了一定的作用。现在银行体系的根本特征是部分准备金制度——用少量钱撬动较大规模的贷款。传统货币政策，比如法定准备金率等，都是基于这种机制产生的。如果监管是监管、货币政策是货币政策，互不相通，则会变得落伍，甚至会误国。全球金融危机之后出现了几个新的国际协调机构，但至今为止它们探讨的内容都具有局限性。早在几个月前，中国社会科学院金融研究所提出，要以宏观审慎监管为核心展开讨论，一是探讨货币政策新的微观基础；二是探讨货币政策、财政政策和部门监管的关系。这两件事情如果得到很好的解决，会对世界理论界产生重大影响。

黄达：冷静稳健分析问题

发言专家：特华博士后科研工作站学术总顾问、中国人民大学资深教授黄达

自20世纪70年代中国改革开放以后特别是80年代，中央的文件每年都有这样的表述：进行调整，问题多，路曲折，但前途光明。每年都是，重复重复，但很有道理。30年的发展中，我们遇到的波折不见得比2008年、2009年的波折小，经过了这些波折，在可以预见的将来还是这四句话。当然还包括这些因素——决策层兢兢业业地治理国家、治理经济，有问题及时修改及时调整；包括民族学、社会学也包括经济学理论界不断推进理论研究。这里主要讲三个方面，一是基本理论，比如什么叫市场，什么叫有效市场，政府宏观调控到什么程度；二是比较冷静稳健的分析；三是经济学界不能缺少也不能消除的力量——"忽悠"的力量。领导决策有时会犹犹豫豫，一"忽悠"就推动起来了。比如前一段时间人民币升值极快，这跟国外和国内的"忽悠"力量是分不开的，因为升值才能治理经济的根本性问题，如通货膨胀问题等。"忽悠"的力量在一定程度上能起作用，但是过头了当然就会适得其反，还需回到冷静。虽然决策界和理论界，特别是经济学界有这样的具体推动作用，原来的四句话看起来空泛，但是在可以预见的将来还是有用的，文件里折腾来折腾去，还是能发现这四句话的影子，可见其对我们保持平静的心态可能会起到一定作用。

李扬点评

黄老师最大的优势是,四位发言者中有两个是他培养的。黄老师讲的非常重要,如果经济到了新时期,我们的研究也应到了新时期。要加强研究,应该做好三件事。第一,要认清国情。我们几个讲的有所差别,最后途径到底是什么样的,需要各方面反复地推敲、争辩,得出一个接近客观实际的判断。第二,要好好地总结、吸收、集成我们过去的理论概括。我最近写了两本书,一本是《中国金融改革30年》,另一本是《新中国金融60年》,写完这两本书之后发现传统体制下的很多探讨是极有价值的,是符合中国国情的概括、探讨。第三,我们要好好地学习和批判西方经济学,现在很多会议中大家一说起凯恩斯就义愤填膺,说这些话的人往往是一本书没读过的人。要得出正确结论,就需要读读他的书。

康雁提问:如何加强对中小企业的信贷支持

发言专家:罗兰·贝格国际管理咨询公司合伙人康雁

刚才几位专家谈了很多宏观问题,我有一个问题想请教银监会的罗主任。刚才谈到9.6万亿元信贷还有四万亿财政支持,如果仔细看,可以看到大部分信贷支持实际上是到了大型国企,而中小企业获得的支持比较少,这样就出现一个矛盾——越是大企业,银行越愿意支持。有哪些信贷政策能够加强对中小企业的信贷支持?从监管机构来讲,未来如何思考这个问题?

罗平回答：银监会六项机制从微观角度指导小微贷款

我可以不回答这个问题，为什么呢？审慎监管部门是不应该管信贷政策的，所以这个问题可以不回答。但我又不能不讲，因为这是中国国情。首先，判断有偏差。如何看待银行对中小企业的贷款？去年整个银行体系对小企业的贷款和支农贷款已经超过了对公贷款的平均增长速度，已经出现了难得的好转状态。但是接下来的问题是，能否从监管政策上支持？监管政策可能没有这个功能，监管政策支持力度有限。要真正做好支农贷款、中小企业贷款，是全局问题。现在的基本结论是，更多地要靠财政政策，建立担保机制、税收支持等。说到银监会、监管部门的政策，现在正强调六项机制，从非常微观的角度指导商业银行如何做好小企业贷款和支农贷款。

高材林：宏观经济形势分析

发言专家：特华博士后科研工作站博士后合作导师、吉林省政府办公厅副主任高材林

第一个方面，三个基本判断：一是整体上回暖向好，二是结构调整非常艰难，三是外部冲击的消除还需要时间。

第二个方面，方法论的修正。在下一步经济增长过程中，我们在方法论上可能需要做出某些修正。例如，我到一个农户家里参观和学习，他的一个儿子在国外念书，博士刚毕业，儿子跟父亲说今年不要种玉米了，要种蔬菜，结果玉米价格大涨。理论与实际的差异需要我们在方法论上做出调整。

第三个方面,值得我们重视的三句话。一是仍然要韬光养晦,包括汇率政策和其他政策。二是土地政策和土地相关法律法规的调整,对于经济增长具有深远的意义。三是真正把创新做到实处。我们为什么总是效仿国外的东西,但缺乏创新?我认为,一是政府的机制落后,跟不上市场变化;二是机制建设与市场经济建设不同步;三是知识落后。

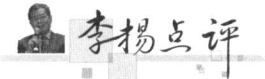

现在所有问题都集中在土地上。未来十年、二十年什么最重要?土地最重要。房地产问题在一定程度上是土地增值收益的分配问题,城市化过程也是土地资本化过程。如果我国的土地资本化程度达到美国的水平,那么我们的生产函数里就不再有土地。西方的土地已经完成了资本化,我们还在资本化过程中。这个问题极其重要。

王稳提问:城市化与城镇化的区别

发言专家:特华博士后科研工作站博士后合作导师、对外经济贸易大学保险学院院长王稳

我想问王国刚老师两个问题。第一个问题,文献中有一个关于城市化和城镇化的分析,想请教一下王国刚老师。第二个问题,王国刚老师提到将来的消费类投资和投资类投资,目前金融领域有大量的结构性产品,比如房地产,同一标的有两种属性,既是消费性的又是投资性的,下一步要进行结构转型,如何处理这个问题?如果盖很多房子,老百姓有一套还要

买第二套、第三套,买房子并不是为了消费而是为了投资,对经济发展、货币政策会产生什么影响?

王国刚回答:县以下为城镇化

首先,城市化和城镇化,我们不可能在广大的地区都以城市为中心,尤其是县以下还应该是城镇化。比如,北京、上海、广州就是城市化,称这些城市叫城镇化,可能不太合适。

其次,关于住房,我们的住宅没有土地所有权,住宅在供求平衡或供略大于求的市场条件下,是一个消费品。其根据是中国有土地使用权折旧,既然价值是折旧的,那么就没有投资价值,所以就住宅本身而言,是消费品。但在严重的供不应求条件下,当人们预期这种产品未来价格会上升,就会购买进行投资。比较典型的是1984年以后,彩电、冰箱、洗衣机、衣服、肥皂、火柴、酱油、醋都曾经成为投资品,在现有状态下,住房供不应求的格局还将保持相当长的一段时间。所以,现在房子既是消费品又是投资品的原因就是房子短缺。

关于第一个问题,我稍微补充一点。关于城市化、城镇化有非常激烈的争论。据我所知,城市化说的是过程,是从农村变为城市、农业就业变成非农就业的过程。城镇化指的是形式,讨论的是大城市、小城市的问题。

吴小平：转变发展方式　调整业务结构

发言专家：特华博士后科研工作站博士后合作导师、中国再保险（集团）股份有限公司监事会主席吴小平

　　转变发展方式、调整业务结构，是我们的主攻方向。经过这几年的发展，在整体经济发展非常好的情况下，中国经济的发展模式到了关键时刻。"三驾马车"中，出口要想再续前些年每年20%、30%的高速增长，可能性不大，除非提高出口产品的档次，出口刚需产品。增加投资，尤其是基础设施的投资，对我们克服全球金融危机带来的影响意义非凡。有些投资可能社会效益好，但是经济效益不一定好。要增加消费，发展大型工业企业，以出口打开、占领国际市场，从中央到地方，再到部门、到企业，都应把主要精力放在经济规模增长上。

　　如果在结构调整的过程中，GDP以比较快的速度发展，那是皆大欢喜的；但是我认为经济发展方式转变跟结构调整不会同时带来GDP比较快速的增长。投资不是单纯地进行工业性投资，而是要促进城镇化或者城市化，要提高人民的生活水平。如果一个地区、一个省、一个行业的地区生产总值速度或者规模下降，可能又会回到过去的追求规模、追求发展速度的老路上。但我认为一定要调整结构，顺着原来的路走，再发展就很困难了。各行各业都有这个情况，都要调整结构。

张国祚：对中国经济发展的七点看法

发言专家：特华博士后科研工作站博士后合作导师、全国哲学社会科学规划办公室原主任张国祚

第一，总体态势很好。当西方发达国家在金融危机低谷上一点点挣扎着往上爬时，我们国家从2009年初开始，经济发展一路走高，第一季度6.2%，第二季度7.9%，第三季度8.9%，第四季度达到10.78%，全年平均8.7%。俄罗斯联邦行政学院院长提出，面对这次金融危机，只有中国一个国家应对得最好、效果最好。《纽约时报》认为，全球金融危机发生之后，美国的形象和影响力在世界各地明显受到损害，而中国的发展模式大放光芒。这些都说明我们总体态势很好。

第二，风险依然存在。展望2010年我国经济发展，从国际的角度看，国际能源供给受到一些势力的干扰、阻挠，中国制造产品还受到一些人的抵制，包括一些政治因素，风险依然存在。从国内来看，有几个问题：一是房地产问题，二是城乡收入差距问题，这些都可能是潜在的风险点。

第三，以美国为戒。美国的教训是什么呢？这次金融危机是由美国次贷危机引起的，次贷危机发生之后，英国《独立报》商业版主编写了一篇文章，他认为美国政府有责任，因为它允许人们负债累累；美国金融监管机构有责任，因为它允许银行过度地盲目放贷；当然美国老百姓也有责任，因为他们过度依赖贷款。美国连续25次降息，连续17次提高利率，根本没有考虑到老百姓的生存和承受能力，想的只是企业如何创造效益。这是很大的教训。

第四，认真总结中国的经验。1997年亚洲金融危机和这次金融危机中，中国在全球的表现最好，这不是偶然的。经济学界要认认真真地总结我们宝贵的经验，这是义不容辞的责任。

第五，坚持以人为本。目前的根本问题是缩小城乡差距，而缩小城乡差距，关键又在哪里？是提高广大农民的收入。如果能在70%的农民身上做好文章，意义非同寻常。要应对金融危机，以人为本非常重要，就是要以中国最大多数人的根本利益为出发点。出台任何一项政策，如果仅仅有利于特权阶层，这样的政策恐怕是失败的，不仅会影响消费能力，而且必然影响社会稳定，反过来必然影响整个经济发展。

第六，搞好统筹兼顾。李扬刚才讲到两个词：失衡和瞻前顾后，这两个词前后照应。什么是失衡？失衡的极端必然发生经济危机，一切事物都可以在失衡问题上找到根源。瞻前顾后、如履薄冰，就是要统筹兼顾。金融系统的内部问题，比如储蓄、信贷、投资、保险等，包括金融产品和利率，要有宏观的、系统的、配套的思考。从金融系统外部来讲，应该把服务业、交通业、制造业与金融业联系起来系统考虑，这样才能真正符合科学发展观的要求。全面、协调、可持续的科学发展观非常重要，对我们化解和抵御金融危机、对于中国经济发展有重要意义，绝对不是简单空洞的口号。要繁荣经济，必须认认真真贯彻落实科学发展观，把思想、灵魂渗透到研究中去。

第七，追求动态平衡。我们在动态当中始终把握主动权，未雨绸缪，当风险来临时能使损失减少。形势是非常复杂的，但中国已经走出了一条很好的发展道路，沿着这条道路不断地完善、丰富和发展，中国经济会发展得更好。

王洛林：论坛可以更年轻化

发言专家：特华博士后科研工作站博士后合作导师、中国社会科学院原常务副院长王洛林

第一，我记录了各位专家的发言。

第二，由于年代问题，我们这代人的知识结构要进行很多调整，特别是在金融方面，我们是年纪大的小学生。

第三，对特华博士后科研工作站提一个建议。今后可以逐渐地向年轻化方向发展，多邀请一些更年轻的专家，经济学界新老换代速度非常快，简直比歌星还快。从我个人来讲，学习的对象不断更新，当年的年轻专家现在都成了大专家。

李茂生：宏观政策问题研究要实事求是

发言专家：特华博士后科研工作站研究总指导、北京特华财经研究所所长李茂生

第一，共同讨论，共同进步。特华博士后科研工作站已经走过了十年历程，我们没有辜负老一辈学者对工作站的期望。恐怕还是要老中青三代结合，老有老的优势，60岁退休实际上是对资源的极大浪费，我们需要优质资源继续发挥作用。另外，我们要更好地总结前十年，进入新的十年以后，把这个事情做得更好。

第二，宏观政策问题要再一次去意识形态化。全球金融危机以后，很多人否定西方的内容，但其中很多人并没看过西方的经济著作，年龄太大的人实际上也没时间学西方的东西，这种情况确实存在。但是也有相当一些人根本没有读过马克思，把马克思说得一无是处的人更多。要本着实事求是的态度来研究经济学说，来研究各个学派的长处和短处，这样才能真正提高我们自己的研究水平。没研究、没调查就没有发言权。要端正学风，踏踏实实研究问题，为国家为民族造福。

本次论坛虽然时间比较短，但是对于相同问题分歧还是比较大的，这就给我们提出了任务，需要好好研究。如果说经济站在新的起点上，那么中国的经济研究、金融研究也应站在一个新的起点上，这是个机遇。现在是发展经济的良机，也是发展经济学的良机。要想不错失研究国情的良机，

并且传承马克思理论和本土化的理论,就要好好研判以西方经济学为主体的思想学说,融为一体形成中国的经济学。希望本次论坛成为一个新的起点,能够把特华博士后科研工作站办得越来越好。希望大家取得越来越大的进步。

第十二届特华论坛花絮

工作站博士后合作导师
王力 李光荣 李扬 李茂生 王国刚

工作站博士后合作导师
陈文辉 吴小平

工作站博士后合作导师
卢德之 蔡鄂生

工作站博士后合作导师
王铎 孙祁祥

参会代表合影留念

2010年1月23日 北京

2011 第十三届特华论坛

—— 2011'中国宏观经济形势与政策

会议背景与论坛主题：2011年1月9日，第十三届特华论坛在北京国际饭店成功举行。会议背景是全球金融危机的严重程度可与20世纪30年代大萧条相提并论，预计世界经济从危机中恢复需要较长时间。中国已经深度融入全球经济，不可避免地受到了影响，但仍处于可以大有作为的重要战略机遇期。后危机时代，中国经济需要转变发展方式，牢牢把握科技发展要点，工业化、城镇化和农业现代化并举，大力发展高端服务业。在此背景下，论坛围绕"2011'中国宏观经济形势与政策"这一主题，就后危机时期全球经济形势、中国宏观经济形势、中国经济的机遇与挑战、中小银行面临的挑战等问题展开深入探讨。

主办单位与发言专家：本届论坛由中国社会科学院金融研究所、中国保监会政策研究室、中国银监会培训中心和特华博士后科研工作站联合主办，由华安财产保险股份有限公司协办。中国社会科学院副院长、特华博士后科研工作站研究总指导李扬研究员主持论坛，中国生产力学会会长王茂林、中信证券首席经济学家胡一帆、中国社会科学院金融研究所所长王国刚做主题发言。中国证监会原主席周道炯、中国人民银行征信中心原主任戴根有和中国民生银行行长洪崎做评论发言。

参会导师与特邀嘉宾：特华博士后科研工作站博士后合作导师（按姓氏笔画排序）马庆泉、王力、王君、王铎、王一鸣、王松奇、王国刚、王洛林、田进、史建平、刘力、刘迎秋、米建国、孙祁祥、李扬、李光荣、李茂生、李京文、肖金成、吴小平、何盛明、何德旭、邹东涛、陈文辉、陈伟钢、陈忠阳、陈栋生、罗平、罗忠敏、郑新立、孟焰、胡坚、胡昭广、袁力、晋保平、贾建平、夏杰长、高传捷、高材林、梁琪、谢平、潘晨光、霍学文、戴根有、魏党军等，以及来自国内外政府部门、企业界、著名高校和科研院所的特邀专家和工作站博士后360余人应邀参加论坛。

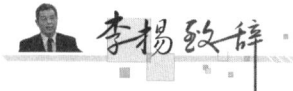

发言专家：特华博士后科研工作站研究总指导、中国社会科学院副院长李扬

我们最近的一项研究发现，这次金融危机的影响范围、深度、严峻性可以和20世纪的两次危机相提并论，一次是30年代的大萧条，另一次是70年代危机，这两次金融危机的恢复过程都经历了相当长的时期。由此得出一个判断，就是此次金融危机的恢复过程将延续相当长的时期。身处后危机时期，我们要在全球进行调整的大背景下做好准备。

一 此次金融危机与前两次危机的相同点以及中国的机遇

第一次全球性金融危机是20世纪30年代的大萧条，资本主义世界几乎灭亡。危机之后，西方资本主义世界进行了重大调整。从经济运行体制来看，政府进行了全面干预；从经济运行方向来看，全面进入了福利社会；从理论上来看，出现了所谓的"凯恩斯革命"。这一系列的体制、机制、思想、理论、政策调整使得资本主义世界在第二次世界大战之后有了长时期的发展。

第二次危机是20世纪70年代危机，如今回顾来看也是多种危机并发。在国际上，布雷顿森林体系崩溃，资本主义世界国内滞胀，由此引发的还有两次石油危机、黄金危机等，种种危机并发。那次金融危机的恢复从20世纪70年代开始一直持续到80年代末期，用了十几年时间，危机过程中发达国家进行了调整，然后出现了新经济，持续高速发展了将近20年时间。

目前全球金融危机的先导性现象包括股票市场危机、两次石油危机、国际货币体系的危机、资本主义生产方式的危机等。由此推论，此次金融危机的恢复过程还要经历相当长的时期，而且问题非常复杂。经历相当长时期，并不是一直坏下去，也不是在低水平上延续，而是指恢复过程充满了波动，充满了预料不到的事件。

这次金融危机，一方面要注意其恢复时间之长，关注其对中国的影响。讨论宏观经济形势与宏观经济政策不能不考虑这样的问题：中国全面融入了全球经济，任何一个角落任何一点事情都会对中国产生非常重大的影响。另一方面也注意到此次金融危机可能对中华民族来说是一次机遇，"十二五"规划建议里最开始就有这样一个判断：我们现在仍然处于可以大有作为的战略机遇期。所谓战略机遇期，主要指三个情况：第一，世界范围内和平、发展、合作仍然是主要趋势，因此我们面对着一个良好的国际环境，在这个环境下不存在很长时期内针对中国或者对中国产生重大影响的国际动荡。第二，中国经历了长达30年的改革开放，进入了快速发展轨道，我们有高储蓄、高投资、高增长、高出口、高外汇储备和相对较低的物价水平，在今后很长时间内这些因素还会存在，中国长期持续高速发展还会延续。第三，从中国和世界的关系来看，中国已经全面融入了全球经济，全球经济的发展一方面给中国提供了非常好的条件，另一方面也提出了一些新的任务，这些任务需要以中国为首的广大的发展中经济体去完成。

二 此次金融危机与前两次危机的不同点以及中国的机遇所在

这次金融危机和前两次危机有两个重大不同。首先，从实体经济来看，与发达经济体相比，广大发展中经济体对全球经济增量的贡献已经保持了很长时间的领先地位。发展中经济体的成长速度超过了发达经济体，预计这种情况还会延续较长时间，此长彼消。目前发达经济体和发展中经济体在全球GDP中各占一半，如果这种情况再延续五年、十年，发展中国家和广大新兴市场经济国家对全球GDP的贡献就将起主导作用。前两次危机是发达经济体之间此长彼消，这次是发展中经济体和发达经济体之间此长彼消。其次，从金融领域来看，金融危机的一个重要内容，就是各国债务危机。而前两次危机中的债务危机主体是发展中国家，或者发达国家彼此之间，在这次金融危机中，发达经济体作为一个总体是负债国家，而发展中国家是债权国，处在债主地位上，和前两次完全不同。

由于这两个不同，发展中国家和新兴市场经济国家就有可能主导、至少是积极地参与这次全球经济恢复进程，就有可能积极地参与新一轮规则的制定,就有可能成为全球经济发展的主力,这正是中国的机遇所在。

正因为如此,在刚刚结束的中央经济工作会议上,胡锦涛同志对国际形势提出四个新判断:全球经济结构在进行调整;全球的治理结构在进行调整;全球经济发展的科技基础正在酝酿新的突破;从全球来看,发展中经济体正在日益发挥主导作用。这四个判断是中央根据这几年来经济金融形势的发展做出的判断。作为研究人员,应当为落实这些判断、促进中国经济崛起做出贡献。

三 未来发展任务之严峻所在

在认识到机遇期的同时,也要注意到中国抓住机遇期面临很复杂的情况。一方面我们应该看到,中国事实上是以发达经济体为主导的国际经济体系和货币体系的获益者,在发达国家主导的全球经济体系和全球金融体系下获得了长足的发展。另一方面,由于中国成长非常快,我们同时也是最希望改变现行经济制度和现行国际货币制度的国家。未来的发展要在现行体系没有根本性变化的情况下,既适应这样一种格局,又在这个过程中谋变化。我们的经济发展在相当程度上对于现在我们正想改变的国际经济制度和国际金融制度有相当高的依赖性,这就是未来发展任务之严峻所在。

四 危机后的未来发展问题

关于未来的发展,转变经济发展方式、贯彻落实科学发展观,有非常多的论述。从研究的角度来看,有三个问题最重要。

第一,牢牢把握住科技发展作为主导的要点,大力推行创新型国家建设。新一轮竞争是在科技以及科技产业化层面上展开的,未来谁掌握了科技的主导权,谁能够比较有效地把科技变为产业、变为生产力、变为产品,谁就能够引领未来世界的发展。

第二,"三化"并举。工业化、城镇化以及农业现代化,是党中央做出的一个非常重大的判断和战略部署。如果在推动工业化、城镇化的过程中不能同时做到农业现代化,我们就将陷入中等收入陷阱。所谓的中等收入陷阱,表现在经济领域是收入分配不公,表现在社会政治领域是大量的不满意、群体性事件以及社会动荡。这些问题如果不解决,中国未来的发展将是有问题的。"三化"并举是非常重要的战略,今后研究问题时应当考虑到这点。

第三,大力发展服务业,特别是要发展高端服务业。今后长期存在的情况是,我们在商品和货物贸易中是顺差,在服务贸易中是逆差。在全球分工体系中,我们处在全面广泛地接受产生自发达经济体的服务的地位,并且顺带还要接受在他们所提供的服务里夹带的各种各样的规则、秩序、条例。这对于崛起的新兴经济体是不利的。要进入全球规则制定过程,必须全面发展高端服务业。当然,金融业是服务业皇冠上的明珠,金融业的发展上应该有更大步伐。

王茂林:经济发展不能一味追求高 GDP

发言专家:特华博士后科研工作站博士后合作导师、中国生产力学会会长王茂林

经过这次金融危机以后,中国政府采取了一揽子计划,总的宏观经济形势正在往好的方面发展。中国在全球金融危机中受影响程度比欧洲国家小。客观来讲,中国金融对外开放目前还有局限性,还没有完全融入世界金融体系。从趋势来看,中国金融要逐步融入世界金融体系,到那时候扮演的角色可能会有所变化。

一 从发展的角度看中国经济

30年改革开放,从经济发展的角度来看,成绩世人瞩目。30年来中国经济保持快速增长,对国家的综合国力、人民生活水平以及国际地位的提高都起到了很重要的作用,但我们为这30年的高速增长所付出的代价也相当沉重,这些问题对未来中国经济发展有很大的牵制。最近有一本书讲到一个观点，GDP 有好的 GDP，也有不好的 GDP，不要笼统地认为 GDP 本身越多越好，有的 GDP 如果过多，给各个国家造成的严重后果在眼前虽然不是很明显，但随着趋势的发展，其带来的问题越来越多。后危机时代中国经济转型已经成为非常重要的问题，如何改变高消耗、高污染、低效益的国民经济增长模式，已经成为我们非常棘手的事情。我不反对保持 8% 的经济增长，但是建议中央在保 8 的时候一定要做到三个决心不能动摇：首先，转变高污染、高消耗、低效益国民经济模式的观点绝不能动摇；其次，节能减排、保护环境的决心绝不能动摇；最后，以人为本、为民造福的理念绝不能动摇。三十年改革开放成果要让绝大多数人民群众享受到。如今，社会分配不公、贫富差距扩大，低收入群体生活水平降低。

讲到未来经济发展趋势，确实有很多问题。随着转型，最大的阻力就是地方政府的抵制，现在地方政府的领导急于创造出政绩。在第十二个五年规划制定过程中，现在已经拿到了九个省的"十二五"发展速度，它们的发展速度和中央提出的以经济转型为目标差距很大。现在很难说中国的经济转型到底在"十二五"会如何，但中央的方针是百分之百正确的。在房价问题上，很多地方政府不愿意降低房价。

二　从金融的角度看中国发展

从金融的角度讲，可以明确地看到央行在收紧银根。但是新的一年能不能收紧银根，并不是单纯靠央行决定，仅靠提高利息、提高准备金率并不能达到目的，还要有其他相应的办法。针对目前的情况，首先要确保中国的经济转型、结构调整，引进国外最先进的节能减排设备，对企业进行改造。另外，要解决农村的问题。现在农村里借高利贷盛行，各种各样的"会"很乱，仅靠农村信用社满足不了广大农民的需要。农业银行从农村撤退是非常严重的错误决定，撤入城市毫无道理，农业银行应该把主要精力面向农村，要为农业现代化、农村城镇化服务。

三　关于低碳经济的三个观点

关于低碳经济，我有三个观点：

第一，低碳经济从可持续发展出发是正确的做法，对此可以制定两个低碳标准：一是已经完成工业化、城市化的发达国家要有一个标准，二是对于发展中国家，处于不同发展时期的，不能只有一个标准。

第二，不能为了低碳而低碳。中国处于碳排放高峰期，目前总量居世界第一，平均量在今后十年里也会慢慢增加，这是必然的发展过程。中国处于工业化中期，重化工业是工业化国家工业发展的基础，停止发展是不可能的。在相对数上做很多工作可以，在绝对数上肯定要增加，在这个问题上不能唱高调。中国与美国处于不同发展期，不能相提并论。为了自己生存，经济发展是第一位的，而低碳是我们的战略要求，从现在起就要采取措施，每一个老百姓、每一个企业、每一个政府都要对低碳提出要求，这是正确的做法。但是对于发展中国家、欠发达地区，发展经济是第一位的。为了使人们的生活水平得到改善，要发展经济，不能够把低碳和发展经济对立起来，为低碳而低碳现在不是时候。

第三，转变全球气候，发达国家应该做榜样。现在二氧化碳的80%~90%都是发达国家在发展过程中排放的，它们应该按照联合国气候框架方案把新技术无偿地提供给发展中国家，应该用无息贷款支持欠发达国家解决这个问题。中国作为所谓的制造大国，应该加两个字：低端，即低端制造大国。我们生产一个产品，太过低端，需要耗费煤炭、电力来生产，最后却只取得2%左右的回报，但是污染都留在了中国。一双耐克鞋卖上百美元，仅有几美元的成本，最后再交低碳关税，而中国的人工工资仅在1000元人民币左右，最后被反倾销。我们不应盲目地引进外来加工，获取所谓的利润。

社会由三种人组成，第一种是城市居民，第二种是农村居民，第三种是外来打工居民。我们应该做到三点：第一，从政治上讲，他们都是中华人民共和国公民，在政治上是平等的；第二，他们都有权利享受政府投资的社会事业和公共服务设施；第三，他们都是当地的建设者，也是贡献者，深圳有1480万人，所有人都是当地的建设者、贡献者，都应该平等地享受当地政府所建设的社会主义公益设施，不能有所歧视。成都市作为试点，取消了农民和市民的界限。户口冻结导致了目前所谓的农民工，这完全是自1956年起冻结户口导致的后果，这个问题如果不能从根本上解决，"三农"问题就不可能得到很好的解决，城市化也难达到。

总的来说，中国未来经济还会朝好的方向发展，GDP要保持一定的增速，不要过高追求GDP，把经济结构转型、工业结构转型的具体任务一批一批地布置下去。只有这样，才能保持中国经济发展趋势越来越好。

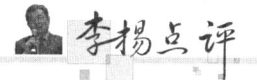

谢谢王会长的殷切希望，特别是关于以人为本和节能减排讲得非常好，不只有政治高度，还有专业深度。研究人员一定要认真领会，在我们的研究项目中体现出来。

胡一帆：后危机时代的分化

发言专家：中信证券首席经济学家胡一帆

我们判断，世界正在进入新的整合时代。全球金融危机过程中，各国联手出台了刺激经济发展的政策，这次金融危机重创之深、恢复速度令人惊叹，最重要的一点是，各国出台的货币政策与财政政策都达到了历史上非常高的规模，这是全球经济恢复较前两次危机快的原因。

时至今日，各国经济财政状况出现了巨大的分化，一些国家的经济系统恢复良好，特别是新兴市场国家，包括中国、印度在内都在考虑如何预防经济过热；另一些国家还处于危机边缘，特别是欧洲和欧洲周边国家。总体判断认为，美国经济正在稳步复苏，政策保持适度宽松，私人消费与企业投资正在逐步发挥主导作用，并确保经济可持续发展；欧元区恰恰相反，持续受到债务危机困扰，私人部门还没有出现任何清晰的复苏信号，各国政策基本以本国政策为主，出台的经济政策也是围绕本国。在今后两年当中，美国的政策围绕定量宽松这个主题，欧洲则围绕财务政策。我们对美国这两年 GDP 的预测是，今年 2.8%，明年 3.03%；欧元区今年

1.7%，明年是1.3%或1.6%，实际上对资本市场包括债券、股市走势有比较大的影响。

一 美国经济稳步复苏

（一）看好美国经济的原因

今后两年看好美国经济的原因，从长期来说有政策原因，比如低碳经济以及高科技，短期来看主要有两大因素。

第一，私人部门逐渐复苏，并且可持续发展。可以看到，消费逐渐向好，储蓄率和失业率并行下降，布什时代减税政策的延长已经通过，今后两年美国每个家庭平均会增加3000美元可支配收入，对消费有巨大的刺激作用。房价的负面影响已经消失，我们认为房价还会持续低迷，房地产市场依旧是美国经济的软肋，但是负面影响逐渐消失，并且信贷状况趋势良好。根据美国信贷调查，银行不愿意借贷的数量已经从2008年的60%降低到2009年的20%，到2010年降低到10%，居民消费会成为2011年和2012年美国经济增长主体，在美国居民消费占GDP的70%。

第二，企业投资有些复苏迹象。企业投资和企业对消费的期望密切相关，一旦消费复苏，企业就会增加投资。首先，最主要的原因是危机时，企业纷纷采取现金储备策略，不敢投资。从短期来看，20世纪90年代美国房地产危机发生时，企业现金占资产量的2%，IT泡沫时企业现金资产规模达到5%，最近上升到10%，像轻资产行业如IT、医药，现金都达到资产的30%~50%，企业有大量现金，一旦经济好转可以迅速投资。其次，美国主要通过CB和ABS而不是银行来融资，市场一旦好转，信心一旦恢复，企业就会得到融资。最后，政府对企业的巨大支持。在布什8520亿美元减税政策中，不仅对居民实施减税政策，也对企业实施减税政策，尤其在机械设备上，企业在2011年可能节约1000亿美元左右，另外还有对R&D的减税投资，今后财政将会有巨大支持。

（二）财政政策和货币政策

总体来说，居民消费由稳定到强化，企业投资渐行渐加，成为2011年、2012年美国GDP动力。首先，从货币政策来说，QE2预期继续完成到6月，QE3、QE4存在的可能性很小。QE2对美国最重要的作用是信心支持，美联储加息要到 2012 年中期开始考虑。另外，对于财政政策，原来我们比较担心，两党选举之后，共和党上台会不会支持奥巴马政策。最近通过与美国财政部、美联储的交流，美国财政政策短期还是偏支持性，长期则考虑债务问题要趋紧。短期偏支持性的原因是，一方面布什减税政策对整个市场是重大利好消息，这个消息表决之前股市已经涨了两个百分点，对企业、对居民有重要的支撑作用；另一方面，美国赤字 2010 年达到历史最高，2011 年、2012 年会下降到 6.5% 和 3.9%，做到自然下降。这是因为，第一，美国从伊拉克撤军之后军费下降。第二，粮食危机政策。克林顿政府之前实行过，后来废弃了，布什政府又开始实施，2008 年全球金融危机时又放弃了，今年又要开始实行。另外，奥巴马提出五年之后翻一番的雄心勃勃的计划，最主要是放松高科技出口管制，大家知道实际上这个管制在美国是最近一年半中讨论最热烈的话题，通过立法部门，对一些不太敏感的产品已经放松管制，更透明，程序更简单，去年 11 月已经放松了对印度高科技出口和经费出口管制，今年第一、第二季度就应该放松对中国高科技出口管制，和中国能源问题结合在一起，放松高科技管制才能实现中国低碳经济。美国扩大与韩国的自由贸易，出口翻番。美国经济形势比欧洲更明朗，收益率曲线比欧洲更陡峭，美国三个月、六个月、一年、两年、五年、十年、三十年收益率曲线更陡峭，反映了市场对债务的信心。从另一方面讲，美联储实际上不希望收益率曲线上升得比较快，在 QE2 当中购买 6000 亿美元国债，实际上是想把长期利率保持在比较低的水平，美国 11 月宣布之前市场上有反应，11 月以来 10 年期利率上升 60BP，这是一把双刃剑。总体来说，美国经济在 2011 年将持续 QE2，并且可能购买期限在 6 月完不成会延长，QE3 可能性很小，QE2 更有利于提升市场信心。现在 9.4%，今年预测为 8.6%，明年 7.2%。总体下降趋势非常明显，但是过程缓慢。至于通胀问题，现在既没有通缩，也没有高通胀，今明两年通胀都会保持在 2% 左右，GDP 稳健增长，居民消费将成为 GDP 主力，政策会比较宽松。

二 对于欧元区的紧缩判断

对于欧元区的紧缩，有着这样的判断：紧缩对欧元区经济造成了非常大的影响，并且会持续造成影响。欧美之间存在分化，最近欧元区内部分化非常明显。欧元区从原来的德法两驾马车，发展到现在的三个组群，第一个组群包括德国、荷兰、奥地利、芬兰，高于欧元区整体的发展水平。

第二个组群为内驱导向型经济体，主要包括法国、意大利、比利时，这些国家明显缺乏经济增长亮点，可能会利用信贷刺激增长。欧洲与美国不同，欧洲居民贷款占 GDP 的比例仍在 60% 左右，私人贷款可以增加，美国已经占到 GDP 的 90%。第三个组群是周边国家，将陷于困境，如爱尔兰、葡萄牙、希腊和西班牙，它们处于比较低迷的状态，导致欧洲中央银行不能像美联储一样采用货币政策刺激经济，各国发展状况非常不一致。

今后两年，欧洲的问题主要是财政紧缩和债务问题。对于债务问题的风险和爆发时间，我们有一个判断，到今年第一季度为止应该不会出现新的债务问题，但今年第二、第三季度西班牙和葡萄牙的债务问题很有可能会爆发，如果爆发了，问题相对来说会比较严重。西班牙是欧元区第四大经济体，其 GDP 占欧元区的 12%（希腊只有不到 3%，爱尔兰不到 2%），对整个欧元区会有比较大的影响。我们认为这两个国家会暂时得到救市，德国一开始可能也会出现一些反复，今明两年会在市场上制造很多短期交易机会，特别是汇率上的短期交易机会，但不会制造出下一个全球危机。欧洲债务问题面临风险的时间可能是 2013 年。葡萄牙、爱尔兰、西班牙、希腊得到暂时救助，于 2012 年底、2013 年还债，但是并没有找到真正的收入来源，到那时候不能偿还贷款，危机可能会爆发。

爆发以后会有什么后果呢？欧元区会不会解体呢？这些问题都有较多的讨论，对此我讲一下我们的观点，可能跟市场观点不太相同。我们认为 2013 年爆发时债务要重组，重组成本会在欧元区内，债务主要从德法两国借入。对于欧元区弱国来说，退出欧元区成本非常高，会马上面临货币巨大贬值、国家濒临破产。对于欧元区强国来说，如果把这些国家赶出去，也面临非常大的危机。以德国为例，德国的情况比较好，主要靠出口，如果把这些弱国剔除出去，德国马克会马上上涨。欧元区强国在享受弱欧元好处的同时，可能也会承担这个责任，最有可能发生的就是欧元区内部债务重组。欧元区如果不解体，就可能会更加强化，最主要的原因是天下没有免费的午餐，弱国重组债务之后可能需要交出适当的财政决定权，进行财务重组。现在欧元区最大的问题是统一货币政策，各国只能靠财政政策支持需求，例如，南欧五国实际上都是巨大的扩张性财政政策导致债务问题。2013 年之后国际局势可能会有比较大的动荡，欧元区不仅有统一货币政策，之后可能还会有更协调的财政政策，可能会发行统一的欧洲债券。

财政调整规模非常大，和全球金融危机中的经济刺激规模基本一致，比重达到 GDP 的 1.5%。紧缩政策对消费、投资都有巨大的负面影响，主要反映在以下几个方面:第一,冻结公共部门人员薪酬,这部分人群对消费的影响非常大;第二,延长退休年龄,使得消费愿望下降,平均储蓄率上升;第三,削减社会保障支出,对有较高消费倾向的人产生不利影响。虽然税率不会上调(欧元区税率已经处于较高水平,尤其对于企业来说),但也不会有积极的减税政策。鉴于企业对政府的依赖,其会受到政策的影响,特别是中小企业将受到更大影响,而绝大多数雇员在中小企业。欧元区所有财政紧缩政策基本上都给不出怎么增加收入的办法,解决偷税漏税、对银行开征新税可能有些作用。总体来说,欧洲近况比较艰难,因为欧洲在做减法。中国也存在许多问题,但是中国在做加法,相对来说比较容易。

三 全球金融危机对中国经济以及国际关系的影响

第一,外部环境比较有利,美国整体状况比较好,还是最大的经济发达体,无论是对美国的经济增长,还是对它的通胀,都会比较有利,由此来看中国今后两年发展的外部环境比较有利。第二,输入性通胀会比较小,最主要的是美元和欧元区的通胀。第三,出口会持续疲软,欧元区复苏乏力,财政紧缩。第四,2011年第二、第三季度,如果西班牙爆发欧元债务问题,可能会引起阶段性的避险情绪再度上升,而且资本回流,对中国股市会有比较大的影响。如果第二、第三季度又出现美元回流,避险情绪上升,对中国股市可能会有一些负面影响。第五,大宗商品价格上涨可能会有预期的反应,无论是石油还是农产品,可能在今后两年都会有超预期的上涨,对经济会有比较大的影响。

现在中美关系以及国际关系,对中国经济政策协调有重要影响。在前30年中国对外政策一直保持低调,这是非常正确的。在经济上G2可能会代替G20,但在政治领域可能不是,因为G2的概念一定强调领导,就是家长,一旦别人出事,就要干涉,就要对别人的政策做出一些诠释。中国对外关系会直接影响经济和地缘政治发展,对内可能要有明晰政策,对外要有很好的沟通。日本在20世纪70年代崛起时大量购买美国公司,然后通过政府支持的NGO改善日本形象。我们有大量的外汇储备,完全也可以做这样的事情。对内要有策略,对外要加强沟通。

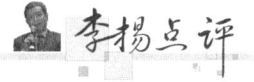

胡一帆博士讲了对形势的分析以及对未来的预判,她讲的内容很有价

值,后面还讲到了一些担心。中国发展太快,有些问题还来不及思考,最近这方面反映出的问题确实很多,给大家提出了新的任务,我们需要在新环境下考虑中国的债务问题。

王国刚:中国宏观经济形势的三个问题

发言专家:特华博士后科研工作站研究总指导、中国社会科学院金融研究所所长王国刚

一 GDP 增长问题

从今年开始,我们进入了"十二五"时期,中国经济进入了新的发展期。历年在经济发展中,人们经常讨论的概念就是 GDP,对于 GDP 增长多少合适,争论较多。当然,如今已经不能再指望达到 2007 年 14.2% 的增长速度,经济过热并不是好的现象,但过低也会有其缺点。如果假定当前 GDP 增速为 10%,有人认为降低三四个百分点后,达到 6% 就足够了。计算方法十分简单,如果按照 2010 年数额计算,大概一个百分点的 GDP 为 3700 亿元,降低三四个百分点,可以有一万亿元来解决经济社会各方面存在的问题,如放慢发展步伐等。

而我所要讲的是,这样一种计算方法可能存在问题。GDP 是当年新创造出来的价值,如果达到 6%、7% 就足够,意味着刚才所讲的用来解决其他问题的一万亿元资金实际上并没有创造出来,具体能解决什么并不清楚,需要我们自己在心中有所估算。2008 年、2009 年受全球金融危机冲击,中国经济在下行过程中,2008 年、2009 年地市级以上城市农民工有 2000 多万人下岗，就业、收入、消费都成为重大问题，而 2008 年 GDP 增长率为 9.6%，2009 年为 9.1%。在这种情况下，6%、7% 的增长率可能不太符合中国实际状况，如果经济增长速度真的低到那种情况，会造成许多人下岗，彼时我们的经济是更宽松了还是更紧张了？这是值得认真思考的问题。

二 价格问题

2011 年物价恐怕还在高位运行，CPI 如果能控制在 4% 以内已经是非常理想的状态。解决物价上行，首先要清楚物价上行的成因，进而根据成因，综合采取各项政策，而不是简单地看到 CPI 超过 3% 就盖上通货膨胀的帽子，一发现通货膨胀就寻找货币政策。以 2010 年为例，CPI 达到 6.1%，国务院出台了稳定消费价格总水平的通知，出台的 16 条措施中没有一条是货币政策，要么是财政的，要么是行政的。用财政方法解决农民问题，降低流通环节的成本，然后弥补或者贴补低收入群体和无收入群体的收入，支持他们的生活，这是货币政策做不到的；同时，运用行政措施抑制游资炒作。2011 年 CPI 在 4% 左右运行，这样一个状态，恐怕不能简单地讨论其他财政手段都不采用而只采用货币政策，物价确确实实会对低收入群体和无收入群体产生影响，但要通过财政方法解决，不能一味地将这些事情简单化。

三 货币问题

如今谈到货币，大家喜欢用 M_2 来讨论问题，$M_2 - M_1$ 剩余部分都是存款，如果以 2010 年 11 月的数字来计算，M_2 减 M_1 剩余金额为 65 万亿元，如果这笔钱不拿到市场上消费，而是存到银行，会对市场物价造成什么影响？是导致物价上升？还是抑制物价上升？这是最简单的关系。

此外，还有一些账没算清。2010 年关于 M_2 方面有一个热点话题，就是货币超发，M_2 减去 GDP，多余部分都算超发。如果 M_2 等于 GDP 不算超发，根据何在？这是不清楚的。根据历史数据，我们发现了几个简单的事，M_2 超过 GDP 的历史时点是 1995 年，1995 年之前中国的 M_2 都低于 GDP，这是第一个概念。第二个概念，同样在 1995 年 2 月发生了存差，即存款余额大于贷款余额，1995 年 2 月以前都是贷差。第三个概念，1994 年底发生了中国投资率低于储蓄率。中国的 M_2 之所以那么高主要是因为中国储蓄率太高，如果拿这个储蓄率跟西方国家比，在这讲一堆 M_2 的事，恐怕不太准确。因此，关于货币问题可能需要做更准确、更深入、更具体的分析。

洪崎：中小银行面临的挑战与对策

发言专家：特华博士后科研工作站博士后合作导师、中国民生银行行长洪崎

现在看来，商业银行处于真正的差异化和转轨时期。从工行、农行、中行、建行来看，目前它们对形势的判断还是有所不同，行为也有所不同。现在看来，整个经济属于转型时期，"十二五"规划对这个问题做出了指导性意见，各项政策已经逐步出台。

一 中小银行的几大挑战

作为中小银行，现在有几大挑战：

第一，现在监管要求逐步按照《巴塞尔协议Ⅲ》执行，我们现在平均的资本收益率在15%左右，资本充足率在10.5%左右，如果真正实施到13%左右，资本收益率大概在10%。这样的话，甚至都达不到平均行业资本收益率，将来肯定会受到资本约束，在发展过程中这个门槛很难过。

第二，"十二五"期间直接融资逐步提高，如今对大企业贷款逐步变成债券化以及周期票据等，商业银行的压力非常大。

第三，刚刚谈到资产负债表的"瘦身"问题，集约化以及"瘦身"问题对我们的流动性压力非常大。

第四，利率市场化现在已经在逐步实施，在贷款方面没有下限，上浮表现非常充分的情况下，只要对存款利率上幅进行适度改革，中小企业就会受到很大冲击。

二 中小银行的对策

现在中小银行的对策基本上有两个方向：

第一，往中小企业发展，因为在市场定价上有话语权。现在看来，又是同质化的，对中小企业进行贷款。看到这个趋势以后，民生银行从2009年开始就确定做民营企业，发展零售高端，又变成中小银行转轨时期同质化竞争。这种转轨，对工行、农行、中行、建行来说是国进民退，而我们是民营企业，大银行是大踏步前进，大银行做规模，中小银行开始"瘦身"，我们在做资本收益最大化，不知道将来的趋势是好还是坏。在目前的情况下，中小银行反而在"瘦身"，大银行在占领市场，它们现在的市场占有率越来越大。

第二，转为投资银行，发展投行业务。在这个过程中受到的最大限制是信贷资产的转让。如果没有证券化，市场约束、市场监管是同质化的，贷款证券化是解决银行风险以及资本约束的主要办法，我们最希望信贷资产证券化能够真正形成，这对银行健康发展是个好消息。

周道炯：重视投入产出比例不协调问题

发言专家：特华博士后科研工作站博士后合作导师、中国证监会原主席周道炯

如今实际工作中有一个大问题，投入产出十分不协调。举例来说，过去投入100元固定资产，创造的国内生产总值为4.02元，创造的财政收入

为0.92元,到2001年,100元固定资产投资创造的GDP由4.02元下降到2.59元,而财政收入由0.92元下降到0.4元。2010年100元固定资产投资创造的GDP仅为1元,创造的财政收入不到0.2元,投入产出不协调问题十分严重,不仅涉及经济效益,还有银行贷款不良率问题。比如10亿元的项目,约定五年还钱,银行贷款十亿元,利息是净投资,五年到期后项目建成,但如果没有效益,别说还款,连利息都还不了。而目前大部分大项目是银行贷款,这个问题需要研究解决。

戴根有:决定未来经济形势的两个指标

发言专家:特华博士后科研工作站博士后合作导师、中国人民银行征信中心原主任戴根有

未来经济形势的好坏取决于两个指标:一是货币能否管控好,二是房地产能否管控好。如果二者都不能得到很好的控制,未来经济难免会出现大起大落,社会秩序也会出现问题,甚至在很大程度上会影响党的执政基础。虽然话说得比较严重,但当社会上很多人的利益受到影响时,包括现在说的中产阶层在消失,如大学毕业的年轻人工资仅有两三千块钱,在北京、上海这些大城市包括部分省会城市,一辈子都没有任何希望,到那个时候很容易出现社会问题。

首先,货币方面。我1997年当货币政策司司长,2003年11月离开,除了2003年非典因素导致贷款量很大以外,其他几年基本都是一万二三千亿元,M_2的增速为14%~15%,贷款为13%左右,经济增速在7%~8%,物价涨幅在零上下波动。长时间的零上下波动,引起了一些学者的质疑,提出了通货紧缩,之后贷款为3万亿元左右,到2009年接近10万亿元,

2010年的数字还未公布,据说2011年将不再有贷款规模,仅靠几个传统的政策工具来调整。另外,包括国家统计局在内有这样一个判断,认为目前货币并没有超发,因此预示着未来还可以大幅度地增发,在这种情况下2011年的形势值得担忧。如果2011年不进行控制,很可能第一季度贷款就会大幅度增发。对此有这样一个建议,如果今年想扩大规模,就在第一季度尽快进行,如果控制不好2011年的贷款,贷款连续三年接近10万亿元,这是历史上从来没有过的,现在又迈出了一大步,未来会发生什么,谁也不清楚,没有任何经验可循。现在M_2达到70多万亿元,贷款为50多万亿元,国外净资产为20万亿元,可以看出这是一个等式,货币供应量等于国外净资产加国内信贷,其他所有的市场工具包括债券调的是结构,结果都是加快货币流通速度,所以对贷款要极其重视。这也是中央银行地位如此之高的原因,其总揽了社会总需求。

其次,房地产方面。2003年我还在任职司长,当时房地产还遵循《关于进一步加强房地产信贷业务管理的通知》(银发〔2003〕121号)文件,后来终于被否决。从2003年到现在,快8年了,出了很多控制房地产的文件,监管当局并不赞同121号文件,如今房价节节攀升,从2003年到现在北京房价增长了近10倍,以南三环为例,过去也就三四千块钱每平方米,现在三环差不多涨到了三万元每平方米。刚才李扬讲到城市化、工业化、农业现代化,如果房价控制不住,其他的都难以完成,因为把生产力当中最活跃的劳动力因素堵死了,将来会遇到极其大的困难。现在连总理都说房价控制很难,对此我提出一些建议。从整个流程看,房子从开始建造到最后销售出去,为什么会导致如此高的价格?第一,地方拿到的大量资金中为什么没有拿出一部分钱返还到住房体系,现在国土部门对工业园区放得很开,而且价格很低。但一讲到住房就会提及缺少土地,如果中国人在自己的土地上把房子盖起来,但最后连住的地方都没有,这是一件很危险的事情。要减少人口,这是一个伪命题。第二,开发商机制。房地产开发机制全世界绝无仅有,在整个城市化过程中就让开发商盖房子,这是存在问题的,现在进一步调控,把国企、央企从开发商里挤出来,房子的建造者越来越少,最后房地产集中度越来越高,控制市场能力越来越强。现在可以观察出来,有的楼盘已建多年但到现在都未销售,国务院发文件说要制裁,但事实上一讲到房价高的时候,很多人为开发商开脱,福布斯公布的富人当中中国人最多;又有人说主要是政府拿走了,政府的确拿走了,现在卖的房子是十年前拿的土地,已经有开发商开始感觉到恐慌了。第三,要让企业和单位在不腐败的情况下能自己建造房产。第四，控制好贷款。2009年房价涨了一倍，和10万亿元的贷款有直接关系。如今房价问题搅乱了整个经济，许多中小企业不再生产，生产线仅仅摆设给银行看，从而可以成功贷款，之后用贷款来买房子，有房子之后便有了抵押，又可以从银行贷款。第五，炒房得到的利润应该通过个人所得税征收回来。个人几千块的工资，代扣代缴，一分钱也不能少，为什么房子转手几百万元的收入却不收税呢？如今契税很低，基本上没有所得税，抓住以上五个环节就能够有效地使房价降低。

总之，货币和房地产这两个问题，如果控制不好，就会出现大的问题。在座的有一部分人个人收入比较高，我退休以后每个月收入只有5977元。谈到要收房产税，最后却指到另一条路上，提出要普遍征收，实际上是解决地方政府收入问题。地方政府已经收了许多钱，就这样还有人在提出让地方政府增加税收的建议。举例来说，我拥有150平方米的房子，按照估值大概有280万元，按1%来征收，一年就要征收2.8万元，还有一些人没有我这么高的收入，一个月可能只有两千多元，如何交得起这么多的税款，这个问题值得思考。

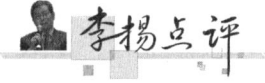

谢谢戴根有先生做的精彩结尾。时间有限，不能请更多专家发言了。我们的会议确实越来越好，之所以能够办好，和大家的支持是分不开的。我们以后要想办法让大家多一些发言机会，严格限制主题发言时间，不断改善，努力办得更有吸引力。

第十三届特华论坛花絮

工作站博士后合作导师
李扬 黄达

工作站博士后合作导师
李京文 何盛明

工作站博士后合作导师
郑新立 陈栋生 刘迎秋

工作站博士后合作导师
罗平 王力

参会代表合影留念

2011年1月9日 北京

2012 第十四届特华论坛

—— 2020年的中国经济：目标、环境与对策

会议背景与论坛主题：2012年1月7日，第十四届特华论坛在北京五洲皇冠大酒店隆重举行。会议背景是全球金融危机影响持续深化，欧洲主权债务危机和美国定量宽松政策对全球造成巨大冲击。中国经济艰难转型，中高速稳定发展局面逐步显现。应对复杂局面，关键是要把中国的事情做好，促进经济长期可持续、有质量、有效益发展。在此背景下，论坛围绕"2020年的中国经济：目标、环境与对策"这一主题，就国内外经济金融形势、欧债危机及其影响、未来10年中国经济社会发展、信用评级体系建设和人民币国际化等问题展开热烈探讨。

主办单位与发言专家：本届论坛由中国社会科学院金融研究所和特华博士后科研工作站联合主办，由华安财产保险股份有限公司协办。中国社会科学院副院长、特华博士后科研工作站研究总指导李扬研究员主持论坛，法国巴黎证券首席经济学家陈兴动、全国人大法律委员会原副主任委员王茂林、中国社会科学院金融研究所所长王国刚、国防大学战略研究所教授戴旭、中国证券业协会证券资信评级专业委员会主任关建中、国务院发展研究中心信息中心主任米建国、北京大学经济学院教授胡坚和特华博士后科研工作站研究总指导李茂生等做主题发言。

参会导师与特邀嘉宾：特华博士后科研工作站博士后合作导师（按姓氏笔画排序）马庆泉、王力、王君、王铎、王稳、王一鸣、王太元、王松奇、王茂林、王国刚、田进、刘迎秋、米建国、李扬、李光荣、李茂生、肖金成、吴小平、吴晓灵、何盛明、何德旭、邹东涛、陆文山、陈文山、陈文辉、陈伟钢、陈栋生、罗平、罗忠敏、周道许、周道炯、郑新立、孟焰、胡昭、胡昭广、胡满泉、洪崎、宣昌能、袁力、晋保平、贾建平、高传捷、高材林、黄湘平、阎庆民、谢平、霍学文、戴根有等，以及来自国内外政府部门、企业界、著名高校和科研院所的特邀专家和工作站博士后360余人应邀参加论坛。

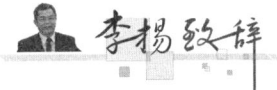

发言专家：特华博士后科研工作站研究总指导、中国社会科学院副院长李扬

一 2012年经济形势艰难

温家宝总理指出，2012年可能是最困难的一年、最复杂的一年、最不确定的一年、最为艰难的一年。在这种情况下，中国难免会受到外部不利的冲击。温总理谈到，应对如此艰难复杂的局面，关键是要把中国的事情做好。这是需要我们领会落实的一个很重要的观点。今天的主题谈论中国经济，恰好体现了温家宝总理的讲话精神。

二 金融发展应坚持的五个原则

温家宝总理强调今后的金融发展要坚持五个原则。

一是服务实体经济。金融要服务于实体经济，这显然是对这次金融危机教训的一个深刻总结。这次金融危机是全面的经济危机，其显著特点是发端于金融，金融领域中出现的危机蔓延到了实体经济。

二是金融要以市场化为基本原则去发展。金融的发展要以市场化为导向。经过这几年应对全球金融危机的措施，人们对于市场发展的主导力量有了一些不同的看法。温总理在中央经济工作会议上的报告强调了市场的基本导向，强调了在此基本导向下政府应当确定自己合适的位置，政府不应当干预微观市场、微观主体的经济活动和金融活动。

三是防范风险原则。金融业无论何时何地都要以防范风险为第一要务，这是我们在全球金融危机中得到的深刻教训。

四是金融创新和金融监管相结合原则。创新是金融业发展的生命线，但创新可以出于不同的目的，也可以有不同的结果，其中最坏的结果是创新钻监管空子，谋自己的利益。在这样一个原则下，特别强调了创新和监管的适当配合问题。

五是对外开放要坚持安全、稳定、合作竞争、协调共赢的原则。此原则体现了中国在当今世界中的地位，体现了中国在当今世界中的责任、大国的风范。我们用安全、稳定、合作竞争、协调共赢原则处理中国和世界的关系，一方面会使中国获得比较好的环境；另一方面，如果中国稳定了，世界稳定就有了一支非常重要的力量。总理阐述的五个原则是我们未来金融发展的基本方向。

三　稳健货币政策的灵活性、针对性和前瞻性

会上传递出的另一个信息，就是2012年的政策。从金融的角度来说，"稳健货币政策"的提法并无变化，但在这样的提法下，我们应当注意其灵活性、针对性和前瞻性。"稳健货币政策"强调的是以平稳发展金融的态度来规划我国政策，并不必然包含着是松还是紧的意义。在稳健货币政策下，曾经实行过紧的政策，也实行过松的政策，要讨论政策的真实含义，应透过这个提法看具体措施。

去年年末，有几个货币政策措施值得大家关注。第一个是法定准备金率下调。在中国，法定准备金率的变化有很强的政策含义、很强的宣示效应，会告诉我们政策方向可能会有这样的变化。第二个是信贷。多年来，我国信贷发放时间的分布已有不变的特点，上半年信贷多发放，下半年少发放，年末不发放，这是正常的格局。因为商业银行要有利润，现在的情况是11月信贷发放6000亿元，12月发放8000亿元，这并非常态。第三个是市场利率。波动中下行的趋势开始出现，至少在一些积极的市场参与者看来货币从紧的状况已经有所缓解。第四个是汇率。9月21日开始，我国外汇市场上出现了多年来未出现过的情况——人民币汇率贬值，首先在香港ADF市场上显示，然后现汇市场上也体现出了这种压力，从9月下旬以来到现在，有十几个交易日接近贬值底线，最近有所反弹。一味的升值情况过去了，今后可能是双向波动。多年来一直释放着人民币升值压力，从这次启动汇改开始人民币兑美元累计升值3%，有效汇率升值超过24%，这

是非常大的变化。是否已经到了转折时期,还有待观察,但至少我们在预测汇率时要多一个观察角度。

从这几个主要的金融变量来看,政策进入了新的时期。2012年是特别值得关注的一年。中国在世界上的地位越来越重要,搞好中国的事情越来越重要。

陈兴动:欧债危机及其影响

发言专家:法国巴黎证券首席经济学家陈兴动

一 欧债危机与世界经济

欧债危机基本上是借贷过度。这是长期要解决的问题,毫无疑问要做根本性改变。

第一,把高负债、靠借债保持高福利的情况减下来。

第二,使经济继续发展。首先要改变经济结构,这是一个长期的过程,要使已经成了白领的工人能够回到蓝领,从已经到了靠服务业发展的后工业化回到再工业化。从短期来看,解决欧债危机大概取决于三个因素。首先,欧盟内部要自己解决问题;其次,外部国际组织机构能不能解决;最后,欧债内部解决问题,能不能形成联邦财政。

欧洲内部的政治是不团结的,外部政治态度对欧债危机的解决也改变了。在达沃斯论坛上,记者问中国会不会购买很多欧债,温总理回答:中国不会买很多欧债。欧洲的解释是两句话:第一,中国会买;第二,中国不会买很多。中国会买是肯定的，但是不会买很多是什么概念？10月，巴西总统访问法国和英国时讲到，巴西现在有很多外汇储备，如果欧债问题再持续下去，对巴西的影响将非常大，原来对欧洲做出的承诺现在有待进一步研究和解释。从内部的角度讲，现在各个国家都在反对。德国现在遇到三大问题：第一，民间没有支持，没有帮助解决欧债危机的基础；第二，西班牙债务的底在什么地方不知道，不知道怎么救；第三，救完需要有一定回报，可回报并没有体现在任何地方。

有一个宪法的障碍需要解决。通过欧洲中央银行解决问题是很难的，欧债问题没有一个短期的、有效的、让全世界信服的办法。欧债危机的发展有三个前途：第一，要改变规则，这些规则就是法国人提出来的，要在财务上严格进行预算硬约束，要自动对违反预算法的行为进行惩罚。从经济界、金融界来看，是不错的发展前途，但短期来讲对欧洲经济会造成更大的冲击，特别是德国，目前德国经济增长了0.3%~0.5%，其他国家受到的影响更大。第二，意大利现在的问题并不是不能解决，意大利债务水平是120%，如果按照目前的状态持续下去，现在财政预算基本可以持平。意大利本国民间资本充分，金融资产大概9万亿欧元，但把民间动员起来是困难的，意大利的问题如果解决不了将导致无法想象的后果。第三，危机出现，濒临崩溃，急需办法。比如欧元区现在也开始像美国一样做QE，更多情况下希望用间接的办法，比如欧洲中央银行借钱，或欧洲中央银行以欧盟的名义解决问题。总的结论是，欧元区今年形势不妙，基本判断为低度衰退，经济增长在0.1%~0.2%。

美国的经济情况，介于悲观者的判断与乐观者的判断之间，目前处于一种比较稳定的状态。能做的事情只能是保持宽松的货币政策，QE状态继续往前走，2012年经济增长应该在1.5%~1.7%，去年经济增长了1.8%左右，2012年跟2011年的情况并无太大差别。

日本的经济情况，2012年会比2011年好，原因在于灾后重建，至于能够持续多长时间，现在争论较大。总之，2012年、2013年应该有个持续过程。从另一个角度来讲，日本经济可能进入更加困难的阶段。日本有两大根本问题。第一个问题，对外部的依赖程度太大。从出口到外资直接投资，如果全世界都处在一种比较保守的状态，世界经济对日本的支持可能要小得多。第二个问题，人口老龄化问题开始对日本经济造成更大的冲击。未来十年时间，每年劳动参与度将减少1.9%。发展中国家经济增速今年基本趋于下降，印度的问题可能更加严重一些，中国经济增速同样会下降。

二 2012年几个大的变化

总体来讲，世界经济处在比2011年经济增长弱一些的环境，经济形势景气度弱于去年。面对全球金融危机的改革措施是专注于本国内部的事情，中国是典型的例子。

各国贸易冲突会加剧，欧债危机无良好的解决办法，导致金融领域很多交易出现萎缩，经济出现萎缩，贸易也出现萎缩。

2012年全世界的政策，在发达国家中基本叫财政紧缩、货币宽松，中国跟去年一样处于松的状态，宽松的货币政策基本已成为常态。争论在于叫作非传统的东西，比如日本靠发货币支撑本国经济和债务运行。不仅仅是日本，美国、欧洲都是这种状况，这是一种非传统的、理论上不能解决的问题，现在变成了世界上共同的一种状态。金融去杠杆化问题还没有解决。欧洲金融机构将面对两大压力：第一，由于希腊的债务未能解决，对希腊进行50%的债务减计，需要内部重新组织资本；第二，2013年年终以前必须把资本充足率提到9%，各家融资机构需要的新资本远超欧洲银行协会去年计算出来的资本总量。

目前状况下，由于流动性和市场不确定性，避险需求进一步上升，美元成为避险工具。在这种状态下，预计明年全球将出现低度通胀。这几天纷纷提高石油预期，目前最高达135美元/桶。

三 对中国经济的影响

表现在四个方面：第一，对经济景气度的影响。第二，对出口的影响，中国出口需求会下降，贸易冲突会上升。第三，流动性。第四，2012年中国有大量的对外投资机会。

王茂林：未来10年中国经济社会发展展望

发言专家：特华博士后科研工作站博士后合作导师、中国生产力学会会长王茂林

一 关于社会安定需研究三个问题

第一，着重研究贫富差距、分配不公方面的问题。首先肯定贫富差距在今后十年、二十年、三十年不可能缩小，但分配差距不能过于悬殊。

第二，产业结构转型问题。中国长期实行低工资、低福利、高就业政策，搞市场经济。我国国有企业的问题不是吸纳劳动力问题，而是下岗问题。由于种种原因，很多劳动力无法就业，就业压力越来越大，这也是产业结构转型所面临的问题。

第三，下决心解决低收入群体的基本生活保障和社会保障。

这三个问题解决了，我国社会基本就没有重大矛盾了。美国是中产阶级社会，两头小中间大，我们是两头大中间小。

二 做好经济转型，保持低速稳定发展

中国已经进入转型改革期。我国的经济总量超过了德国、日本，说明了改革开放30年的成功。作为一个发展中国家，我们应该总结改革开放30年和中国共产党执政60年的经验、教训、问题，之后进行转型。现在全党的思想认识已形成共识，速度要减缓，不可能总在高速发展。我们要理性看待中国GDP超过意大利、英国、德国，这说明改革开放的方针是正确的，

但13亿人口的中国和9500万人口的德国比较GDP总量并无意义。根据中国国情，不保持适当速度会有很多问题，如就业问题、贫困问题、民生问题等。

我们所要保持的速度应该是可持续、有质量、有效益的。欧洲的主权债务不是简单的流动性问题，而是政府信任危机。对政府的信任危机会导致一个严重后果，就是这些国家的中央银行信誉直接受到影响。美国以及欧盟进入了老年社会，社保开支越来越大。中国要保持速度，要提高出口产品质量，更合理制定价格。

三　今后几年的有利因素

第一，这场百年难见的全球金融危机，并没有改变经济全球化的基础和根本趋势。技术进步、产业转移和贸易自由化等重要因素仍在推动经济全球化发展，信息通信和交通运输技术的迅猛发展也将成为全球化的动力。全球产业转移仍趋活跃，将给我们带来很多机遇。欧盟和美国的海关数据显示，去年上半年基本已经恢复到全球金融危机前的水平。

第二，世界经济格局将会发生变化，多极化新格局将逐步形成，安全合作成为世界经济发展的潮流，必将为我国带来新的机遇。我们提出开放，现在既要"引进来"，还要"走出去"。

第三，当前全球金融危机造成的压力正在转化为全球新一轮科技创新的动力，传统技术和产业衰落为新技术、新产业腾出了发展空间，这给我们提供了机会。

第四，我国经济实力的增强、国际地位的提高，以及应对全球金融危机的表现良好，为我国转型发展和稳定带来不少新的机遇。

第五，我国城乡统筹发展推进和城市化水平提高，必然带来社会需求的扩大。社会文明程度的提高对于我们增加内需也是一个重要的推动力量。

第六，中国民营经济在未来十年中将会迎来更大的发展空间。

未来十年我国面临的困难很多，同时也有很多机遇和挑战。我国是发展中国家，要保持一定的发展速度。中国把经济增长保持在8%左右，是有这个能力的，也是有这个条件的。

茂林书记的讲话展示了一个新的角度：政治经济学。现在所有问题都

必须从政治经济学角度才能够说清楚，比如汇率问题，20%甚至更少是经济问题，但绝大部分是政治问题，是外交问题。国内的情况也是如此。

王国刚：就业、风险与创新

发言专家：特华博士后科研工作站研究总指导、中国社会科学院金融研究所所长王国刚

2011年一直在争论经济形势是松还是紧，与2010年相比是紧的，和GDP 7%增长的目标相比是松的。我们需要有一个度。经济运行状况不能简单地以GDP增速高低来衡量，而需要以就业率高低来衡量。

从2010年到2011年，中国经济运行过程中，注意风险、采取防范措施，是有必要的，但一部分担忧到现在为止并无切实根据。从2009年到2011年，银行业不良资产无论是绝对额还是相对额都在下降，但担忧引致各方面的紧缩，甚至导致银行股降到6倍市盈率无人买的现象。担忧影响了中国把握难得的战略机遇期，使得发展缓慢。

中国的经济发展中，既要进行体制改革，又要建立市场经济。要发挥市场机制的基础性作用。很多基础性工作没有做好，在这样一个背景下谈创新，是不着边际的。与此相比，我们应下大功夫做好发挥市场作用的基础性工作。

第一，就业，增长和就业并不是一回事。对中国这样一个大国来说，高速增长阶段过去了，就业是最大的问题。就业一头连着经济，一头连着

社会，研究所有问题首先要从就业的角度来看。第二，风险，对于金融研究来说风险是稀缺资源，我们的目的是寻找风险然后管理风险。第三，创新，2011年口号过多、实事过少，我们应踏踏实实做事，落实更多。

李茂生：未来仍可能保持高速增长

发言专家：特华博士后科学工作站研究总指导、北京特华财经研究所所长李茂生

很多人对未来中国经济不看好的原因可能如下。第一，认为我国会掉入中等收入陷阱。现在是全球化经济，发达国家占的利益最大，最不发达国家底子非常差，但占有量相对不错。这一观点混淆了得到的利益和经济增长速度的关系。第二，认为我国存在另外两个陷阱：贫困陷阱和高收入陷阱。发达国家、高收入国家发展到一定程度时，经济增长速度长期徘徊在两三个百分点，最多五个百分点，这是高收入陷阱。按照这些学者的意见，人类社会不管处于哪个收入阶段都是陷阱，如贫困陷阱、中等收入陷阱、高收入陷阱，这在逻辑上不通。

1996年，中国经济增长速度超过10%，进入中等收入国家行列。1998—1999年以后一直呈上升状态，到2007年达到高峰。全球金融危机并不是单一影响中国，而是影响全世界，2008年以后全球经济增长速度都有所下降，但中国的经济增长速度在全世界仍处于最高。按照测算，中国将在2011—2020年迈入中高收入国家行列。最需要大家注意的问题是，我国的人口老龄化并不比其他国家严重。

未来十年我国加入世界贸易组织（WTO）的红利在减少，贸易保护主义抬头，产业结构急需改善。但保持GDP高速增长具有必要性，其中一个外部必要性是政治因素。美国一直用岛链对中国进行包围,并以石油为主进行遏制。

收入分配问题是当前社会的主要问题,我们究竟怎样才能解决收入分配问题呢?要遵循三大原则。

第一,机会均等和身份无歧视原则。机会均等和身份无歧视原则就是农民工和城市工、合同工和正式工要实行身份无歧视,要给予他们均等机会。歧视现象在北京非常明显,北京曾经有39个行业不允许用农民工,只允许用城市工,这就是一种歧视。甚至连小区的电梯工都只雇用北京的下岗工人,不允许用农民工。我居住在方庄时,物业看电梯的就是下岗工人,不允许用农民工。20世纪80年代,有几个机场老总是我的学生,农民工在机场干着最累、工资最低、最没有福利保障的工作,而白领不仅工资高、福利待遇好,而且工作最轻松。同样在邮电局,送信、送报的是农民工,工资最低、没有福利,而正式工福利待遇很好,这些问题都是我们未来急需解决的。

第二,优化人力资源配置。之前中国(海南)改革发展研究院召开会议,会议主题是"如何解决收入分配不公和收入分配悬殊问题",但是他们集中认为国有企业的工资高、公务员的工资高。那么究竟应该增加低工资人员的工资,还是降低高收入人群的工资水平?我们国家曾经出现过人民银行的从业人员想就职于商业银行,商业银行的职员想就职于外资银行的现象,这就导致了低素质员工管理高素质员工的现象。

第三,调节收入分配、缩小贫富差距必须做加法。我认为在解决收入分配问题时要立足于做加法,根本思路是增加低收入人群的工资,而不要着眼于降低工资水平。

保持高速增长的可能性,取决于宏观对策是否正确,关键在于产业结构问题。第一,现在产业结构的路径是错误的,为什么这么讲?"十二五"规划中唯一有数量指标的就是第三产业要提高三个百分点,第三产业是为第一产业和第二产业服务的,只让第三产业单兵突击是不可能实现的。第二,第二产业必须得到强化,别的国家一定会对我国这样的大国虎视眈眈的,我国没有先进制造业肯定不行。第三,农业要加强,现在农业空心化很严重。第四,必须协调海陆空经济。海洋经济要发展,不能仅关注石油开采问题。200公里以下属于空,200公里以上是天,我国要以卫星、飞船、火箭为主,全面发展空天经济。

戴旭：未来中国经济发展的外部环境

从来就没有单纯的经济，政治是经济的集中体现；从来也没有单纯的军事，军事是政治的继续。这里涉及的问题是：未来二十年中国会在什么样的环境中发展经济？今后有没有能够稳定发展、安心设计发展道路的可能？中国已经融入了世界，郑斌杰先生在18日的环球时报论坛上提出，未来中国的战略应该是寻找利益交互点、构建利益共同体。寻找利益共同点就是要从有共同利益的人中寻找，不能从所有人中寻找，美国与中国并不是正常的国家与国家之间的关系，美国和中国是不可能寻找到利益共同点的。世界上所有国家都属于三类经济形态：一是世界资本家，如美国、欧洲和日本；二是世界的大地主，如澳大利亚、巴西、俄罗斯；三是社会的工农阶层，如印度、非洲和中国等。中国给资本家打工，我们的经济形态是拿一点小钱买大地主的东西，用那一点点东西发展自己，仅此而已。

今天中国面临一个现实问题，美国伊朗开战，引发的后果不仅是石油通道中断问题。从国家根本安全的角度考虑，美国全球战略和对华战略是非常清楚的。美国在苏联垮掉后，其国策目标就是建立世界帝国，为此要削弱三大诸侯实力：中国、俄罗斯、第三世界。打伊朗对中国是釜底抽薪，唇亡齿寒。

金融问题不纯粹是金融，金融问题是经济问题，经济问题是社会问题，是政治问题，是国际关系问题。过去判断的基础是：第一，和平与发展是主旋律，从战争体制转到建设；第二，我国仍然处在战略机遇期，机遇期的一个含义是短期内不会打仗，短期内不会发生与中国相关的战争，这个判断是否成立，按照军事家的看法，好像需重新考虑。

关建中：改革国际评级体系　推动世界经济复苏

一　通过信用评级判断宏观环境

第一，什么叫信用危机？现在全球金融危机可以定义为信用危机，信用危机是信用关系的调整过程。过去形成的信用关系、债权债务关系依赖的是西方长期提供的评级信息,这种信用关系最后因缺乏真实的还债能力做支撑而破灭,这就是当前我们所处的危机阶段。现在这个危机并未走到底,从2008年开始,虚拟金融关系的破裂一直往下延伸,现在进入了第三个阶段——货币危机阶段,并且持续发展。

第二,什么叫到底?西方经济衰退,原有的信用关系会破裂的程度为到底。

第三,世界经济转折点在什么时候?我们建立了新型的国际评级体系,由这个体系提供真实的偿债能力信息,建立新的信用关系,这时世界信用危机的一个拐点就会到来。重新构建一个评级体系,在这个体系的基础上建立全新的信用体系。统计数据显示,2007年全球外债总债务为62.5万亿美元,排在前15位最大的债务国都是发达国家,其占有了90%以上的信用资源,但对世界经济增长的贡献率非常低。

中国未来的发展,宏观经济和信用环境对我们也是有影响的。要保证中国未来发展的良性循环,就必须争取国际评级话语权地位,影响世界宏观经济和信用经济的走势,创造比较好的宏观环境。现在就是中国争取国际评级话语权的历史机遇。评级说到底是利益输送问题,级别高和低就是利益输送,这是保障利益的手段。大公国际之所以坚持为中国争取国际评级话语权这样一个目标,就在于评级是非常难做但极为重要的一件事情。在当前形势下,仅靠大公国际一己之力很困难,这是国家的事情,应该提高到国家战略安全层面。机遇是难得的,这跟国家和民族的利益联系紧密。

二 中国发展需要好的评级体系去保障

现在来看,稳定经济增长跟信用扩张有密切关系。信用不断扩张,就是债权债务关系社会化,意味着风险也在社会化。得有一个体系来揭示风险,但仅靠目前的评级体系模式是做不到的。这个体系在美国来说,是一种竞争体制,但这种竞争体系不可能正确揭示风险,很大程度上会掩盖风险。发行人、承销人、债券交易都会影响评级,评级公司在这个体制内很难发挥作用。更重要的是评级长期受美国错误的传统评级理念、评级思想和标准的影响。评级怎么揭示风险?对于评级公司,两点至关重要:第一,技术层面要有所突破;第二,自主创新。

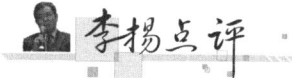 李扬点评

金融是经营信用的。许多理论和说法可能会有问题,就是因为不理解什么是信用。从信用评级这个角度看问题是有非常独到的眼光的。英国前首相撒切尔夫人曾说:中国这个国家不可怕,因为没有文化。中国没有一个价值观,没有一套植根在土地上的制度可以让别人学习,这个问题是深刻的。中国需要在精神上展示出中国是大国,在文化上展示出中国是一个可以和世界主要文明体系相对话、相协调发展的大国。幸运的是中央已认识到这种情况,刚刚结束的六中全会就十分注重文化建设。国外学者曾评论,中国经济发展了,但其对外形象较差。中国已经解决了经济殖民主义问题,实现了经济自主发展,现在需要解决的是文化殖民问题。

米建国:中国财富分配流向

发言专家:特华博士后科研工作站博士后合作导师、国务院发展研究中心信息中心主任米建国

从财富分配的角度来看,目前中国的财富流向了四个方面。第一,财政。财政增长速度数年来一直高于GDP 10%甚至20%。第二,银行。我国的存贷差比任何一个国家都高。第三,垄断性国有企业。这些流向中,财政收入过度增加,银行利润大幅度增加,都使国民经济失掉了活力。第四,国外。过多的外汇储备使财富流向国外。如何为实现2020年中国经济目标创造非常好的投资环境和发展环境,需要大家思考。

胡坚：2012年经济金融发展建议

发言专家：特华博士后科研工作站博士后合作导师、北京大学经济学院教授胡坚

关于2012年经济金融发展，我有四点建议。

第一，金融改革必须助推实体经济，这是今年的重点。从西方国家看，金融过度膨胀会把实体经济引向歧途。中国的金融改革步伐缓慢，包括民营银行准入、信贷化放松和资本市场继续发展速度都较慢，束缚了实体经济的手脚。当前的任务是金融改革要加速。

第二，人民币国际化提速。现在中国面临着良好的时机，美元、欧元虽然还是主导型国际货币，但是已有动摇。一个好的国际货币是被人需要的货币。现在人民币汇率虽有升值、有贬值，但人民币已被人需要，这是人民币国际化很好的时机。

第三，我认为去年是全世界债务元年，实际上欧美国家的债是国家的债，但中国的债是地方政府的债和中小企业的债，是实体经济债务，债务问题不可忽视。今年我国要重视解决中小企业融资难问题，资本市场和间接融资市场都应该进一步发展。

第四，养老金入市问题。国际化是正确的，市场越开放越好。

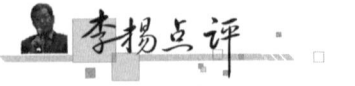

关于人民币国际化进程，我们要认真考虑，特别是到2020年的人民币战略问题。加快人民币可兑换，使人民币在国际上被广泛使用，这是自然

可期的结果。另外，在很长时间内没有一个货币能够替代美元，国际货币体系格局有可能是长期的，我们必须承认这个事实。

此次论坛以"2020年的中国经济：目标、环境与对策"为主题，是一个很好的开头。大家集思广益，解放思想，从多层面考虑问题。我希望这能够成为特华的风格，能在论坛林立的背景下使得我们的论坛有特色、有发展。

第十四届特华论坛花絮

工作站博士后合作导师
王国刚 李茂生 李扬

工作站博士后合作导师
张志凯 王松奇

工作站博士后合作导师
晋保平 米建国 周道炯

工作站博士后合作导师
谢平 田进

参会代表合影留念

2012年1月7日 北京

2013 第十五届特华论坛

—— 保险资金：助推经济　服务社会

会议背景与论坛主题：2013年1月19日，第十五届特华论坛在北京国际饭店隆重举办。会议背景是中国经济进入新平台，生产要素、经济结构、经济周期、政策退出等多因素叠加导致长期经济增速下降，尊重规律、讲究效益、追求质量、持续发展成为迫切需要。城镇化和工业化融资体系建设、人口老龄化的经济金融安排，都需要保险大力发展。在此背景下，论坛围绕"保险资金：助推经济　服务社会"这一主题，对保险资金服务主业、扩大保险资金来源、资产创新、监管与市场化改革、支持发展方式转型等问题展开深入探讨。

主办单位与发言专家：本届论坛由中国社会科学院金融研究所和特华博士后科研工作站联合主办，由华安财产保险股份有限公司协办。中国社会科学院副院长、特华博士后科研工作站研究总指导李扬研究员主持论坛，中国保监会副主席陈文辉、中国社会科学院金融研究所所长王国刚、华安财产保险股份有限公司独立董事余云辉、中国生产力学会会长王茂林、中国政法大学法和经济学研究中心教授胡继晔、特华博士后科研工作站研究总指导李茂生、对外经济贸易大学保险学院院长王稳、中国保监会原副主席吴小平做主题发言。

参会导师与特邀嘉宾：特华博士后科研工作站博士后合作导师（按姓氏笔画排序）马庆泉、王力、王君、王铎、王稳、王一鸣、王华庆、王松奇、王茂林、王国刚、王洛林、田进、史建平、刘力、刘迎秋、米建国、李扬、李光荣、李茂生、李京文、肖金成、吴小平、吴晓灵、何盛明、何德旭、邹东涛、陆文山、陈文辉、陈伟钢、陈忠阳、陈栋生、陈胜昌、邵宁、罗平、罗忠敏、周道许、周道炯、郑新立、孟焰、胡坚、胡滨、胡昭广、胡满泉、洪崎、宣昌能、晋保平、贾建平、夏杰长、高材林、高传捷、黄达、黄湘平、阎庆民、梁琪、董文标、谢平、翟立功、潘晨光、霍学文、戴旭、戴根有、魏迎宁等，以及来自国内外政府部门、企业界、著名高校和科研院所的特邀专家和工作站博士后300余人应邀参加论坛。

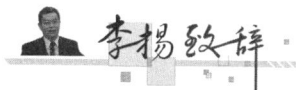

发言专家：特华博士后科研工作站研究总指导、中国社会科学院副院长李扬

一 中国经济的重大变化与保险发展的必要性

当前中国经济发展已经进入了一个新的平台，从过去30年年均9.8%的增长率，变化到2012年的7.8%。导致这样一个重大变化主要有三个因素：一是实体经济层面的结构因素，包括生产要素结构和经济结构方面的变化；二是经济周期因素，全球金融危机可能会延续10年甚至更长的时间；三是政策因素，强力刺激的经济政策开始淡化和退出。以上三个因素的共同作用，导致中国经济的长期平均增长速度将会下降。我们必须接受这样的结果，不应再强行将经济增速推上去，否则将会导致通货膨胀。未来中央经济工作的方针将是平稳健康发展。展望未来，城市化、工业化和人口老龄化问题将是我们难以绕开的三大难题，这些问题虽然曾经以为已经弄清，但事实上很多东西都需要重新考虑。为了应对这些问题，借鉴国外经验，保险必须有大的发展。保险资金具有保命钱的特征，保险投资是一个非常复杂的问题。虽然目前中国保险发展水平不高，养老保险等问题也非常突出，但却不能悲观对待，因为中国经济过去30年发展积累了大量财富，这个问题总会慢慢解决。对于保险资金的运用，需要进行更多的讨论。今天的特华论坛则是我们讨论这些问题的开端。

二 从生产要素的角度看经济增长

生产要素主要是劳动投入、资本投入和技术进步。首先，从劳动投入的角度来看，我们的劳动投入是不断增加的，每年大约要新增上千万的就业人口，相当于欧洲一个中等国家的人口数量，无论怎么说这都是极为了不起的事情。其次，从资本投入的角度来看，过去三十几年资本投入在不断持续增加。最后，我们都希望科技进步能较快进行，事实上科技进步的速度虽然不算太快，但也在稳步提高。从以上三个要素来看，过去几十年经济增长速度呈现出不断提高的状态，其中提高最快的是21世纪头十年。

此外，从这些生产要素的结构角度来观察，今后可能会出现下滑。首先，劳动投入增长率在下降，马建堂局长讲到中国经济形势的时候，两次提到中国的劳动人口在下降，很少有一个官员正式向全世界讲这样一个事实，由此可看出其重要性。其次，资本投入也会逐渐下降。最后，科技虽然在进步，但总体上还处于比较缓慢的发展状态。综合以上三个因素，自然会导致经济减速。

三 从产业经济结构看经济增长

另一个结构是产业经济结构。目前提及较多的是一二三产业的问题。在过去的几十年，中国经济结构变化的主要方向，是第一产业的比重逐渐缩小、第二产业的比重迅速扩大、第三产业的比重稳步上升。这一变化方向正好对应了中国工业化进程。这样一个结构变化同时导致了中国劳动生产率的提高，进而引起经济增长的提高。有研究显示，中国的第二产业，特别是中国的制造业，劳动生产率是第一产业尤其是农业的四倍。有着这么大的差异，那么第二产业、制造业比重不断扩大的过程，就是整个经济的劳动生产率不断提高的过程。

但现在这个结构又发生了变化。第一产业的比重进一步缩小，第二产业的比重开始下降，第三产业特别是服务业的比重则逐渐扩大。这是我们追求的经济结构变化，但是如果从劳动生产率对比的角度来看，就会发现一些问题。中国的第三产业劳动生产率只相当于制造业的70%，整个服务业的劳动生产率较低。可顺理成章地得出这样一个结论，当发展服务业时，基于这样的差异，整个经济增长会逐步下降，现在这种情况正在我们眼前发生。过去一年里，中国社会科学院的很多研究所在许多地方展开了研究，通过对上海、广东的研究，发现第三产业的比重在扩大，但劳动生产率却在下降，与此同时经济增长速度也在下降。这种情况是不可避免的，当然原因也在于服务业的劳动生产率不高，依旧属于低端服务业。

经济工作总方针连续十年主张平稳较快，而且以快为核心，但是最近两个月来，快字悄然从所有政策文件中消失，如今主张平稳健康发展。现在主要强调经济工作的四个方面重点，一是尊重经济规律，二是讲究效益，三是追求质量，四是持续发展。需要关注的是，这与之前的平稳较快发展已经有了很大的方向性差别。

四 未来需重点关注的三个问题

（一）城市化问题

城市化问题现在被提到了很高的高度。但是当获得社会上的共识时才发现，关于城市化问题并没有真正搞清楚。最近几天得到一些信息，习近平总书记和李克强总理已经提出，关于城市化问题要召开一个会议进行讨论研究，最近得到的信息是关于城市化几乎所有的问题都需要进行研究。比如说，什么是城市化。因为标准不同，对中国城镇化进程的判断就会有所不同，现在通行的是52%的判断，再低认为完成了30%多，而OECD认为中国城市化已经完成。显然大家对城市化的判断是不一样的，判断所构成的指标也不相同，这是一个值得注意的问题。

关于城市化的利弊得失，过去看到的更多是有利的方面，其实不利的方面也十分显著。最近，李克强总理强调城市化不能演变成造城运动，中国的城市化和行政区划、户口管理这些传统的经济体制是密切相关的，但是目前对于经济意义和社会意义上的城市化关注依然有所欠缺。当然城市化过程中也会涉及很多问题，比如城市化融资体系问题，以及习近平总书记最近视察广东时关注的城乡一体化问题。

（二）工业化问题

在很长一段时间里，我们都有这样一个判断，中国工业化已经到了末期。但是随着新型工业化以及第三次工业革命概念的提出，我们发现工业化还有很长一段路要走。另外一个发现是，全球金融危机初期美国有"三个再"：再工业化、再出口、再平衡战略，并非空穴来风。再工业化，是指在新工业革命的基础上再工业化,是在大规模定制生产方式上的信息化、智能化和新材料基础上的工业化。这对我们来说才刚刚起步,而老的工业化在中国已经走到了末路,再继续往下走就是产能过剩,所以说新的工业化发展对于我们来说是一系列重要挑战,这也是中央非常关注的事情。

(三)人口老龄化问题

中国未来发展还有一个绕不过的而且越来越大的问题,就是人口老龄化及其相关的社会安排、经济安排和金融安排问题。中国老龄化已经非常突出,马建堂局长讲到适龄劳动人口会减少300万人,并且40岁以下的劳动人口显著减少。对于中国社会,一个长期的严峻挑战就是如何对这些老龄人口进行支持,如何养活仍在逐渐老化的13.5亿人口。而且,戴相龙理事长对这件事情做过比较,在美国很早就出现了相关的政策监管来应对老龄化问题,存在三块资金来应对老龄化,一是工薪税,二是个人账户,三是商业保险,三块加在一起的存量相当于当年美国GDP的160%,其覆盖的力度极强。在欧洲也超过了100%。按照这样的指标反过来衡量中国,结果会让大家大吃一惊,中国的存量只相当于GDP的2%,存在极大的缺口。在座的难免会遇到退休之后的养老问题,这个问题日益突出,并且不难预料,几十年以后会成为一个非常突出的问题。所以,就中国的情况而言,今后需要全面的发展,其中一个不可或缺的就是养老保险必须大力发展。正因为如此,我们今天选择了这样一个议题,而且适逢华安保险获得了保险投资许可,已经成立了资产管理公司。

五 保险投资问题

保险资金筹集,这个保命钱必须保持增值,所以保险投资是一个极为复杂的问题。因为其复杂并且涉及保命,所以监管当局持非常谨慎的态度是合理的。但是它还需要增值,如今中国的情况是跟不上通货膨胀,本来就处于缺乏状态,如果再不出现一个有效的保值增值路径,中国的问题以后将不好收拾。戴相龙理事长说的这个数字是名义上的数字,在这个数字的基础上做一个体制调整就可以有巨大的变化,迅速上升到百分之几十是比较容易的,但是必须要在国家层面进行调整。

上述问题虽然十分突出,但并不悲观。三十年来我们已经积累了大量的财富,现在的问题是要将这些财富集中起来应对人口老龄化,这是一个重大的关乎大家的问题,也许一两年内不会特别突出,但是这关系着未来,因此仍需讨论,并且需多年连续不断地进行讨论,今天仅仅是开一个头。

陈文辉:论保险资金的运用

发言专家:特华博士后科研工作站博士后合作导师、中国保监会副主席陈文辉

一 保险资金服务好主业的问题

保险资金服务好主业,是指保险资金运用首先应当做好主业,实现保险资金的保值增值,不能一味贪大求全。此外,其能力也决定了术业有专攻,做好保险资金本身工作即可。

现在有一些专家认为如今是大资产管理时代,或者叫泛资产管理时代,今后保险资产管理的各个方面都要有所涉及,不光要管理保险资金,还要着手其他更多的方面,包括在媒体上可以看到,证监会在公募上对保险资产管理公司放开政策。然而这并不一定是个很好的现象。作为一个保险资金运用机构,不论是资产管理公司还是其他,服务好主业才是至关重要的。皮之不存,毛将焉附?何况保险特别是寿险,包括养老保险,其资金集聚功能是非常强大的,对于增值保值的要求也是非常高的,如果资金运用管理不能好好服务于这个主业,那么李院长刚才指出的一切目标都达不到,最后只能造成资金的贬值或亏损,甚至可能出现更严重的后果。由此来看,这是一个非常重要的概念。

另外,现有的能力也决定了,如果能把这一块保险资金管理好、服务好，就是很不错的成果了。术业有专攻，比如说保险资金方面，可能做债券方面更有优势。所以简单来说，需要强调的第一个方面，就是保险资金的运用要更好地服务于主业，做好自身的本职工作。

二 保险资金运用要合乎自身规律

保险资金运用要合乎经济规律，在资金运用方式和运用领域等方面顺应规律，实现资金运用科学化和与其他部门的差别化。

我们对经济规律这方面的要求是比较高的，对于保险也是如此。保险资金有它自己的特点，也有自己比较独特的运用方式，同时保险资金投资也有它的一些重要的领域，包括一些差别化的优势。

首先，保险资金的特点是具有长期性，特别是寿险资金、养老保险资金，通常是十年、二十年、三十年甚至更长，所以它对于资产负债匹配的要求非常高。包括现在一些新产品的形态，使得它要求一个稳定的回报，这是保险资金的一个特点。这个特点就决定了它运用的方式是依靠债券或者类似于债券这样的东西。因此可以看到，在国外很多的保险公司中，债券的介入量是非常大的。我们国家的保险公司中，大概有80%是银行存款，或者是国债、金融债、企业债等，股市上大概占11%，这是一个很大的特点。这个特点决定了它投资的比率，比如说债券或者类似于债券的东西更为合适。另外一个比较适合的就是不动产，比如国外某些保险公司，大量持有写字楼，这也是其特点之一。

需要强调的是与其他行业差别化经营的问题。比如长期信贷方面，银行是主力军，但保险也可以做股权投资，这是银行不能涉及的。从宏观经济方面来讲，目前整个中国的经济发展过程中，要保持长期持续健康发展，长期的资本供给是非常必要的。那么在这个过程中，如何使它能做股权投资，并且使它获得债券或类债券这样一个稳定的长期回报，这是需要长期研究的问题。既符合保险公司资金运用的特点，又能够在整个中国长期宏观经济中补全这个缺口。

三 保险资金运用中的资产创新问题

保险资金运用要达到增值保值的目的，需要注重两个方面。一是要盯住基础市场，了解资金的去处，以及此项资产是否具有价值，这是十分重要的方面，也是全球金融危机给我们带来的深刻教训。二是载体，保险资金通过什么样的载体进入资本市场是需要重点关注的问题。保险负债的特点使它有各方面的要求，为了找到这个载体，就需要大量的创新，包括资产产品的创新，以实现资金与基础资产的良好对接，这也是一个很大的课题。保险公司应做好创新工作来解决这个问题。

作为监管部门，要以最大的宽容来对待市场主体的创新，以及创新带来的问题，着重要讲的是"以及创新带来的问题"。因为创新是一个褒义词，讲起来都比较好听，但是对于创新带来的问题能不能容忍，可能就需要有一定的胸怀和涵养。关于这一点，作为监管部门，应该对此有一定的理性认知。

四 保险资金运用监管与市场化改革

从去年下半年开始，市场化改革力度变得非常大，其中心目标是要把各种决策权、选择权交给市场主体，当然同时也把风险责任交给市场、保险公司。在这方面我们做了很多努力，所以现在放宽了很多。如今放开的监管趋向总结起来就是八个字，"放开前端，稳固后端"，也就是说前端放宽审批、后端强化监管。

实现管控后端，主要有三个方面。首先，根据投资资产的大小来配置资本。其次，切实做好资产负债的监管，现在都在做市场监管，如果放开前端，这个就需要有所弱化，同时必须增加资产负债匹配的一些监管，因为负债已经满足条件，所以应该先在市场上寻找可以真正匹配的资产，如今市场上有哪些资产可以匹配，负债结构又是如何，都需要认真研究。对此，成立一个协调机构，称为资产负债匹配监管委员会，来推动这项工作，使得保险公司资产负债的匹配管理真正能够落到实处。最后，需要强调的就是真正做到执法必严，保险公司一定要合规合法地进行经营。目前的公司有三种行为，第一种是非常老实直接选择不做，第二种就是采取公关措施，想办法得到批准，第三种则直接开始违规，对于后两种，肯定要采取措施解决。对此，首先监管队伍要强化自身建设，其次在外部层面一定要在合法合规的检查方面，多总结一些规律。

陈博士用一句话就概括了我们所遇到的问题。整个监管现在所面临的形势是清楚的，刚刚提到的所谓主业问题就是一个教训。检查结果表明，

主业并无问题,问题在于受到市场蛊惑的纯金融业务。另外,大量的信用活动在监管体系之外,而这些活动借助保险的差别化优势实现了转化以及流通率的转换。对于所面临的这些新问题,两个底线必须守住:一是系统性风险,二是区域性风险。银行一是创新的源泉,二是风险的源头,三是监管的重点。所以在获得资产管理功能方面,以及后续一些机构,在创新的同时也要承担相应的风险。

王国刚:保险资金运用与金融服务实体经济

发言专家:特华博士后科研工作站研究总指导、中国社会科学院金融研究所所长王国刚

21世纪以来,保监会关于保险资金监管出了34个文件,按照时间顺序看下来,是在逐步扩大保险资金的运用范畴,从存款到各种公司债券,然后到股票、到基金,在不断地扩大。

如今有几个问题,如老龄化、城镇化和改革红利。随着中国的人口老龄化扩大,人口红利会逐渐减少,这将导致中国经济未来的增长出现拐点。对于人口老龄化问题,从保险的角度而言,就是要对资金进行跨期配置。另外,党的十八大再三强调要深化改革,中国三十多年的历程已经对改革红利做了很好的证明。对于未来改革可能提供的红利以及提供的时间长短问题等目前都还没有重点研究。至于城镇化问题,城镇化是经济发展的原动力以及潜力最大之处。综合以上因素,保险资金运用实际上很大程度上不取决于保险公司本身,也不仅取决于保监会,而取决于整个金融市场和金融体系的改革。

美国次贷危机给了我们一个深刻教训,即金融应服务于实体经济。但是下面紧接着的一个问题是，金融如何围绕实体经济展开。长期以来，金融紧紧围绕实体经济而展开的是贷款，我们的贷款已经超过了63万亿元，而企业在获得资金方面的道路却越来越窄，这是否就是金融服务于实体经济？如果继续沿着这样一条道路走下去，就要考虑今后的保险资金该如何运用。到了2012年底全国城乡居民储蓄存款达到40万亿元的水平，这么大的数字里也蕴含着一系列问题，需要纠结的是究竟用什么样的金融途径来服务实体经济。只用银行的单一途径面临着转型。

综合以上问题，可以从以下三方面考虑解决。

首先，变存款为债券。《公司法》赋予了各个实体公司，当然也包括金融机构基本的权利——发债，应该让企业有足够的发债的权利，债券利率低于贷款利率、高于存款利率，那么存款人转变为债权人的背景下，保险资金运用就会有很大的市场空间，而不是简单地以存款方式把资金放在银行。这件事虽然早已提出，但是仍有许多问题至今没有得到解决。

其次，将债券面向大众发行。到现在为止，任何机构发行的债券都要进行审批。债券作为一个可交易的标准化金融产品，其风险远小于不可交易金融产品，但非标准不可交易的金融产品不需要批准，为什么？这种格局能否改变？迄今为止债券发行都十分困难，是因为这些债券大多在机构内部进行销售。因此把中国的债券对外推行，向百姓发行，这是第二个重要的方面。

最后，有效解决债券可交易问题。虽然这是关于债券的问题，但可以借鉴股票的上市模式。前年证监会提出IPO不再进行审批，引起了国内人士的讨论。中国股票市场应该实现发行市场和上市交易市场的分离，该发行就发行，发行之后能否上市，是之后需要再讨论的问题。由此就给保险资金留下了足够的空间。如今我们的保险资金运用十分困难，所谓资产管理机构在运用基金方面很困难，困难的原因不在于能力大小，而在于整个金融市场的条件。如果这些条件不能满足它们的需要，同时也就不能满足实体经济本身的需要。因此需要在此反思金融怎么服务实体经济，进而深化金融体制的改革，解决债券可上市交易问题。

什么叫金融服务实体经济？所谓服务实体经济，并非单纯地把贷款发给企业，而在于实体经济层面发生了何种变化，以及要求向什么方向发展，

进而金融如何用自己的功能促进发展。关于金融服务实体经济,另一个问题是金融本身是什么。我们如今面临的很大挑战就是金融为何为实体经济服务,以及金融是什么。普遍观点认为,只要能够提供期限转换、能够提供流动性、能够信用转换,就是金融,所以导致众多银行体系停留在此层面上。我们的研究还远远不够。

余云辉:保险资金运用服务经济社会发展

发言专家:华安财产保险股份有限公司独立董事余云辉

保险资金运用于中国的工业化、为实体经济发展服务,是保险资金运用的大方向。

中国的工业化和西方真正实现的工业化不一样,在几个大方面都差异甚大。主要有民族资本是否控制主要工业部门、本土企业是否具有持续的科技创新能力、装备工业能否为国防部门提供装备、本土企业能否控制上游的资源能源、国内企业是否有控制全国市场和全球市场的销售网络、财富是否以工资、利润、税收等形式归给了劳动者企业和政府、金融是否拥有主动权为本国的企业和资本服务等。

在寻找中国真正工业化方向的过程中,保险资金有着重要的意义。如今监管机构逐步放宽保险资金的投资领域,这对于中国未来的工业化具有革命性的影响。因为企业发展需要资本金与流动资本金,而保险公司的资金恰恰都是长线资金,能够流入企业中,从而能够使这些企业降低负债率,才能使其做得更大更强。保险资金下一步仍然会有一个很大的部署,投资股票能够从现在的十亿元,逐步提高到二十亿元、三十亿元。要为实体经济服务，必须瞄准方向。需要注意的是，如果保险资金的运用放得更宽，可能会产生危险。这主要从两个方面来看，一是保险公司要做好自身工作，二是要注重研发、注重科技进步，注重这些市场网络强大的企业。虽然短期来看不会有大的收益，但长远来说一定会有收益。

中国没经历过工业化。而西方的工业化和文艺复兴以及宗教复兴是联系在一起的。世界上有很多国家没有经历过工业化。至于要不要工业化、要不要以它的标准来探讨我们的生产合作，是个值得讨论的问题。这次金融危机也表明，这个标准肯定不是唯一的标准。

王茂林：保险资金的两方面运用

发言专家：特华博士后科研工作站博士后合作导师、中国生产力学会会长王茂林

一　保险资金支持经济发展方式转型

根据党的十八大的要求，保险资金应支持经济发展方式转型。其中的关键在于，保险资金应考虑如何促进创新，包括科技创新、管理创新和制度创新等，实现中国经济发展转向创新驱动模式。

党的十八大强调创新驱动，那么保险资金如何支持未来的经济增长方式转型？机制调整包括产业创新，保险资金又如何能进入这个范畴，为党的十八大任务服务？这些都是我们需要考虑的问题。未来的经济发展，需要依靠科技创新、管理创新、制度创新，以打造新的经济增长点和新的发展方式，从而摆脱金融危机，这已经成了大家的共识。党的十八大报告明确指出科技创新是提高社会生产力和综合国力战略支撑、必须摆在国家发展全局的核心因素，要坚持中国特色的自主创新道路，以全球视野推动创新，引进消化吸收再创新的能力，深化科技体制改革，推进国家的科技创新体系，着力构建市场导向的产学研创新体系，实施重大科技专项，实施知识产权创新，把全社会的力量凝聚到创新的主体上来。现在保监会需要研究一下，如何组织保险企业在创新驱动问题上做出一些贡献。保险资金运用需要维持保险资金投入的长期性、稳定性。那么减少风险性，涉及创新驱动本身客观上具备这样一个问题。

如何用这笔资金在这个问题上推动设计优化，看来并不是一件一般的事情，而是在引领中国经济发展的地带，比如说在基础科学方面、能源和资源领域、信息与网络领域，在这些重大领域，研究设备制造。中国要真正达到发达国家水平、进入发达国家行列，关键在于努力用自主知识产权生产出自己的装备，有能力用自己的装备装备自己的企业，这方面将大有作为。根据党的十八大精神，保监会要能够在创新驱动方面引导保险资金如何有计划、有程序地进入。对于所有的风险金融产品，包括金融衍生产品，谁也不敢说哪一个产品没有风险。因此保险资金在推进经济的同时，也应该思考一下这个问题。

二 保险资金运用服务于民生问题

保险资金运用，在确保统一和尊重保险资金投入规律性的同时，也要解决党和国家与人民群众切身关心的民生问题。

（一）养老保险方面

如今的社保基金，包括养老资金以及其他方面资金的筹措特别困难。与一般银行 3~5 年还款不同，不仅利润比较低，而且时间较长，因为养老是一项事业。现在一个慈善机构要有能力赚更多的钱，然后再花出去，慈善机构需要盈利，现在遇到了资金问题。比如说经济适用房问题，我历来反对盖这种房子，香港到现在租房比例占到50%，而要解决民生方面的问题就不应多盖公租房子，生活特别困难的更多需要盖廉租房。

(二) 医疗保险方面

保险资金也关系到人民群众迫切需要解决的问题。如今的现状是医疗全国改，养老全国改。说是医疗保险覆盖了96.8%，但标准是如何的？举例来说，正部级一个标准，在北京看病一分钱不用花，而副部长去报销，就是需要另一个标准了。政府出10块钱，农民出10块钱，这种覆盖有意义吗？养老就要全覆盖，但是也要做好标准，中国不平衡的现状决定了一个标准是解决不了的，至少4~5个标准。综上所述，保险资金应该在以上这两个问题上做出巨大的贡献。

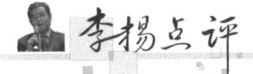

王茂林先生讲了几个关于保险覆盖的大问题。党的十八大对民生保障体系提出了四个说法：保基本、突出重点、完善制度和理论引导，重点在于理论引导，即要全体人民劳动致富。政府搞底线，要求每个人通过辛勤劳动改善医疗等，这与过去有很大的区别。创造财富者才有享受的权利。

胡继晔：借鉴国外养老金政策

发言专家：中国政法大学法和经济学研究中心教授胡继晔

第一，去年7月欧洲开展养老金改革，职业年金和养老金进入了传统的银行保险系统，这对我国保险业具有借鉴意义。

第二,养老金在美国保险业中占据重要位置。如果按照中国4.7万亿元的工资总额,同时按照个人账户养老金8%来计算,每年进入个人账户的养老金为3760亿元。我在18个省调研后发现,大量的资金在财政口以活期的形式存在。这充分表明我国资金存在问题。我国养老金的监管部门不是人力资源部门,而是保监会。从办法出台到今天,经过了8年时间,我国积存的企业年金只有3570亿元,这对将来我国养老的作用是非常有限的。相比英国,过去养老金皆为自愿,但在2008年养老金进行了改革,2012年10月个人企业年金变成了强制性的。强制之后企业年金以及各个单位的寿险统一交给国家级单位,让国家级的养老信托保险理事会运作。国外的经验对于我国保险的监管和养老金的监管具有重要价值。

这个问题十分重要,开始在很低的层面统筹,县级统筹、市级统筹,进一步在全国统筹,涉及整个财政资金以及社会资金的重新配置,范围确实很大。我刚才提到的三大支柱约占GDP的20%,相对较少,而国外力度却很大,自愿也开始改为强制,原因是老龄化问题越来越严重了,这是一件重大事件。虽然和我们今天讨论的事不是同一件事,但却具有密切的联系,是大概念上的同一件事。

李茂生:扩大医疗保险资金来源

如今的保险只报销大病,大病可以报50%,门诊报销却不管,这是一个问题。实际上大病走商业保险,没钱的可以借助慈善。通常大病可以走三个渠道,一是自己购买保险,二是慈善机构资助,三是政府补贴。这样一个大问题,老百姓不满意是应该的,因此要深化改革。回到保险上,大病医疗保险还是应该以商业保险为主,然后以政府和慈善为辅,这样才能使得保险资金更加清晰。

对于养老问题,基本保险至少应保证低保线,这样就划清了有人就补充保险,有钱就买保险。现在存在这样一种混乱的状况,能闹就能来钱,不能闹就没钱。所以医疗也好、养老也好,都要把这个界限划清楚,这样商业保险就有了发展空间,有空间就会有资金,才能研究如何运用,助推社会经济发展也好,要允许保险资金在助推方面的创新。就如购买国库券,然后说股票风险大了,不能超过5%。所以要解放思想,在这方面确实要解放思想,学习国外保险中的一些正确做法,这样保险资金才能很好地发展起来。

王稳:保险资金运用的三点体会

发言专家:特华博士后科研工作站博士后合作导师、对外经济贸易大学保险学院院长王稳

保险资金的运用应坚持创新性和稳健性原则。创新性体现在,保险13条新政对保险资金运用完全市场化,最大的亮点是允许资管公司进入了15家,以及资产管理公司可以设计自己的资产管理产品,这就是创新推动市场。资产管理方面的创新思路是非常清晰的,同时保险监管部门也特别重视风险管理。从监管的视角来看,建立了资产负债体例的监管委员会,对公司的全面风险指引也提出了要求,这个思路是清楚的。一方面,当今是保险投资的最好时代,鼓励创新;另一方面,也是最坏的时代,有很多的品种投资范围,这是一个非常大的挑战。今天,作为教育工作者在此提几点学习体会。

第一,保险资金有自己独特的特性,特别是资产负债长期杠杆率要求非常高。从美国来看,美国市场对保险资金大量地投资国债,2010年和2011年的数据显示,投资到股票市场的只有3%,我国则为15%。大量投资市场,特别是中国不确定的股市相当可怕。美国专家曾说,如果将保险资金投入市场的话,仿佛看到一个拿着钱袋的小孩走过强盗的街区,这是非常可怕的。

第二,大力发展债券市场,银行体系等三个支柱约占30%,保险资金有7万亿元。通过金融体系的调整，应大力发展债券市场。保险资金由现在的5%提升到30%左右，这是一个大的保险资金的概念。

第三，保险资金投资要关注阶段性规律。第一个规律是早期强调承保不强调投资，我国应双轮驱动，投资要重视风险管理。我国寿险和保险业的整体结构也应做出重大调整。北美市场和亚洲市场不同，其寿险不到5%左右，非寿险在55%，而亚洲市场正好相反，寿险50%，非寿险不到3%左右。我们非常希望看到保险资金推动中国保险业兴旺发达。

吴小平：保险资金运用的安全性、流动性和盈利性

发言专家：特华博士后科研工作站博士后合作导师、中国保监会原副主席吴小平

保险资金最新的数据是7万亿元，这些资金绝大部分来源于养老保险保单持有人每年交的准备金，以后是要归还的，不但要偿还本金而且还要支付利息。所以，保险行业的关键在于资金运用。保险公司的资金一是属于保险人，二是属于投资人。过多的市场主体会产生竞争，竞争在中国不是投入的竞争，而是削价竞争，最后价格低到不再有利润，甚至低到产生亏损，所以老百姓听到的都是负面的信息，特别是出险之后的赔付与否问题。

为了不亏损或者少亏损，保险公司的发展要靠投资，如今中国的资本市场，是一个发展不稳定的市场。过去几年中，2007年股市大涨，胆子越大挣钱越多，但没想到2008年到2010年整个保险行业投到股票基金上的过多，导致整体亏损。在这种情况下吸取历史的教训，就要求保险现在做到专业化管理，要形成保险资金专门的基金管理中心，而不是靠总经理一己之力，要有专业化机构的水平。

谈到保险投资,一般具有安全性、流动性、盈利性三个特性,就涉及保险投资"三性"如何安排。根据中国保险业以及中国整个资本市场的现状,理应将安全性放在第一位,流动性次之,盈利性放在第三位。如果一味注重利润,挣到钱了皆大欢喜,但挣不到钱则会对国家和社会产生严重的后果。中国的寿险公司和国外的一样,寿险公司不能倒闭,寿险公司经营了若干年以后,千千万万的养老金如同分批付款,公司倒闭了对股东来说省事了,但是社会的损失非常大。所以从这个角度讲,安全性一定要放在第一位。同时金融机构的流动性也是必需的。保险主观上要盈利,客观上它助推经济,服务了社会。但如果过度强求服务社会,而忽视盈利性,则会导致行业出现系统性的风险,得不偿失。

吴小平先生的讲话给我们这个会议做了一个极好的总结。中国的现状是挣快钱、挣灰钱。西方国家的金融创新经历了各种各样的障碍之后,保险便作为一种金融活动存在。关于保险行业的"三性",肯定是安全性第一,但实际执行中会出现一些问题。吴主席讲得非常周全,其讲话不仅能指导我们未来的工作,也会对我国保险发展起到积极作用。今天大家讲了很多,都破题了,但是如何解决并没有探讨出来。这个事情太大了,值得我们付出时间来进行研究。

第十五届特华论坛花絮

工作站博士后合作导师
陈锡文 王洛林 郑新立

工作站博士后合作导师
米建国 戴根有 张志凯

工作站博士后合作导师
黄湘平 胡昭广

工作站博士后合作导师
王稳 王国刚

参会代表合影留念

2013年1月19日 北京

2014 第十六届特华论坛

—— 全面深化改革：实现中国梦的历史新起点

会议背景与论坛主题：2014 年 1 月 11 日，第十六届特华论坛在北京国家会议中心隆重举办。会议背景是国际形势日趋复杂，发达经济体之间的超级货币网和超级贸易网正在形成，中国经济面临被边缘化的风险。党的十八届三中全会为我国未来全面深化改革确定了大战略，"让市场在资源配置中发挥决定性作用"并"更好发挥政府作用"成为确定方向。在此背景下，论坛围绕"全面深化改革：实现中国梦的历史新起点"这一主题，就保险在国家风险管理体系中发挥更大作用、股票发行注册制推行、利率去行政化与利率市场化、互联网金融与互联网思维、数字化普惠金融等问题展开深入探讨。

主办单位与发言专家：本届论坛由中国社会科学院金融研究所和特华博士后科研工作站联合主办，由华安财产保险股份有限公司协办。中国社会科学院副院长、特华博士后科研工作站研究总指导李扬研究员主持论坛。中国保监会副主席陈文辉、中国证监会证券发行部副主任陆文山、中国社会科学院金融研究所所长王国刚、上海富友金融服务有限公司总裁康建明、北京奥思开源网络软件开发有限公司总裁李韶宁、中国民生银行董事长董文标、中国生产力学会会长王茂林、中国投资有限责任公司副总经理谢平等做主题发言。世界银行高级金融专家王君、特华博士后科研工作站研究总指导李茂生做评论发言。

参会导师与特邀嘉宾：特华博士后科研工作站博士后合作导师（按姓氏笔画排序）马庆泉、王力、王君、王铎、王稳、王一鸣、王松奇、王茂林、王国刚、史建平、刘力、米建国、李扬、李光荣、李茂生、李京文、肖金成、吴小平、何盛明、何德旭、邹东涛、陆文山、陈文辉、陈伟钢、陈栋生、陈胜昌、周道炯、胡滨、胡昭广、晋保平、夏杰长、高传捷、高材林、黄湘平、董文标、谢平、翟立功、潘晨光、戴根有等，以及来自国内外政府部门、企业界、著名高校和科研院所的特邀专家和工作站博士后350 余人应邀参加论坛。

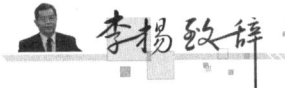
李扬致辞

发言专家：特华博士后科研工作站研究总指导、中国社会科学院副院长李扬

过去的一年可称为"转折年"。"转折年"的内涵可从以下四大方面的变化中体现出来。

第一，十八届三中全会的召开为未来5～10年甚至更长时间的全面改革确定了大战略，开启了一个新时代。现在全国上下许多地方学习十八届三中全会精神时，按照自己的理解进行解读，甚至按照自己的理解落实，这无疑是错误的做法。会议公报包含16个部分、60个问题、305个项目。从去年的情况看，120多个项目已经在紧锣密鼓地启动。十八届三中全会涉及的内容极其广泛，其中包含一些前所未有的内容，要想做到真正理解，必须系统学习习近平总书记的讲话。这些讲话涉及天文、地理、政治、军事、外交等，俨然形成了一个体系，需要强调的是，要在这个体系下理解会议精神。邓小平理论、"三个代表"重要思想、科学发展观都属于重要的发展里程碑，但未形成体系。此次习近平总书记共进行了80多个讲话，其中较为重要的有35个，这一系列讲话系统且具体地勾画了一个体系。本届政府在执政第一年就推出这样一个大的理论体系，总书记就进行如此多的讲话，如在最近的中央经济工作会议上和中央农村工作会议上、中央城镇化工业会议上、中央政法工业会议上都有大篇幅的讲话，虽然有些未正式公开，但过一段时间就会成为大家学习的内容，不妨先花点时间了解一下。综上所述，新时代已经开始了，这是第一个转折点。

第二，国际环境的转折。目前发达经济体之间不断签署贸易协议，发展中国家面临的形势更加严峻。有人说国际环境有了好转,简单来讲,是指美国的形势有了好转。但对于美国政府,其危机根源在于政府赤字过于庞大,拖累了整个经济,妥协之后危机的根源进一步恶化,如此看来,国际环境并不会出现根本性的好转。虽然某些指标有所好转,但只能说以美国为首的发达经济体最坏的时刻过去了,恢复还有待时日,而且其中美国恢复得最好但情况也不过如此。目前,欧洲长期衰退,日本安倍经济学打强心针采取超常规措施,虽然起到了一定效果,但预测效果会递减,最后可能甚至企图用战争来解决问题。金融危机破坏了现有生产力,大危机会用大的方式、剧烈的方式来破坏现有生产能力,然后强制达到平衡,前面两次世界大战都是如此。在我看来,这次金融危机也属于大危机,小打小闹并不能让它强制平衡,恐怕还需要采取更大的措施,如今日本的表现,已经揭示了端倪,值得我们重点关注。

原来认为发展中国家和新兴经济体的政策可以奏效,但美国量化宽松政策迟迟未做定论。现在看来,广大的发展中国家和新兴经济体状况并不乐观,当前的国际环境充分显示出原来的依赖性以及原先的经济结构并未得到调整。除中国之外的金砖国家普遍呈现出经济增长率低于世界平均水平、通货膨胀率高于世界平均水平的现象。如今的世界有所改变,但是变动不大。真正改变的是中国的地位,但在发达国家和发展中国家的关系中发达国家仍占主导地位。

此外,去年还发生了几个新的潜在变化。发达经济体之间在不断签署贸易协议。2011年底出现的TPP(Trans-Pacific Partnership Agreement,跨太平洋伙伴关系协议)、TTIP(2013年6月,美欧正式宣布启动"跨大西洋贸易与投资伙伴协议"(Transatlantic Trade and Investment Partnership,TTIP)的谈判,一开始并不受关注,但去年突然发现是极为重要的事情。汪洋副总理指出,以发达经济体为主的超级自由贸易区已经形成,其中只有几十个OECD发达经济体,不包括中国在内的金砖国家、新兴经济体。如今我们若想加入TPP,与当年加入世界贸易组织(WTO)类似,需要一个国家一个国家地谈。不同之处在于,WTO是沿着国界在走,事情发生在国界上,重点关注汇率、税率;而TPP协议越过国界进入生产过程、定价过程当中,涉及诸多细节问题,都是当下需要面对的。

不仅如此,去年10月31日六国中央银行(美联储、欧洲中央银行、日本银行、英格兰银行、瑞士中央银行、加拿大中央银行)宣布,长期货币互换协议,规定协议无期限、无限额,六国之间互换且任何一国的中央银行都可以用其他五国中央银行的货币在本国司法辖区内发贷款。六个最发达的中央银行提出了一个超级货币网，超级的自由贸易网是实体网，涉及整个世界，这个网络中没有中国，对我们来说是非常严峻的挑战。如今，经过一轮的发展，并未发生许多变化，唯一变化的就是中国崛起了。由此来看，原有的全球治理体系就是要对中国施加压力，客观上使得去年形成了一个贸易网和一个货币网。我曾在WTO总部访问并提出它们是否会被替代的问题，虽然WTO对此并没有正面回答，但是目前趋势十分明显。由发达经济体主宰的全球新治理结构正在初步形成，而在这个结构中，中国再次被边缘化。当然，对此我们采取了许多行动，比如上海自贸区的启动就是为了应对这样的变化。需要注意的是，自贸区不是一个特区，并不是简单地给予一些政策优惠，目前只是先行先试而已，不能盲目跟风。中国要跟上这个步伐，否则就会被彻底边缘化。要在自贸区实行负面清单，要实行保护知识产权、保护劳工的权利、保护环境等一系列措施，如今的国际环境决定了我们必须要加快步伐。

第三，中国经济进入一个新的平台已成定局。若说前几年还是初显端倪，那么到去年经济增速在7.5%上下的表现已基本确定这样一个平台的出现。这是发生在实体经济层面的变化，不是政策变化，也不是周期变化，是实体经济中一些支撑经济成长的结构发生了变化，这些变化必须被接受。为与这样的变化相对应，宏观调控格局也发生了变化，今后中国宏观调控将只盯住两个指标：一是潜在增长率，确定的现实增长率不会超出潜在增长率；二是失业率，登记失业率控制在4.6%以内。为彻底改变整个微观经济主体所谓的政策依赖性，如果宏观经济运行没有超出这个范围，宏观当局就不会加以干预。目前经济对政策存在高度的依赖性，政府仍起决定性作用，这又如何谈使市场在资源配置中发挥决定性作用呢？目前的一大变化就是整体宏观调控的基本面是在朝着政府基本作用，使市场发挥决定性作用的方向转。

第四，金融方面的负面变化。去年中国宏观经济在货币供应泛滥的同时利率居高，导致贷款难、贷款贵。这些问题不解决，就很难应对刚才提及的所有挑战。这些问题仅凭简单调整政策已无法解决，需要进行一些根本性调整。概括而言，关于金融需要就以下几个方面采取行动。

一是加快市场运行机制改革。市场靠价格信号来调控，如今最基本的三个价格（利率、汇率、收益率曲线）都不是市场化的，所有金融资源都靠这三个信号调控和配置，这三个信号的扭曲会带来整个配置的扭曲。多年来我们可能都处于高度扭曲的配置状况，因此必须加快利率和汇率市场化改革，迅速形成有效的国债收益率曲线。

二是长期存在着的所谓期限错配问题必须扭转。所谓期限错配，是指资金来源比较短期化，但是资金使用长期化。由于工业化和城镇化都需要长期资金，而中国金融体系中长期资金供应非常短缺，按照国际标准，商业银行并不稳健。不仅如此，为解决缺乏长期资金的问题只好采取平台的方式融资，因此政府融资平台、地方融资平台愈演愈烈。这凸显出金融体系的问题，中央在处理问题时十分冷静，并未简单地责难地方政府。但不论怎样，这个问题今年必须要有解决思路。

三是市场分割问题。市场分割过于严重使倒卖资金者获利，在监管条件与收益率不一致的情况下，可能出现跨市场套息。利率因汇率管制有所不同，所以跨越国界就能套汇，近几年有许多人依靠套息、套汇获利，实体经济却并不景气。要从根本上解决问题，就要打破市场之间的分割，实现资金流动。由此看来，打破分割是下一步很重要的问题。另外，还需关注普惠金融。这个词对很多人来讲比较新，但是事情却是比较老，就是强调享受金融服务是每个公民的天赋人权，而普通的百姓特别是弱势群体、草根阶层也应当享受金融服务。多年以来，我们剥夺了很多人的天赋人权，打着服务"三农"、为小微服务的旗号到农村设立机构，却未真心服务普通群众，而是想抽钱吸血。对此，十八届三中全会决定对"三农"问题讲解精细，细到要让农村的存款留在农村的程度。此外，人民币国际化的步伐需要加快。

陈文辉：保险在国家风险管理体系中的作用

发言专家：特华博士后科研工作站博士后合作导师、中国保监会副主席陈文辉

在政府趋向通过购买服务实现公共管理目标的形势下，保险将在整个国家的风险管理体系中发挥越来越重要的作用，这是保险业的历史机遇。过去的一年中保险业大力推行自身的市场化改革，获益颇多。市场化改革对于保险行业的管理、行业竞争力的提高起着非常重要的作用。十八届三中全会提出"市场在资源配置中起决定性作用"，在这样一种市场起决定性作用的改革趋势下，保险业发展应注意以下几个方面。

第一，要深刻理解市场起决定性作用的意义，特别是政府如何尊重市场规律。去年一年，国务院的文件和多次会议都谈及政府如何通过购买服务实现公共管理目标的话题。这样的大形势决定了保险将在整个国家的风险管理体系中发挥越来越重要的作用，这是保险业的历史机遇。例如，从前年开始推行的覆盖十亿人以上的大病保险，属于基本医疗保险的范畴，但是现在采取政府购买的方式来推动其发展。另外，我国农业保险的规模目前已经达到全球第二，它在我国农业发展、农业安全方面起着非常重要的作用，也完全采取商业化手段。十八届三中全会专门谈到，今年可能马上会在云南开展地震保险，包括各种各样的责任保险。去年国务院发展养老和健康产业的意见，都谈到如何利用商业保险手段服务于整个国家的经济发展和社会管理、风险管理体系。在这样的大形势下，保险发展的前景光明，作用举足轻重。

第二，过去的一年中保险业也在大力推行自身的市场化改革，而且获益颇多。过去的一年中资金运用、保险投资领域都进行了重大改革，包括资产管理产品由过去的审批、核准变成注册制，以及领域的放宽。1月7日放开创业板以及老保单的投资领域，当天创业板上涨约3.9%，媒体也反应强烈，如香港的《信报》对此进行了大篇的解读。推动保险市场管理产品流动性对整个行业投资的成效积极，尽管前几年整体投资收益率很低（2012年只有3.3%左右），但在去年整个股市、债市都下跌的情况下，年化收益率却达到了5%。同时，去年一年资产管理产品的注册量超过了过去7年的总和，这些都是在过去一年里取得的积极成效。由此可看出，市场化改革对于一个行业的管理、行业的竞争力起着至关重要的作用。

第三，从保险监管部门的角度来说，在学习和领会十八届三中全会精神时，依然要坚定不移地进一步推进市场化改革。要利用好保险这一市场化风险管理工具，服务于整个现代化国家治理体系的建设、社会管理和公共服务。后续行动包括近期卫计委计划将新型农村合作医疗的管理移交商业机构，都给我们带来了机遇与挑战。行业的市场化改革，在今后的一年和更长的时间内，必将持续推动。例如，今年商业车险的市场化改革就必须迈出实质性一步。如李扬院长刚才所言，我们过去做的许多看起来似乎是商业的东西，实际上都具有计划色彩，如交强险问题。现在看来，当时的制度设计就存在一些问题。关于寿险费率进一步市场化以及投资问题，都是下一步要做的事情。

在推动市场化改革的过程中，如何加强监管、防范风险同样至关重要。总体思路是"放开前端、管住后端"，将前端放开，舍弃审批权，在后端做到真正的管住、管好，切实防范风险，具体包括强化事中、事后的监管以及内控、信息披露、后端的偿付能力监管等，都对我们提出了越来越高的要求。

最近推行的第二代偿付能力监管措施到2014年已是实施的第三年，今年应该能够把所有制度建好，开始进入测试阶段。虽然比欧美晚了很多年，但是正式实施会比之早。

十八届三中全会公报中有一部分涉及保险，其中提出要回归保险的保障功能。简单而言，金融无非是配置资源的工具，而多年以来，忽视金融配置资源的功能，而只注重服务自身的情况屡见不鲜。另外，保险费率市

场化费时良久，如今终于走上了正确的改革道路，国内外反响良好。在十八届三中全会精神的指引下，保险业一定要认真做保险，回归本业。

陆文山：股票发行注册制推行是一个系统工程

发言专家：特华博士后科研工作站博士后合作导师、中国证监会证券发行部副主任陆文山

股票发行已经成为全社会热议的焦点，注册制更是如此。在此针对三个小问题简要阐述一些基本想法。第一，证券发行本质上属于投融资范畴，直接融资条件下信息不对称导致公权力的适度介入；第二，为了保障公共利益和解决信息极度不对称问题，要求对证券发行予以适当监管；第三，注册制的推行是一个系统工程，是一种从源头、后续到末端都需要各负其责的制度性安排。

一　证券发行的性质与基本原理

证券发行本质上属于投融资范畴，一方面是融资，另一方面是投资。证券发行虽然是资源配置的有效市场中最活跃的一个模块，但它仍然没有超出传统的投融资基本范畴，因此可以从投资和融资两个方面，剖析证券发行的一般性规律。

从投融资范畴的角度来讲，在间接融资范畴，银行的进入仅仅是有了一个信用中介，物权和债权等人与人、人与物之间的关系是较为确定的。当进入直接融资领域，就发生了由量变到质变的过程。第一个变化是，原来的特定一方跟特定另一方的局面被打破，融资方仍是特定的，但资金的出借方不再特定。这种情况使得整个资金融通过程中一方对于不特定的多数具有信息优势。第二个变化是，新金融等产品的产生，打破了原来的物权法定、债权确定的基本原理，使得原来的对物权利与对人权利等产生了一些巨大的突破，对此，需要有新的规制。为了保护社会公共利益，使信息不对称被关进制度的笼子，就需要公权力适度介入。这就是证券发行的基本机理。

二 实施证券监管与发行监督的原因

为了保障公共利益，解决信息极度不对称问题，要求对证券发行予以适当监管，这就是证券监管的基本机理。在这个过程中，证券发行的监管是原则性要求，但也有一些例外性的豁免。

为了保障公共利益，尽可能让买售者或者投资人能够及时、客观、正确地获取信息，在这个过程中形成了信息披露的强制性要求。证券在整个监管过程中体现出许多基本的制度体系。第一，强制信息披露制度；第二，严格的市场准入制度；第三，投资者适当性的管理制度，要把适合的产品、适合的投资者交给适合的主体；第四，有效的行政监管制度，在目前情况下，有效的行政监管必须厘清政府跟市场的关系，并且要知道有效政府并不是无限政府，有效的行政监管必定也是有限的行政监管，不能包罗万象。

三 注册制的概念与目的

证券发行本质上属于投融资范畴，简言之，就是投融资权利，是天生的民事权利。

证券发行属于投融资范畴，本质上不用许可，而注册的概念是投资方和融资方要达成协议，重在信息披露环节，信息披露不当时便受到限制，甚至临时中止。有些人更倾向于将其界定为正面清单或负面清单，但从是否需要许可的角度来讲，投融资权利如果需要许可，那么便存在正面清单和负面清单问题，如果不需要，就是天赋公司融资权、天赋个体投资权，此时只有违反规定时才出现不让证券发行生效的情况。在此基础上讲注册就有共同的机理。

各个国家的注册制都有所不同，其中比较典型的代表就是中国。注册制是一个系统工程，是一种从源头到后续、末端都需要各负其责的制度性安排。注册并不判断证券的好与差、实与虚、真与假，而注重事中、事后的追责。在信息披露后,进一步完善民事责任,加大违法犯罪违规成本,从而使得犯罪行为收敛。此外,要健全包括证券发行在内的一系列证券纠纷解决机制,尽可能使问责机制到位。

监管部门推行注册制,最终是要实现两大目的:第一,使得各方参与主体对它的行为可预期;第二,责任追究是能明确并且是可落实的。

最后,注册制其实是系统工程。我由衷赞同李扬院长的观点,市场化的决定因素并不是谁的作用多少,而是共同遵守市场规律。

陆文山同志的发言较学理化,其中提到市场化、负面清单、准入等绝不意味着政府毫无作为,让人印象深刻。其实中国目前的问题是政府作为轻重不当。市场化改革绝不意味着完全放权,而是对于各项事情多做与少做的问题。对关于证券发行制度的例子进行了深入浅出的解释,助益颇多。

王国刚:利率去行政化不等于利率市场化

发言专家:特华博士后科研工作站研究总指导、中国社会科学院金融研究所所长王国刚

十八届三中全会通过的《中共中央关于全面深化改革若干重大问题的决定》(以下简称《决定》)激起了许多金融改革方面的话题。《决定》中提及"加快利率市场化改革"。由于习近平总书记曾在起草《决定》时谈及,过去重复讲过的问题不再写进去,因此有些人认为中国利率市场化改革即将完成,没有必要再写到《决定》中。然而,需要注意的是,利率去行政化不等于利率市场化。

中国人民银行决定自2013年7月20日起全面放开金融机构贷款利率管制，包括三个主要部分。其中第一部分标题是"全面放松贷款利率的行政管制"，这里用三段话讲了"三个取消"。有人将其看作中国利率市场化的里程碑事件，同时认为这标志着中国存贷款利率市场化或者利率市场化已经完成了90%，仅需再完成存款利率上限放开即可。据此，将加快利率市场化改革写进《决定》中让一些人感到莫名其妙。但是事情就是从这里开始的。

继上限放开之后，又放开下限和进行"三个取消"，但放松并不意味着取消。中国人民银行贷款利率管制的贷款基准利率原来是0.7倍，2012年7月就有取消的能力，但却过了一年才取消，这就是里程碑；现在存款利率上限放松后，存款基准利率依然掌握在手中，与存贷款基准利率控在手上相对应的是新增贷款的行政管制，既然是行政管制，就意味着是稀缺品，而既然是稀缺品价格自然上升，把下限放开有多少意义？这一点并不清楚，这一整套变化实际上是利率去行政化的过程。

假设人民银行放掉存贷款基准利率的调控权，那么中国的存贷款利率就真的达到了市场化要求吗？首先，在存款市场上，银行是卖出存款单位，是卖方，所有存款人与银行相比有竞争能力吗？存款不就是备托存款或者强制存款吗？2012年两次降息，全国城乡居民储蓄存款增加5.6万亿元，达到历史新高，企业存款达到4万多亿元，两者加起来有10万多亿元，无可奈何，最后利率下行，存款无处可去，由此来看并不能够与银行竞争。其次，从贷款市场来说，借款人能否与银行竞争？如果是完全竞争的市场，交易对手不能跟你竞争，又怎么能形成合理的价格体系呢？价格不能合理，这里就有一个简单的问题，之前一直强调市场配置资源的决定性作用，究竟是通过价格竞争形成，还是在金融体系中市场决定资源的配置作用应该改为银行决定金融的配置作用？

由以上几个问题可以得出一个简单的结论，利率去行政化不等于利率市场化，我们需要扩大、增加资金供给者的金融选择权，以便他们能够跟银行在存款市场上竞争，同时需要扩大实体经济部门乃至其他资金需求者的选择权，以致他们能在贷款市场上跟银行竞争。

自2001年加入世界贸易组织后，中国所谓的债券增长了8倍以上，但是银行并没有因为债券增长感到有任何金融脱媒的冲击。债券从原来的教科书和我们所讲的直接金融工具已经成了间接金融工具，因为购买债券不是企业的事情，而是金融机构根据当地的风险偏好选择企业该发行多少类型的债券，这就是我们的现实。从这个角度来讲，利率市场化依旧任重道远，它将是中国金融体系再造的过程。

利率市场化至少有四方面内容。第一，供求决定利率，刚才也提到了存款的竞争、贷款的竞争、存款者与借款者之间的竞争。第二，市场应当是统一的。目前这样一种市场分割的状况必须要打破，从而使利率能够顺畅地传导，并形成有效的结构，同时结构中要有核心市场、核心利率、基准利率、其他利率、收益率曲线等，都要能够不受阻碍地形成。第三，央行自己的调控是市场化的。央行手中的几个利率，是市场化的，还是行政化的？达到利率的过程是市场化的还是行政化的呢？大家的谈论很少。例如，美国联邦利率由0.25%调到0.5%，决定过程是透过市场交易完成的。但我们不同，宣布明天达到5%，却无市场过程跟进，这无疑是扭曲的。中国的金融体系如今已经非常庞大，而可怕的是金融体系利率是根据错误信号运转的，资源配置有可能存在问题。如利息补贴，现实是存款者没有获得应有的收益，而是补贴了企业，尤其是国企。利率市场化绝非简单地将存款利率放开就能达到，现在下定论还为时尚早。第四，竞争问题，如果机构仍垄断着金融市场并起主导作用，那么市场无法放开。

今后十年对现有的中国金融体系有三个挑战。

第一，来自影子银行的挑战。人民银行、影子银行之间的关系类似于国企的正式工和临时工，如今的现象是正规体系不为实体经济服务，反而影子银行是在为实体经济服务。中国正规金融体系和影子银行发挥了不同功能，相当程度上影子银行在发挥金融的正常功能，那么最后一定是影子银行战胜现有体系。凡是为实体经济服务的、基于现代科技的一定会战胜原来的东西。

第二，网络银行、互联网金融等带来了更严重的挑战。虽然人民银行不承认比特币等，但比特币如今又卷土重来了，而且即便不承认比特币，依旧有Q币、魔币。互联网世界发展迅速，整个商业模式和金融都在发生改变，马云的预言一定会实现，虽然不一定是按他的方式实现，但一定是现代科技战胜传统技术。现在所谓的互联网金融包括三种方式：金融机构用互联网手段，互联网机构做金融以及自己创造支付手段。这从根本上摧毁了垄断的基础，需要我们关注并进行调整。

第三，国际的迅速变化。如今国际竞争、货币互换和发达经济体的新金融体系都已经被国际逐渐接受。世界迅速变化，我们必须跟上世界的步伐。

康建明：互联网金融前景非常广阔

十八届三中全会提到发展普惠金融、鼓励金融创新、丰富金融市场的层次和产品。从互联网金融的角度来说，互联网金融也许正是普惠金融的一种展现形式。有人认为2013年是互联网金融元年，一夜之间大家都在讨论互联网金融，仿佛洪水猛兽已经来到。除媒体外，各种各样的论坛以及监管部门也都在密切关注互联网金融。尽管互联网金融还没有一个非常准确的定义，但是已经在疯狂地发展。在国际风投领域，现在也几乎天天都能听到投资中国的互联网金融。我个人看来，互联网金融在中国的生长空间可能远远好于在美国的生长空间。

传统金融企业利用互联网技术，并不能算互联网金融的形态。而互联网金融公司大概有五种形态。第一种是支付公司，其代表是支付宝、财付通；第二种是利用互联网为个人和个人进行信贷撮合的P2P公司，其代表是宜信、拍拍贷等；第三种是利用互联网对各种项目或者类股权、类债券筹资的众筹公司，其代表有众筹网；第四种是直接在互联网上发放小额贷款，尤其是电子商务公司在发放的小额贷款，其代表有阿里小贷、京东网上供应链融资；第五种姑且叫作金融网销，实际上是传统金融企业的产品通过互联网渠道由专业的互联网公司面向客户进行销售和推介，耳熟能详的是融360、铜板街。

互联网金融企业迅速产生的原因，很重要的一条是基于国内强劲的、真实的市场需求。除了小微企业融资难，草根工薪阶层获得金融服务也很难。即使在支付行业也是如此，2012年春节时商务部公布过个体工商户突破四千万个，目前个体工商户获得直接电子支付服务的企业应该不超过三百万个，市场空白地带非常广阔。

另外，大众的投资理财或者说资本保值增值需求非常强烈。余额宝从推出到现在不到一年的时间，已经拥有1800万用户，可以说是非常快速。过去大众投资很重要的房地产市场和股票市场不太景气，导致大家寻求新的资产保值增值方向，因此可以看到一些互联网金融公司在投融资以及支付领域都发挥了一定的作用。

此外，第三方支付的快速兴起也为互联网金融企业的发展提供了技术条件。支付是商业银行的传统业务，但互联网支付公司在电子商务的特定交易场景里解决了原来传统支付金融机构没能解决的问题。支付宝和财付通分别是附着在淘宝和腾讯身上生长出来的，尽管它们不一样，但是所有支付产品的设计、流程的设计包括担保支付，都是根据它们的交易场景所做的特色设计，由此形成了它们的客户黏性，进而形成了庞大的客户群。目前第三方支付已经不是市场的补充了，而是支付的主流之一。

同时，互联网金融公司不仅仅利用了互联网技术，更重要的是使用了互联网企业经营的方法和精神。天猫和淘宝中的许多基金公司同样在利用互联网做销售，但收效甚微。最主要的区别还是在于是从产品出发还是从产品的感受出发进行产品设计。互联网产品设计大部分讲求的是非常简洁，不需要客户有非常多的专业知识，当我们撇开投资者保护和宣传真实性的时候，许多投资者现在使用余额宝时其实根本没有理解什么是货币市场基金，但是他把存款转到余额宝上，每天打开手机看十几次自己的余额有什么变化，投资者的行为产生了很大的改变。通过互联网做信贷的企业又有一个新的特征，跟传统金融机构的定价和风控模式相比，更多的是基于数据，比如淘宝的阿里小贷在放款时既不是根据抵押品也不是根据财务报表，更多的是根据数据库中订单的变化波动以及顾客群购买的行为等来评估一个企业的信用程度，然后再根据动态的数据管理贷后风险。因此，从目前的数据来看，电商以及其他第三方支付公司作为中介做的小额贷款坏账率反倒不高，这是一个值得思考的问题，互联网公司还可以进一步利用社交数据评估客户的风险，这更多地使用在个人方面。同样很火热的是P2P网络撮合型个人对个人的贷款，这类企业更主要的是利用互联网技术解决了传统上的信息不对称问题，或者大大缓解了信息不对称，实现了过去民间借贷、熟人借贷网络向陌生人借贷网络的发展。P2P实质上还是公众点对点信息交互，每一个小的借款和放款最终都是通过互联网上多人评估是否愿意借和是否愿意放，最后形成资金的互动。大部分互联网金融企业都有典型的平台经济特征，似乎进入门槛都较低，涌进的企业较多，但最后成功的门槛非常高。尽管理论上谁都有可能，但是事实上在互联网信息爆炸时代，最稀缺的永远是消费者的眼球。因此，互联网企业转型做互联网金融或者新进入者做互联网金融要达成最终的成功，这几个门槛都是缺一不可的。由于进入门槛低，互联网公司、科技公司甚至原来普通的民间借贷公司纷纷涌入，造成互联网金融良莠不齐、泥沙俱下，甚至存在金融诈骗的风险。

互联网金融将来必须控制风险。金融行业离开了风险控制必然危害所有参与者和整个社会。但是目前互联网金融还刚刚兴起，各种模式还未形成定势，风控、发展客户及研发产品等问题都需要从业者通过持续创新来解决。另外，必须加快实现行业自律，通过企业自控、行业自律、政府监管三道"闸门"实现行业的健康发展。事实上市场上已经有了一些自发的行业自律行为，不同行业陆续出现了自律公约，一些P2P公司也自发地选择与第三方支付公司合作，存入客户资金，解决了一些关键的风险问题。

在新的经济转型发展过程中，对实体经济的金融服务需求强烈，互联网金融行业和从业者如果能够坚持服务实体经济、服务小微企业、服务内需市场的定位，凭借互联网技术无地域、无国界的优势，我相信，互联网金融的前景必将非常广阔。

互联网金融正在迅速地发展。康总提到互联网金融有三个传统金融不能比拟的优势。第一，强调客户体验，客户至上；第二，简单易操作，不需要普及金融知识，一般人即可参与金融活动；第三，挖掘了新的信息单元，以前小微企业贷款难，没有抵押没有信息，如今互联网开辟了一个新的信息来源，用大数据、云计算甚至可以用社交信息判断客户的信用状况，解决了信息不对称问题，也冲破了很多人不愿意放小微贷款的口实。互联网金融在普惠金融领域大有可为。

李韶宁：获取互联网思维　自己变成"自媒体"

互联网对所有行业都造成了颠覆性冲击。什么是互联网思维？所谓互联网思维，就是分享、开放、互动、迭代和深化。在移动互联网大时代到来的时候，我们应该打破信息不对称，竭尽所能地把信息做到透明化，整合和利用碎片化时间，资源匹配最大化，充分利用移动互联网的机遇，打造自己专属的自媒体。

一 互联网的发展历程以及人与信息关系的变迁

（一）互联网的发展历程

互联网以用户需求为中心，伴随着通信技术的发展而发展。第一阶段是 PC 阶段，在这个阶段，PC 应该说还是信息孤岛，只是简单实现了局域网的连接，手机通信还是用第一代模拟手机。紧接着进入 web 1.0 阶段，此时 PC 只是实现拨号；移动通信发展到 2G，可以实现数据通信，出现了数字手机。接下来到 web 2.0 阶段，互联网高速发展，实现了宽带拨号上网；同时，手机移动通信发展到 2.5 G，可以实现数字手机窄带上网，这只是把互联网上的内容移到手机上，并没有实现真正的手机跟移动互联互通。最后是 web 3.0 阶段，PC 实现了光纤接入，通过宽带上网。

（二）人与信息关系的变迁

在 web 1.0 阶段，随着上网设备的增多，信息在爆发，出现了常用的应用、门户网站、搜索引擎、电子邮件，突出的是静态、被动的信息获取，强调的是速度和效率。在 web 2.0 阶段，随着大家对互联网接触得越来越多，不再满足于简单的接收信息，而是强调要创造信息、分享信息，第一个比较流行的应用是博客，展示自己的信息，发表自己的观点，第二个是电子商务以及互动社区，其中还有一个非常重要，就是即时通信。web 2.0 阶段最突出的是信息的主动展示、即时交流、商业流程的转变。在 web 3.0 阶段，典型的应用有微信、微博，以及目前正在迅速发展的云计算或者互联网应用，可以说 web 3.0 阶段强调随时、随地、随身的互动交流，强调人与万物的互联互通。

二 互联网对各个行业的冲击

在互联网的冲击下，首当其冲的便是传统媒体。首先，对于报刊行业，有着 159 年历史的《纽约时报》已取消了印刷版，国内新闻晚报从今年 1 月 1 日已经停刊。其次，如传统零售业，在淘宝"双 11"的冲击下，苏宁从传统零售商转向电商，沃尔玛也陆续会有一些关键动作。此外，来自物流行业的如阿里巴巴菜鸟网络对传统物流行业的挑战；来自教育行业的如新东方对教育的挑战，包括阿里巴巴的余额宝，还有比特币，说明互联网对所有行业都造成了颠覆性冲击。

三 正确应对互联网时代

会前我简单了解了一些金融机构包括商业机构、研究机构的网站，发现金融机构目前还是传统的 web 1.0 思维，依旧以自我为中心。相对较好的是商业机构，如商业银行、保险，这些机构进入了 web 2.0 时代，有社区、有微博。即便如此，仍然存在兼容性问题。金融机构基本还停留在 web 1.0 时代，存在许多内容上的错误。如果连 web 1.0 都没有做好，我们在移动互联网时代完全没有机会。

希望大家能够以智能手机为载体，利用好微信和微博。微信其实强调的是碎片化时间，主要是利用智能手机把大家零散的时间用起来。同时，还可以利用一些云计算方面的应用，如云计算、云笔记、云归档。另外，互联网还有一大优势便是安全性。前段时间热议的互联网安全问题中讨论到人们常碰到网络诈骗或者钓鱼网站，而移动互联网最大的好处之一是手机和人是强制绑定的，安全性方面会有质的飞跃。此外，应该利用好微博这种传播工具，向大家展示我们的研究成果、研究方向。希望在座的每一位专家都能成为移动互联网时代的大 V。

李韶宁先生进一步拓宽了我们的眼界。从全球比较来看，中国互联网有可能发展得比较快，在全世界有可能会处于领先地位。

董文标：在利率市场化问题上相信市场的力量

发言专家：特华博士后科研工作站博士后合作导师、中国民生银行董事长董文标

在利率市场化问题上，一定要相信市场的力量，要下大决心解决这个问题。

第一，不要思虑过多、瞻前顾后，要遵循市场规律，加速推进利率市场化。有时我们思虑过多反而就抓住不了机会。就像 2000 年加入 WTO 时候，许多人反对加入 WTO，认为中国的银行过于脆弱。因此不要犹豫不决，要按市场规律进行，加速推进利率市场化。利率市场化不以人的主观愿望为转移，承认与否它都是事实。利率市场化对银行的健康发展也非常有意义。

对于商业银行的利率市场化，过去商业银行效率低下的核心原因是制度。原来中国传统商业银行在没有利率市场化状态下的商业模式和商业制度，主要是以负债为主导。利率市场化以后，必须要建立以资产及运营为主导的商业模式，这一点至关重要，因为在利率没有市场化的状态下，传统的商业银行主要是以负债为主导，所有人都知道银行能获取存款，但却不清楚银行获得存款后的款项用途。银行的工作效率、金融资源配置效率都非常低下，可能会耽误事情。利率市场化以后，商业银行面临的最大挑战是必须找到很好的项目，找到好的项目才能将事情做好。民生银行在 2007 年推出的事业部制度，就是采用以运营资产为主导的商业模式，仅仅三年，整个新增贷款基本零增长和负增长，但是每年的利润都在大幅度增长，每年 50% 左右。通过商业模式的革命提高金融资产配置效率，通过提高效率做强做大，这是商业银行利率市场化最大的挑战。

对中小银行尤其对城商行要保护它的发展，给予宽限期或者保护期，让它形成自身特色、健康发展，防止利率市场化以后由于存款搬家给这些小银行带来灾难。中央银行包括监管部门要增强透明度，要有个时间表，然后按部就班地推进市场化。中国市场经济的深化已经达到这种程度，不能再犹豫不决下去，绝不能把银行搞得一半是计划、一半是市场。做好中国的利率市场化其实并不很难。

第二，整个银行业已在加速推进利率市场化，不管承认与否这都已成为事实。一般一家银行的30%左右是表外，表外就是市场。正是这些东西推动了中国金融进一步改革和发展，因此要充分肯定它的作用，推动监管当局下大决心按市场规律办事。因为没有正式放开，出现了一些"走斜门"现象，比如金融资产贩售，一年半达到6000多亿元，存款、贷款全都是市场价格。由此来看，这件事情不能再犹豫不决，要相信市场的力量，加速推进中国的银行利率市场化。

第三，利率市场化对银行的健康发展非常有意义，事实上有一部分已经利率市场化了，但是没有利率市场化的那部分导致了很多问题，如银行大而不行。中国市场经济已经深化了，在进口、出口等很多方面对国外的依赖程度非常高，中国的经济形势不仅取决于中国，还涉及世界形势。世界形势如果不好，影响出口，中国经济也会受到影响。因此必须加速推进利率市场化，将该有的东西正式出台，这无论是对中国经济的健康发展，还是对银行的健康发展，都意义重大。

董文标是一位成功的银行家，民生银行在他的管理下，许多指标名列前茅。他也是一位训练有素的金融专家，发言中提及的加入WTO的例子很鲜活。加入WTO时，许多人觉得中国的银行不能活了、中国汽车业也不能活了、中国农民也不种地了，但现在这几个行业发展得很好。可见我们对制度变化，特别是制度向市场经济转化能够取得的成效估计不足。

另外，刚刚董文标讲到转到资产和经营的配置上。很多人认为，民生银行现在跟国家开发银行一样，服务实体经济，这是正确的做法，从实体经济中找金融服务，找自己安身立命之处，率先转型。

最后讲了利率市场化有三个要点：一是供求决定利率；二是打破市场

分割；三是中央银行自己市场化。如果以非市场化手段来调控市场，那岂不是开玩笑？

王茂林：中国金融要为农民和小微企业服务

发言专家：特华博士后科研工作站博士后合作导师、中国生产力学会会长王茂林

去年我们和特华博士后科研工作站合作了两件事。

第一，为国务院做了利率市场化课题。利用一年多时间进行调查研究，召开了各种各样的座谈会。课题由我提出，但在第一阶段就遇到了问题。参与课题的许多博士后认为中国利率市场化已经完成了，没有再继续做下去的必要。对此我专门强调，这个课题是我和特华博士后科研工作站委托的，研究工作中不能受到主流观点的束缚。如今利率市场化并不算真正完成，虽然不能说中国今天的经营体制是垄断性的，但也可以说是半垄断性的，四大行占总资产的70%左右。中国作为一个拥有13亿人口的国家，有一千多万平方公里（含海洋国土面积）的国土，要达到真正的利率市场化，依旧任重道远。课题最后有这样一句话：首先在上海自贸区加速利率市场化的进度。完成全国的利率市场化需要许多铺垫工作，至少要搭建一个透明、公平、能够竞争的良好平台。利率要由市场根据供需决定，到目前为止中国并未真正完成市场利率化。

第二，从5月开始，出现了所谓"钱荒"问题。我们曾跟踪世界各国对这件事情的反响。跟踪发现，人民银行介入后情况有所好转，15日后不再跟踪，转而进行研究。最后的报告在6月底送至国务院。马凯同志、李克强同志看了之后，都做了很长的批示。我们专门对华尔街唱衰中国的几个头面人物的观点严肃地进行了批驳。他们说"钱荒"是第一波,第二波是金融危机,第三波就是经济危机,认为中国经济走向崩溃了。但事实根本不是如此。

我们跟特华博士后科研工作站合作了以上两件事。马凯同志和李克强总理也很明确地进行了批示,特别是在"钱荒"问题上,国务院办公厅同志来电特意表扬了特华博士后科研工作站,提到这些问题是现实的动态性问题,这么迅速地拿出意见,与同志们夜以继日地辛勤工作分不开,值得表扬。

中国的金融要为中国的经济发展服务,要为经济实体服务;中国的金融要市场化。这两个都没有问题,十八届三中全会已经讲得非常明确。党的十四大前江泽民同志在中央党校做报告,提出中国要建立社会主义市场经济体制。对此我组织三个人写了一篇文章,文章包括三个部分:第一,什么叫市场经济,社会主义市场经济和资本主义市场经济的相同点是什么、不同点是什么;第二,何为社会主义市场经济,市场经济到底应该解决几个什么问题;第三,提出社会主义市场经济体制对中国未来的经济将起到什么样的促进作用。从那时到现在,已经二十年了。在这二十年中,我们在很多经济问题上所采用的手段,特别是解决所谓危机和严重问题的时候,往往还是计划经济时代的手段。

关于如何发挥市场的作用,十八届三中全会在《决定》中说得很清楚。但是,推动市场经济体制改革后,并不意味着政府不作为,政府仍然可以通过各种各样的手段对市场进行监管。

在发挥市场的作用为实体经济服务的时候,需特别关注两个问题。第一,农业问题。在中央农村工作会议上习近平同志提出,"小康不小康,关键看老乡;中国要强,农业必须强;中国要美,农村必须美;中国要富,农村必须富"。五年前我曾根据我在湖南当省委书记的经验提出,农业银行从县、镇撤销网点是错误的做法。农业银行必须要为农民服务、为农村服务,仅凭信用社无法支撑起广大农村。作为一个有着13亿人口的大国,温饱排在首位,农业必须发展。习近平同志已经讲得很清楚,不论是2020年的目标、2050年的目标还是中国梦,如果不把农村的问题解决好,不把城乡差距的问题解决好,不把农民和城市居民的贫富差距问题解决好,中国就很难实现这几个目标。

农业问题又包括两方面。一是农民工问题。我用两年时间跑了20个省市,5个月前写了一篇关于中国农民工问题的报告,并提交给了习近平同志和李克强同志。两亿五千万农民工，从政治上讲，没有选举权。在北京市打工的工人户口在原籍，北京不可能给他选举权。为了投一票，请上五天假，还要花一些路费，大概没有人这么做，由此来看，实际上他们没有选举权。在经济上，农民工的待遇也比正式工差很多。如今，农民工已经成为我们国家工人阶级的主体，采矿业85%的从业者都是农民工，冶金行业70%、纺织行业65%、化工行业50%以上，两亿五千万新增农民工在城市里却得不到正当的待遇。据统计中国人均住房率已经占到了86.1%，在全世界居第一位。现在的问题是如何解决两亿五千万农民工到城市后的住房问题。我主张政府保障性住房只推出公租房和廉租房，不采用经济适用房。我们错误地把"居者有其屋"理解为每个人都必须要买一套房，其实租房也是可以的。中华人民共和国成立前的上海，90%的人租房，今天香港50%的人租房，现在内地为什么不愿意实行租房？我们完全可以实施公租房策略。租金占工资的1/5左右是合适的。我在昆山专门考察了公租房，租金也是工资的1/5，34平方米的小户型，不光政府可以盖，开发商也可以盖，开发商也有利可图，土地价格优惠一点，税费优惠一点，问题就解决了。二是农村保险问题。这个问题已经五十多年了，不能放任不管。这里举一个例子，新型农村社会养老保险每年720元，城镇1200元，在参保面上，差异特别明显。据统计，我国以离退休金作为主要生活来源的老年人占24%，而农村只占4%左右，就是因为没有职工保险。党的十八大以后习近平总书记高度关注这个问题，最近五六个月这方面进展相当大。

第二，金融如何为中、小、微企业服务。我国的企业中有90%多是中小微企业，GDP贡献量达60%，税收贡献量达50%，提供了75%以上的城镇就业岗位和82%的新产品开发。促进中小微企业发展，在新一轮经济发展中具有重要意义。我刚才跟董文标商讨，四大行中的理财产品，100万元以上的理财产品可以达到10%左右的收益，但不能总是100万元以上，可以针对老百姓将金额降低，如10万元，普通百姓负担不起。

美国次贷危机后，基辛格到中国访问，曾和我说美国人是今天花明天的钱，而中国人今天花的是历史上积累的钱。是的，所以我们必须保护老百姓存款的利益，我也多次向中央提出要保证中国老百姓存款可获得利益的建议。我曾在温州调查小微企业，发现企业拿到的利率一般都是一分五到两分，由于前八个月外贸情况不好，我预测一批企业要垮台。由此来看，必须要解决中小微企业贷款问题，让金融更好为它们服务，同时也要为农村服务。

第一个问题,金融如何为农业、农村、农民服务。第二个问题,金融怎么为中小企业、小微企业服务。王茂林同志特别强调了农民工问题,指出两亿五千万新增农民工在城市里得不到正当的待遇,这个问题必须解决,在住房、医疗、社会保险、养老金等问题上必须考虑他们的利益。此外,金融必须保证老百姓存款的利益,消除小微企业融资难现象。

谢平:关于政策性银行发展的几个问题

发言专家:特华博士后科研工作站博士后合作导师、中国投资有限责任公司副总经理谢平

第一,目前政策性业务和商业性业务分不清楚的主要原因,不仅仅在于银行,也在于目前政府与市场在这个问题上边界不清。所以,三大政策性银行有些业务混在一起。

第二,业务混在一起就会出现监管有道德风险,同时盈利问题上也有道德风险,目前来看风险较大。

第三,整体来讲,政策性银行应该受财政支持,以国家信用为主解决市场失灵。负债限度应该以财政的可承受能力作为标志,不能让政策性银行的规模扩张得太快。目前财政部已经开始对负债额度或者资产额度进行控制。

第四,监管问题,政策性银行应该归谁监管,这是银监会和财政部都很头疼的问题。政策性银行不吸收存款,而银监会的宗旨是保护存款人的利益,所以它的监管应该以财政部为主。

第五,关于政策性银行要不要资本金、要不要资本充足率,现在看来,争议颇多,银监会说要,财政部说不要。国际惯例是不要,因为政策性银行的所有负债都是国家主权信用,在这种情况下,给风险兜底的就是财政部。对于政策性银行该不该有资本充足率,涉及该不该出资。我的观点是资本充足率不是很重要。

第六,政策性银行应该保持比较高的透明度。现在政策性银行有点准财政的概念,其支出、业务、薪酬、业务范围以及预算都应该像财政一样对社会进行披露,这样社会就能够清楚政策性银行做了什么事情。

第七,关于政策性银行是公司治理还是政府审批。政策性银行的有些事情属于政府公共职能,应该保持政府审批,比如巨大的贷款。对于内部来讲,这涉及一个问题,即政策性银行是否需要董事与董事会,是否要董事会决定。现在各家的做法不一,其中有一种是混合式做法。董事会替代部委进行协调,董事会里有三个或者四个部委代表,然后加上股东代表,对一些事情通过董事会投票来决定,但是有些大的事情还是应该由政府决定。

王君:政府职能才是未来十年金融改革的重点

发言专家:特华博士后科研工作站博士后合作导师、世界银行东亚太平洋地区首席金融专家王君

过去五到十年,很多人都认为在金融改革方面是浪费的,并没有实质性的进展。虽然体量上有所增加,但是深层次的激励机制、决定人和机构行为的背后驱动机制,与五年、十年前相比并没有根本变化。

十八届三中全会以后，普遍认为重大问题决定了。但是在我看来，这里面存在着大量的被误解、被解释的空间。比如政策性银行改革，在十八届三中全会《决定》第12段短短一段话里就有关于成立政策性住房金融机构的决定。谢平刚才提到的问题已经十年了，既不是真正的政策性银行，有的也不是真正的商业性银行。国家开发银行进行了一段时间，现在要走回去，并没有人真正认真总结背后的问题。现在还要成立新的政策性的城镇化金融机构、政策性住房金融机构。问题在于这在国际上已经证明是错的了。在国际上，政策性机构十个里面有九个是失败的，中国的经验也证明了这点，而现在却又要成立新的，这里面存在着问题。

现在真正需要的是研究一下这些深层次问题到底在哪里。1999年6月的世界银行跟中国人民银行有一个重要的项目就是利率市场化，改革的顺序、原则都一清二楚。全世界关于存款保险的经验和做法也一清二楚。然而到现在，这两项改革都没有完成，还当作十八届三中全会的重要决定写在里面。

问题在于最深层次的机制。现在把金融改革的问题交给"一行三会"具体的执行部门，五年以后我们回头再来看，非常有可能会发现，并没有太大的实质性进展，因为没有一项真正的战略思考使中国的金融机构（无论国有的还是民营的）成为中国金融体系里强有力的细胞，在正确的激励下，在有效的监管下，能够做正确的事情。

因此，未来金融改革的重点不是利率，不是外汇，不是资本账户，不是所谓的世界市场，而是政府职能，是"一行三会"，加上财政部、国家发展改革委以及国家外汇管理局，不是像现在这样很多重大问题的研究、决策、实施都是分割的。金融消费者有了问题需要投诉，在现在金融资产性质已经非常趋同的情况下，在银行买一个保险产品，或者在保险公司买一个银行产品，将来要到哪儿投诉？谁负责解决？数据、标准谁来制定？

这些重大问题靠分散的各个政府部门是不可能解决的，所以，国家最高决策应该认识到这些问题，整体上有一个战略思维。

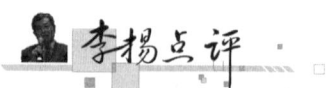

我觉得至少政府已经认识到了王君提到的问题，因此改革领导小组组长是习近平同志。但王君认为，这不是金融改革，里面没有金融的位置。他所说的问题始终存在，部门专政导致中国很多事情无法推进。

李茂生：市场的"决定性作用"和"基础性作用"

发言专家：特华博士后科研工作站研究总指导、北京特华财经研究所所长李茂生

首先，希望有专家团队研究一下，市场在资源配置中起决定性作用与市场在资源配置中起基础性作用到底有什么异同。因为二者是同一批人提出的，以前强调市场发挥基础性作用的时候也是他们，如今改为起决定性作用，多年来强调的内容几乎一样，看起来像是老话重谈，但是《决定》中却说这是重大的理论创新。所以在此，希望大家研究一下这个问题，基础性作用和决定性作用的重大差别究竟在哪儿。

其次，特华的专家团队是国内最强大的专家阵容之一，为让大家联系得更紧密，工作站已经着手做一个内部系统，利用微信把大家连起来，把碎片化时间变成系统化，这个办法作用颇大。下一步能否创建一个大微信群或者微信家园或者特华之家，通过微信把大家联系起来，这样就可以使大家通过互联网工具更紧密地联系在一起，形成更大的合力。

经过大家的共同努力，论坛举办得相当成功，我们讨论了许多前沿的事情。感谢各位嘉宾的精彩演讲！感谢各位导师和博士后们的热情参与！

第十六届特华论坛花絮

工作站博士后合作导师
高传捷 阎庆民

工作站博士后合作导师
陈栋生 晋保平

工作站博士后合作导师
马庆泉

工作站博士后合作导师
史建平 陈伟钢

参会代表合影留念

2014年1月11日 北京

2015 第十七届特华论坛

—— 新常态下中国经济发展的新机遇

会议背景与论坛主题：2015年1月17日，第十七届特华论坛在北京五洲皇冠大酒店隆重举办。会议背景是中国经济进入新常态，需求不足、产能过剩是当前中国经济运行的主要矛盾，必须认识、适应、把握、引领新常态，围绕"稳增长、调结构、惠民生"开展工作。在此背景下，论坛围绕"新常态下中国经济发展的新机遇"这一主题，就货币政策方向、放宽金融准入、降低企业债务率、释放金融抑制、财政促进效率与公平融合、现代保险服务业与社会治理新常态、参与全球经济治理等问题展开深入探讨。

主办单位与发言专家：本届论坛由中国社会科学院金融研究所和特华博士后科研工作站联合主办，由华安财产保险股份有限公司协办。中国社会科学院金融研究所所长、特华博士后科研工作站研究总指导王国刚研究员主持论坛，中国国际经济交流中心副理事长郑新立、全国人大财经委员会副主任委员吴晓灵、中国生产力学会会长王茂林、财政部财政科学研究所所长刘尚希、特华博士后科研工作站博士后李清娟等做主题发言。国务院发展研究中心信息中心原主任米建国、广发基金管理有限公司原董事长马庆泉、北京大学教授郭夏、特华博士后科研工作站研究总指导李茂生、上海融资租赁协会会长高传义等做评论发言。

参会导师与特邀嘉宾：特华博士后科研工作站博士后合作导师（按姓氏笔画排序）马庆泉、王力、王一鸣、王松奇、王茂林、王国刚、王铎、王稳、田进、史建平、刘力、刘尚希、米建国、孙祁祥、李扬、李光荣、李茂生、李京文、杨文明、肖金成、吴晓灵、何盛明、何德旭、陆文山、陈文辉、陈伟钢、陈栋生、陈胜昌、武国政、罗平、周道炯、郑新立、胡坚、胡滨、胡昭广、宣昌能、晋保平、夏杰长、高传捷、高材林、黄达、黄晓勇、黄湘平、翟立功、潘晨光、霍学文、戴根有、魏迎宁等，以及来自国内外政府部门、企业界、著名高校和科研院所的特邀专家和工作站博士后350余人应邀参加论坛。

第十七届特华论坛（2015）：新常态下中国经济发展的新机遇

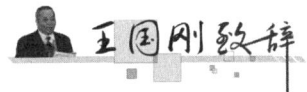

发言专家：特华博士后科研工作站研究总指导、中国社会科学院金融研究所所长王国刚

2014年12月9日至11日，中央召开了经济工作会议。此次会议非比寻常，揭开了中国经济发展新的一页。会议提出，要认识新常态、适应新常态、引领新常态。那么该如何认识、如何适应、如何引领？这是值得认真思考的问题。新常态对中国而言是一个新阶段的开始，它有着与以往不同的特点，但是也有与以往相同的传承。那么，如何开好这个局？这不仅关系着"十二五"的收官，而且关系着"十三五"的开局。这些事可以从不同角度讨论，但是共同的认识是首要的，达成共识才有利于行动。

郑新立：稳增长、调结构与金融体制改革

中央经济工作会议分析了当前的经济形势，部署了今年的经济工作，从九个方面分析了新常态的特征，特别是提出今年工作的五项任务：第一项任务，努力保持经济稳定增长；第二项任务，培育新的经济增长点；第三项任务，转变农业发展方式；第四项任务，调整经济宏观布局；第五项任务，改善民生。可以说这五项任务都是围绕着稳增长、调结构进行的。金融体制如何围绕实现稳增长、调结构任务进行改革，为稳增长、调结构做出自己不可替代的贡献？主要应当从以下三个方面来发挥作用。

一 围绕稳增长保持松紧适度的货币政策

（一）当前经济运行的主要矛盾

需求不足、产能过剩是当前中国经济运行的主要矛盾。1981—2013年中国三个重要经济参数变化曲线图显示，最终消费率从"六五"时期的67%一路下降，最低下降到48%；居民消费率从"六五"时期的53%，最低下降到34%；投资率一路攀升，从"六五"时期的30%多上升到最高47%~48%；最终消费率和投资率这两条曲线经过30年最后合在一起。这个趋势说明了一个问题，即改革开放30多年，我们走上了一条生产能力无限扩张、广大居民有支付能力的需求相对下降的道路。马克思在分析市场经济基本矛盾时告诉我们："生产能力的无限扩张和广大居民有支付能力需求之间的矛盾是资本主义的基本矛盾，这个基本矛盾必然导致周期性的生产过剩的危机。"30多年来我们一直是投资、投资再投资，居民消费比重不断下降。当前出现经济下行压力，就是由这个矛盾导致的。解决这样一个矛盾，需要我们花大量心血来研究和采取对策。

（二）金融行业的贡献

中央经济工作会议强调要采取松紧适度的货币政策，就是要适当松动银根。过去我们认为经济的货币化率已经很高了，M_2 已达129万亿元，是GDP的两倍多，不能再继续增加 M_2 的投放量了。但是，另一个指标即经济的证券化率只有不到40%，虽然最近有所上升，而美国和其他发达国家的证券化率都在100%以上。这还未加上金融衍生产品，美国已有300多万亿美元的金融衍生产品。所以，在主要依靠间接融资的金融格局下，M_2 适当高一点是正常的、合理的、必要的。在20世纪90年代亚洲金融危机最严重的时候，我曾经两次到美国向弗里德曼教授请教。根据他研究日本、韩国在经济高速增长时期货币供应的经验，一般来说 M_2 的增长速度保持在GDP增速的2倍左右较为合理，长期高于GDP增长速度的2倍就会出现通货膨胀，低于2倍就会出现通货紧缩。人均GDP 17000美元以下在经济学界都称为快速增长期，去年我们人均只有7000美元，还处在快速增长期。这个阶段下，M_2 适量增发并不会引发通货膨胀。特别是工业生产品出厂价格指数已经连续三年下降，上个月煤炭出厂价格下降10%~11%，居民消费价格指数已经下降到1.4%,这说明通货紧缩就在眼前。

银行存款准备金率在20%以上,大量银行资金冻结,无法发挥作用。为实现稳增长这样一个目标来发挥金融调控的作用,需要适当地放大需求。过去30多年的经验证明,经济偏冷时适当踩一下油门,经济偏热时适当踩一下刹车,这样就能达到熨平周期的效果。现在经济下行已经3年多了,宏观经济偏冷,此时应当实行适度宽松的政策,发挥金融杠杆的促进作用。

二 降低企业贷款利率,放宽金融准入

去年银行一年期贷款基准利率为6.25%,美国为2.25%,德国为3.0%,日本为1.0%。我国贷款利率如此高的根本原因在于缺乏竞争。所以,要落实十八届三中全会《决定》提出的允许符合条件的民间资本发起设立中小商业银行等各种金融机构的部署,通过放宽准入、强化竞争来降低企业的融资成本。

三 围绕降低企业债务率发展多层次资本市场

现在中国企业平均债务率是80%,而合理的债务率水平应当是50%,要从80%降到50%,需要让企业补充资本金约30万亿元。股票市场是一个重要渠道,但是大多数企业利用股票市场来补充资本金的可能性并不大,还是要通过发展多层次资本市场包括私募股权基金等方法,为大量的中小企业投资资本金提供方便的渠道。

金融体制改革的任务很多,今年在稳增长、调结构这样一个重大任务面前,最重要的就是做好以上三件事。

郑新立先生强调要推进中国的新常态,稳增长、调结构,在金融体制方面要进行一系列改革,货币政策调控要适当放松,要加快资本市场的发展,要改变企业的高负债状态。金融问题是一个非常复杂的问题,很多思考都在改革过程中展开。

吴晓灵：释放金融抑制，提高金融效率

发言专家：特华博士后科研工作站博士后合作导师、全国人大财经委员会副主任委员吴晓灵

新常态下，发展需要寻求经济增长新动力、提高经济增长效率，核心是促进科技创新和为创新创造良好的制度环境。

一 金融效率决定了经济运行效率

在市场经济中，金融资源配置效率决定了社会资源的配置效率，决定了科技创新转换成生产力的效率，决定了社会创新能力实现的力度。一分钱难倒英雄汉，说明金融是市场有效运行的关键所在。在计划经济条件下，有计划指标就可以得到人、财、物，但是在市场经济条件下，资金起重要作用，资金的拥有者可以购买原材料、雇用生产者，还可以购买技术，能够有效地组织社会资源。因而，只有方便、低成本地得到资金，才能够使得生产要素得到更合理的组合。

二 中国存在严重的金融抑制

互联网金融没有火爆在互联网的发祥地美国，而是火爆于经济转型中的中国，是因为中国金融存在太多的抑制，太多的金融需求没有得到满足：投资者找不到合适的渠道和标的，融资者找不到合适的手段和方法。去年一年，可以看到P2P、众筹十分火爆。尽管鱼龙混杂，但是市场上这种想寻找投资渠道和标的、想获得资金的需求是客观存在的。中国的资金太多是社会的共识，但筹资难、筹资贵也是社会的共识。造成这个矛盾的原因就是中国存在金融抑制，投资渠道不畅。金融抑制的主要原因是没有合理界定政府与市场的边界，没有合理发挥各自的作用。

三　政府应发挥以下几方面的作用

第一，提供稳定的货币环境，维护币值稳定。这就是货币政策的制定和实施。在这方面，货币政策应顺应经济发展的形势做适度微调和前瞻性指引调整，进行逆周期调整是保持币值稳定非常重要的手段，也是政府管理市场、调控市场的职责所在。

第二，维护公平竞争，提高市场效率。为了达到这样的目的，我们要制定法律和法规，规范市场行为，保护小投资人的利益不受侵犯，防范和化解系统性金融风险。政府要向金融市场提供基础设施建设，包括支付清算、产品登记、征信服务，产品登记主要指各种金融产品的登记托管。

第三，用负面清单思维促进金融市场的创新，更好发挥市场的作用。金融活动的本质是财产权的运用，应该遵循法无禁止即可为的理念。在立法的指导思想当中，对于政府来说，是法无授权不可为，法律授权之后要尽职而为。对于社会公民来说，应当是法无禁止即可为。金融是一种财产权的运用，特别是一种货币财产权的运用，财产权有拥有、占有、使用、处置和收益的权利，货币资金实际上就是占有权和使用权的分离，在这个过程中，应该给财产的使用者在法律法规约束下、在负面清单制约下运用的自主权。

制定金融法律法规要遵循的理念是限制金融活动的负外部性。对金融活动之所以要进行管理，是因为金融活动除了自身财产权的运用外，众多的金融资金聚集起来以后，被金融中介机构运用的时候有可能会产生负外部性，金融法规就是要限制负外部性。限制的手段一般来说有两种方式：一是限制参与的人数；二是限制筹资的金额。如果人数比较少，涉众面小，负外部性就少，这就是经常用来限制私募资金的方法，通过限制人数来减少负外部性。不受监管进入门槛限制的活动可以限制在小的金额之内，在金额较小的情况下，即使参与的人数比较多，负外部性也可以减少，因为每一个投资人的实际损失不会太大，这也是我们在制定法律法规时的一种考量。对于负外部性强的金融活动就要有市场准入和审慎监管，这也是各类金融中介的金融活动涉及众多人的时候要有市场准入的原因。

制定法规的时候，除了本国的经验，还应该借鉴他国成熟的经验，用法律引领、推动改革是突破体制制约的有效方法，也是依法治国的实践要求。制定法律的过程中，有时会遇到各种现有体制、机制的制约，但是很多金融活动在市场经济国家中已经有了成熟的做法，我们完全可以在法律制定过程中适度超前于形成共识的过程。并不是说中国没有这样的实践，而是在实践中由于体制的制约很难在体制内形成统一意见，我们可以借鉴国外成熟的经验和社会共识，在法律上适度超前，引领和推动改革。

四 提高金融运行效率的政策建议

我国现在金融效率不高，存在金融抑制，政府边界和市场边界划分得不够清楚。对此，我提出以下两方面建议。

第一，让监管回归维护市场秩序的本意，放弃监管部门促进行业发展的责任。创新与发展的主体是金融机构，监管当局实际上是手托两家，既要监管金融机构存在的风险和审慎经营，又要承担推动市场发展的责任。当一个机构承担着两个相对来说有一定冲突的责任的时候，就很难做到平衡。在市场经济中，创新的主体是市场。如果能够给市场提供一个公平竞争、平等竞争的环境，在法律法规的约束下，把发展和创新的责任真正落实到市场主体才有利于突破金融抑制。监管的责任就是为金融机构适度竞争创造公平的环境，维护正常的秩序。如果监管当局把职责只聚焦于这一个方面，它的责任是清晰的，对于市场自由度来说，也可以适度提高。

第二，用双峰监管体制平衡金融机构发展与投资者保护的关系。这次金融危机后，国际上一个非常重要的理念是除了宏观审慎、微观审慎之外还有第三个问题，就是投资者保护。因而，现在的金融发展是三支柱，即宏观审慎、微观审慎和投资者保护。在监管的目的上，过去我们过多关注了对机构的监管，轻视了对投资者的保护。国际上比较注意监管的双重目标，就是审慎监管和投资者保护，审慎监管的主要目的是维护金融机构的稳健合规经营，防止机构、市场退出时的负外部性效应，因而有市场准入门槛、审慎监管标准，并且监管机构要平衡机构发展与风险控制，要关注个体风险与系统性风险，着眼点是风险控制。投资者保护的目的是让投资人把风险控制在自己可以承受的范围内，防止自己的合法权益受侵犯，为了达到这样的目的，应该让产品法律关系清晰、风险责任明确、产品信息充分真实，对侵犯投资人利益的行为进行打击，为维护投资人利益提供救济渠道。在以往的金融监管中，不能够把创新的责任放到市场主体中，也与忽视对投资者的保护有关，如果我们把投资者保护工作做好，监管当局就放心地让金融机构进行自主创新,而投资者的保护,更重要的是以上所说的四个方面。

总的来说,中国要想提高经济发展的活力、创新力和效率,没有金融改革的彻底解放,没有金融融资渠道的畅通、投资和筹资渠道的畅通是难以实现的。因而,我们应该着力于这方面的改革。

吴晓灵女士强调要推进经济效率提高,认识金融改革的深化需要认识金融监管。金融监管应该把三件事做好:第一,坚决打击违法违规的市场行为,维护市场的公开、公平、公正,保护投资人;第二,做好预警机制和应急机制,防范系统性风险;第三,应该把微观的风险交给微观主体去承担,不应该都交由监管部门承担。金融市场需要有竞争,有优胜劣汰,而不是让每一家金融机构的风险都由监管部门管理起来。这些事在提高金融效率和经济效率的过程中都应该加以深思,最后也应落到实体当中,落到我们的经济效率、生产效率上。

王茂林:新常态下中国经济发展的新机遇

发言专家:特华博士后科研工作站博士后合作导师、中国生产力学会会长王茂林

一 正确全面理解新常态

新常态,在速度方面,就是发展速度由高速过渡到中高速;在效率方

面，不单纯追求 GDP、速度，而要重视质量、效益；根据中国国情，根据改革开放 30 多年来的经验、教训和问题，进行产业转型、结构调整。

有一位经济学家讲，新常态针对的是过去不正常的发展，我对此有些疑问。何谓正常和不正常？2007 年，受温家宝总理委托，中国生产力学会做了 2020 年经济发展规划，历时四年。从"十三五"开始经济增速是 7%、7.5% 左右，"十四五" 7% 以下，"十五五" 6.5%，然后就是 6%。十多年前中国经济总量相当于美国加利福尼亚州，今天发展到五六十万亿元，持续保持高速增长是一件不可能的事情。在改革开放这 30 年进行高速扩张性增长，对一个发展中国家来讲是很正常的，必然要经历这样一个过程。当然，在这个过程中，我们付出了沉重的代价，如环境问题、消耗问题，以及带来的各种各样产能过剩、重复建设、盲目投资问题，这些问题都需要在发展中加以解决。

二 新常态下发展的"三个不动摇"

2008 年全球金融危机后，基辛格曾来找我谈美国次贷危机对中国经济和金融的影响，那时我提出中国的金融是相对封闭的金融，美国次贷危机对中国的金融不可能产生严重的影响。有句玩笑话，只要共产党不倒，中国的国有银行就不会倒下一个，这与美国不一样，和其他任何国家都不一样。此外中国人拥有节俭的美德，不会出现像美国人那样，人民和政府相互欠债、贷款透支问题。美国次贷危机最后肯定会导致全球经济发展受到影响。

对于"四万亿"救市，我认为搞基础建设不至于会有太大问题，但前提是要坚持"三个不动摇"。第一，高增长、高污染、高消耗、低效益、低质量的国民经济增长模式转型绝不能动摇。第二，以人为本，解决民生问题，解决低收入群体存在的教育、医疗、养老等各种各样问题，缩小贫富差距，维持政治稳定，绝不能动摇。第三，节能减排、保护生态环境的决心绝不能动摇。绝不能为应对金融危机，就不注意这些问题。无论如何"四万亿"的扩张必须在这"三个不动摇"的前提下进行。

新常态是根据中国的国情提出来的。另外，根据世界经济发展规律，一个国家始终在高速增长是完全不可能的。当我国经济总量超过 50 万亿元、60 万亿元的时候，不可能再保 8 争 10。我们最近的课题提出中国 2050 年要达到中等发达国家水平。世界银行、国际货币基金组织其实并没有中等发达国家这个指标，对此我们选择 24 个发达国家的平均水平作为目标。目前，在经济指标方面,按照习近平总书记"十个更"标准来检验2020年达全面小康经济指标是没问题的,但社会指标特别是环境问题方面却有些困难。中央审时度势,根据中国国情提出新常态,强调不要用过激的措施刺激经济,但从现实来看,2014年基础建设投资是历年来的新高。

三 新常态下经济发展的新机遇

未来十年对我国经济发展既有挑战也有机遇,特别是国内现在面临三四个矛盾的重叠,问题诸多。传统产业改造说起来容易做起来难。以河北邯郸为例,关闭这么多钢铁厂、水泥厂、玻璃厂,如何解决职工安置问题,是邯郸政府面临的棘手问题。最近出台了工龄超过15年的职工不能解雇的规定,这个文件仅在国有企业有效,但民营企业的工人大量失业。大批民营企业破产,企业都破产了,这个文件又有何用。

现在国际国内都面临经济下行的压力,困难重重,由于乌克兰危机也造成俄罗斯、欧盟的问题十分严重,造成现在美国一枝独大。APEC会议之后,中国在政治、经济、外交方面有很多机会。如今中国发展不平衡,一部分地区还是欠发达地区,后续潜力巨大。中国要想富就要靠发展经济。按照党中央和国务院的部署,党的十八大以后采取了一系列方针和政策、一系列改革方面的措施,包括政府职能转变、简政放权、放宽市场,包括允许民营银行介入。这些工作如果真正落到实处,整个国民经济保持7%左右的增长速度还是完全有可能的,甚至可能略多于7.5%。中国已成为世界第二大经济体,再过20年经济总量将是美国、日本、欧洲的总量之和,到那时是否还能保持5%、6%的速度,是我们一直在研究的问题。

新常态的提出,是党中央根据中国国情总结了改革开放30年来的经验、教训、问题所做出的决定,要求不能单纯地追求GDP。不是不要GDP,而是不要为GDP而GDP。只要我们能够按照中央的决策要求做,保持7%左右的经济增长速度是有可能的。

王国刚点评

王书记强调要认识到新常态需要坚持"三个不动摇"。新常态经济仅靠金融的支持是不够的,对新常态的认识仅仅停留在经济领域是不够的,还需要从社会的角度进行认识,它们是一个有机的整体。金融的背后是社会的支持。除了金融外,财政也至关重要。

刘尚希:财政角度下效率与公平的有机融合

发言专家:特华博士后科研工作站博士后合作导师、财政部财政科学研究所所长刘尚希

适应新常态、把握新机遇,从中长期的角度考虑,财政的使命就是努力把效率与公平有机融合在一起。

一 机遇与风险

什么是新机遇?新机遇来自对风险的有效应对,来自能否发现风险、识别风险、防控风险、有准备地对待风险。如果做到这一点,就有机遇;做不到,就没有机遇。所以,机遇实际上来自对风险的有效应对。过去我们经常说机遇大于挑战,而机遇就寓于风险的应对之中,寓于对风险的防控之中。众所周知,社会上有各种各样的不确定性,全球经济社会的发展,人类社会文明走到今天,也面临着各种不确定性,可以说已经到了十字路口。

如何判断风险？面对各种各样的风险，要判断出最重要的风险。在中国崛起、复兴、实现中国梦的过程中，最大的风险是效率与公平的背离，是效率与公平不能有机融合。

二 效率与公平的对立统一

过去认为效率与公平二者是对立的，要强调效率就会有损公平；要扩大公平，就会有损效率。如果不从理论思维上改变这种看法，用对立的思维来看问题，那么效率与公平的背离会越来越大，很可能造成发展效率的降低、不公平的扩大。如今的现实就是在经济效率下降的同时，贫富差距也在逐渐扩大。

现在要从理论上形成一种新的认识，就是要让效率与公平统一起来。在理论上，这个问题并没有真正解决，以致我们在实际操作中左右纠结，摇摆不定。过去要加快发展，主张效率优先，现在面对贫富差距扩大，又主张公平优先。然而事实上，偏向于效率或者偏向于公平都是有问题的，必须把效率与公平有机地结合起来。效率与公平就像人的两条腿，不能说左腿兼顾右腿，也不能说右腿兼顾左腿。如果一条腿兼顾另一条腿，这意味着什么？那就是瘸子，是走不远的。对一个社会来说，这点至关重要，需要健康的两条腿，这就是效率与公平。基于这一认识，效率与公平必须在体制机制上有效地融合。

三 财政促进效率与公平的有机融合

在现实中能把效率与公平有机融合的只有财政，其他的要么偏向效率，要么偏向公平。作为国家治理的基础，财政能介入国家治理的方方面面，最重要的就是既介入效率也介入公平。

（一）效率方面

第一，促进全国统一市场的形成。财政可促进全国统一市场的形成，让市场在资源配置中发挥决定性作用。比如最近在清理全国各地五花八门的税收优惠以及非税的各种优惠。现如今各地招商引资，区域之间竞争十分激烈，采取了很多变相的税收优惠政策，更重要的是还包含了很多非税优惠政策，比如土地收入。招商引资过程中，很多都是土地收入暗补给投资者，吸引投资者来投资，造成全国统一的市场难以形成，资源的流动、配置出现了错位。形成全国公平、统一的市场,对提高效率至关重要。

第二,促进结构的调整。财政在促进效率方面要促进结构的调整。现在在结构调整方面存在一个误区,总是将一二三产业的比例当作结构合理与否的一个标准,认为"二产的比例高了,三产的比例高了,就意味着结构更加合理了"。然而结构合理不合理不取决于一二三产业比例的高低,也不取决于所谓新兴战略产业所占比重的高低。财政方面,促进结构调整,绝不是简单地促进一些产业比重的上升,不能认为比重上升了结构就优化了、合理了。

第三,培育新的动力。传统的动力已经在慢慢减弱,亟须新动力出现,财政要为经济增长培育新的动力,在创新方面有所作为。首先,促进中央各个部门科技计划的整合。我国科技经费的投资,从规模上看是很大的,在世界上也是名列前茅,但中国科技经费分散在四十多个部门,每个部门都在耗资,都要促进创新。所以要在体制机制上进行调整,形成科技计划的整合。其次,促进人力资本的培育。除了体制机制以外,更重要的是人力资本,所以人力资本的培育尤为重要。人力资本来自消费的转换,过去认为消费就是消耗,消耗了物质财富,但消费其实是一种转换。根据能量守恒,消费转化成了另一种资本,那就是人力资本。但是消费有两种,一种是私人消费,另一种是公共消费,私人消费根据资金拥有的多少来度量。如果让私人消费自然发展,人力资本的积累速度是缓慢的,而且不均衡。公共消费和私人消费结合起来,可以促进人力资本加快积累,并且可以形成更加均衡的人力资本。从这点来看,财政可以发挥很大的作用。这也是当前财政方面强调执行的一个重点。

第四,促进资源环境风险的防控。在资源环境风险的防控方面,比如解决雾霾问题,就可以发挥税收的作用。像调整成品油税额,其目的就是调节生产行为、消费行为,减少消耗,减少排放,减少污染,控制环境风险。

从以上几方面来看财政都可以发挥积极的作用,在效率方面,财政的功能、作用十分强大。

(二)公平方面

财政在促进公平方面更要发挥作用。主要体现在三种公平:结构公平、规则公平、机会公平。

第一,财政可在结构公平方面发挥作用,如利用所得税来促进结构公平。但这方面的作用不能过于夸大,税收的调节作用在我们国家现行条件下是有限的。比如个人所得税占所有税额的比例很小,仅有6%,调节作用要有效发挥出来实际上是相当困难的。当然,比例虽小,作用却不可忽视。

第二,从规则公平来看,财政的一个重要作用就是能够促进同城待遇、同工同酬。如今不说城镇化过程中市民和农民工同城待遇没有实现,就是北京不同的中央机关工资上也有相当大的差距,在地方省会城市之间也有差距,同城待遇实际上没有真正地实现同工同酬。在同一个岗位上工作,却因为体制和体制外造成了不平等。

第三,机会公平的实质首先是能力的公平。从基本公共服务的均等化、教育、医疗卫生、社会保障这些方面促进能力的公平,进而促进机会公平,这一点是至关重要的。在财政支出上,并不是简单地为老百姓提供福利,而是要让老百姓的能力更加均等,在起跑线上就能做到公平,同时在参与经济竞争的过程中,在参与经济循环的过程中,做到更加公平。在三种公平中机会公平是最为重要的,财政在这方面能发挥更加重要的作用。

综上所述,财政的使命就是努力把效率和公平融合起来,防范我们国家最大的风险,即可持续发展的风险。有效地防控这个风险,其他风险的防控自然就有了前提条件。

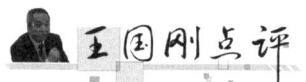

刘尚希所长告诉我们财政是防范风险的重要基础,财政是有效协调经济社会发展、协调效率公平的重要基础,财政是进行新的创新、寻找新的发展动力的重要基础。毫无疑问,研究金融、讨论金融离不开财政。

从经济社会而言,防范风险始终是一个绕不开的话题,而且永远都将延续下去。防范风险不仅靠银行、证券,也不仅靠财政,还需要一个很重要的机制——保险。

李清娟：推进"一带一路"倡议　参与全球经济治理

发言专家：特华博士后科研工作站博士后李清娟

一　"一带一路"倡议的背景介绍

"一带一路"倡议最早是由商务部权衡我国在世界经济版图中的地位和作用基础上提出的贸易投资战略，2014年11月正式写入十八届三中全会《决定》，上升为国家战略，相关国家和区域成为国家领导人外交出访的重要区域，建立了开发性的金融机构，同周边国家和区域在基础设施互联互通建设方面推进丝绸之路经济带和海上丝绸之路的建设，形成全方位的经济格局。

"一带一路"覆盖的地理位置：丝绸之路经济带横跨亚欧大陆，海上丝绸之路连通南海、马六甲海峡和非洲，以中国为中心，通过海上和陆上形成闭环结构。

从历史上来讲，丝绸之路在中国由1.0版发展到5.0版，从西汉、东汉、隋唐、宋元一直到现在，"一带一路"特别是"一路"是我们国家历史形成的贸易走向。

"一带一路"国家所占经济总量大，覆盖人口达44亿人，占全世界的63%，经济规模达21万亿美元，占全世界的30%，经济规模较小，但欠发达国家比较多，沿线国家和地区26个，货物和服务贸易出口占全世界的23.9%，欧亚铁路网有8.1万公里。

从周边国家的人均收入来看，"一带一路"国家与中国的水平较为相近，但是增速略低于中国，有较大的合作空间。具体是与陆上丝绸之路合作的空间可能更大。因为陆上丝绸之路国家人均GDP约5000美元，低于中国的7000美元；而海上丝绸之路国家人均GDP比较高，1.4万亿美元左右。从贸易规模来讲，"一带一路"国家占中国出口的比重是24%，占进口的比重是26%，预计到2023年会提高到1/3，成为中国主要的贸易和投资伙伴。

二 "一带一路"的战略意义及主要障碍

从战略背景和意义来讲，中国在新常态下或者下一轮参与全球竞争和发展过程中提出的高度开放的全球性外交合作战略，是由适应WTO规则向参与设计全球经济治理结构的转变，由依靠引进外资向对外贸易投资能力提升的转变。

国际上主要争取区域贸易主导权，为中国积极参与21世纪全球治理和区域治理、顶层设计提供平台。2013年提出在上海探索自贸区，但最早是由王茂林会长带领着特华博士后科研工作站的课题组进行调研后，才提出了上海自贸区发展课题研究报告。商务部在与美国谈判的过程中，为对抗TPP和TPIP，提出了发展自贸区的设想，提出在上海探索自贸区以后，最早从贸易投资规则的角度开始，由中央提供贸易投资体制机制平台，政府管理经济能力和管理手段的变化，包括负面清单以及政府权力清单全面推进从中央政府开始的经济治理方式的变化。中国在加入WTO的十多年中进入了全球经济的循环，而随着进一步的发展，WTO规则逐渐被边缘化。美国在制定TPP和TPIP过程中想重新夺回话语权，削弱中国在世界经济中的影响力，此时中国提出"一带一路"倡议也是从自身发展的角度参与全球话语权。APEC期间，中国力推亚太自贸区和"一带一路"，通过进一步加强与周边友好国家的贸易合作，不仅可以减缓对中国的不利影响，还能有机会在制定新规则的过程中发挥主导作用。

而国内方面，中国在内部发展还没有完全理顺的情况下被推向了世界经济的前沿阵地并成为第二大经济体，这导致之前承接国际转移和市场全球化发展时出现的问题未能解决，比如产能过剩、经济转型困难。这些都可以通过"一带一路"倡议得到解决，"一带一路"在国内经济关联的基础上进一步向外延伸，在更大范围上与国外经济关联起来，通过区域合作和优势互补助力中国寻求更大的发展空间。无论是早期的经济特区，还是去年成立的自贸区，都以区域为发展的突破口，包括和东盟建立的自贸区，都是点状和块状的发展格局，"一带一路"就是把它们串起来，形成一个网络，从横向来看贯穿中国东部、中部和西部，纵向来看连贯主要的沿海港口城市，并且不断向中亚和东盟延伸，这将改变中国区域发展版图，同时更多强调省份之间的互联互通，优化经济空间布局，推动产业转型发展，谋求内外的重新平衡。丝绸之路经济带大概有4600公里在中国，集中在中国的中西部地区，由此来看，重振丝绸之路对于促进中西部的崛起、重新平衡中国的地区发展也是有帮助的，可起到较大的引领和创新作用。

"一带一路"在发展过程中也面临许多需要正确对待和加以克服的障碍，主要表现为几个方面：情感障碍、沟通障碍、道路障碍、制度障碍、人为障碍和国内障碍。情感障碍方面，比如赞美中国崛起和"一带一路"的书籍在中国比较少，而质疑和威胁的声音较多。沟通障碍方面，沿线百教交错，面临诸多的宗教矛盾和问题。此外还有语言方面的差异，导致了沿线上出现了许多沟通障碍。道路障碍方面，众所周知，从地理角度来讲，"一带一路"沿线国家不乏戈壁沙漠与雪山峻岭，这无疑会导致道路障碍。制度障碍方面，最容易造成冲突的就是环境壁垒和社会责任壁垒，被抵制甚至驱赶的主要原因是污染和人权问题。人为障碍方面，境外恐怖分子对油气管线和交通干线的破坏不容小觑。

三 如何推进"一带一路"倡议发展

2013年9月，习近平主席在哈萨克斯坦提出构建丝绸之路经济带并得到了大家的认可。推进战略发展首先要加强顶层设计，形成机制化的政策安排。要有科学的统一全局的规划，重视国别及和区域间经贸合作机制建设和平台建设，设计符合当地国情的投资模式和贸易模式，通过机制化安排推进工作。

第二，加快推进基础设施互联互通，实现人员往来便利化。主要是基础设施竞争力指数偏低、连而不通、通而不畅的区域加强基础设施建设，实现人员往来便利化。

第三，建立高水平的贸易投资机制，大力提升投资贸易自由化水平。这也是根本所在，过去中国是以商品输出为主，未来一段时间，中国要通过资本输出，带动整个对外商业、贸易和投资，加强政治互信与合作，做到价值观和文化的输出，形成全方位的中国崛起。另外，从1月至11月的统计数字来看，中国对外投资首次超过吸引的外资。

第四，进一步加强货币流通，加速人民币国际化进程。目前，在金融支持方面，如丝路基金、亚洲基础设施投资银行、金砖国家新开发银行、上合组织开发银行，资本输出能力和资本管理能力越来越成熟，全球化背后反映的是对资本的控制能力和管理能力，如今我国已开启与全球资本的对接。

第五，建立文化交流长效机制，加强人文交流与合作。通过联合办学、互派留学生，联合举办大型文化活动，将历史上的丝绸之路建立起来的民间文化提升至更广义的国与国、民与民之间文化、教育、医疗、卫生、宗教等方面的交流与合作，为现代丝绸之路建设创造良好的社会氛围。

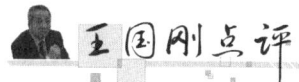

中国的新常态，不只是中国境内经济、社会的新常态，如今我们已经走向了国际，向国际拓展。"一带一路"工程浩大，也许需要十年、二十年乃至更长时间，但是我们迈出了新常态的步伐。

李成勋：新常态下核心任务是稳增长

发言专家：特华博士后科研工作站博士后合作导师、中国社会科学院经济研究所研究员李成勋

一　1996—2050年中国经济发展的三个阶段

1995年我在中国社会科学院申请了一个课题，叫作"1996—2050年中国经济社会发展战略"，副标题是"走向现代化的构想"，有39位专家参

加，涉及院内外 15 个单位，最后课题报告规模为 70 万字。该报告获得了"第十一届中国图书奖"。在研究报告里，我们提出 1996—2050 年这 55 年间中国经济发展将会出现三个阶段。

第一个阶段，1996—2010 年，这是高速增长阶段，年均增长 8.5%。原来预计是 9%，根据毛主席讲的"留有余地"，报告发表时，我改为 8.5%。这个数字接近 1996—2010 年经济发展的实际状况。

第二个阶段，2011—2030 年，我们预计这 20 年中国经济增长的速度要降低到 6.5%。在此，我们不是用数学模型算出来的，而是利用较多的分析论证得来的。这个数字接近我们现在对经济增长速度的预期（7%）。

第三个阶段，2030—2050 年，即第一个一百年最后的 20 年，我们预计中国经济增长的速度是 4.5%。第一个阶段是高速增长，第二个阶段是次高速增长，第三个阶段是较快增长。

二　新常态下稳增长的重要性

我认为现在的新常态到了 2030 年之后还会有个新新常态——新的新常态。需要注意的是，这是正常的，叫作常态，就意味着正常，不是一时由于宏观调控不利或者遇到某种不利因素如出现了国际金融危机，而是一种常态，合乎经济发展规律。

在新常态下，最主要、最核心的任务是稳增长。正是因为增长的速度跌落了，下行的压力加大，两位数的增长已不再可能，此时 7% 左右成为一种正常的状态。新常态下最主要的是稳增长，因为没有一定程度的增长，就不能保证就业；没有较高的增长，就不能保证科技的创新和发展，科技的创新和发展需要大量的投入；没有一定程度的增长，也不能保证民生，就业实际上是民生的首要任务；与此同时，中国发展到今天，没有一定程度的增长，就不能保证拥有强大的国防、军事力量。由此来看，稳增长至关重要。

三　如何实现稳增长

实现稳增长主要从两个方面努力：一方面，创造新的产业、新的业态、新的发展模式、新的发展载体，包括空间结构。要做到这一系列新，关键是要有创新的思维和创新的能力。安徽滁州有一个生态农业和生态旅游项目，那里有丰富的旅游资源，山清水秀，但是，要发展生态旅游、生态产业,如何才能做到新颖、独具一格,吸引更多的人参与就成为核心问题。假如没有新,就没有一切。所以,关键在于创新,创新是发展的一种新形态。创新需要资金,过去资金备受约束,如今已经不像20世纪80年代那样了;后来出现的资源约束,如今仍然存在,但是可代替的资源也在不断被发现;接着是人才的约束,过去这个问题相当尖锐,甚至于吸引洋厂长、洋经理过来,然而现在国内博士生找工作都很困难。如今最缺少的就是智慧。不仅是一般的以人为本,更是以人的智慧、人的能力为本,智慧是我们创新、稳增长最重要的因素。

另一方面,改变消费观念,中国人的消费观念不改变,就无法拉动需求。所以,要大力宣传,以各种方式刺激、改变人们的观念。观念的改变并不简单。20世纪50年代,我们出口粮食到苏联,苏联除了机器设备之外,花布过剩,便提供给我们大量的花布,那时候宣传要穿花衣服,很多年轻人都穿花衣服,在外地是这样,在北京也是这样,改变了需求观念。所以现在我们鼓励需求,让人们愿意花钱、能花钱,这是十分重要的。

新常态下最主要的是稳增长,稳增长最主要的是拉动需求,拉动需求包括两方面,一方面是要有新产业、新业态等,另一方面是改变人们的消费观念。这点做到了,新常态下的新机遇、新发展、新格局就能实现。

米建国:正确全面理解新常态

发言专家:特华博士后科研工作站博士后合作导师、国务院发展研究中心信息中心原主任米建国

新常态是现在使用频率非常高的一个词,政界、经济界、学界都在讨论。党中央提出的新常态应如何理解,对我们今后的工作具有重要的指导

意义。

如果仅仅把新常态理解为经济增速下降,跟经济下行联系在一起,而且作为前提,我认为可能是有偏差的。经济新常态的重要性在于经济发展方式转变,可理解为价格回归价值、市场真正配置资源下以人为本的经济发展。

如果通过改革做到这些,结构调整会快而有效,经济活力会充分释放,经济效率会大大提升,公平程度会有所提高,经济增长速度有可能重新步入上升通道,有可能超过7.7%。经济增长速度下降作为新常态主要特征的论断可能值得商榷。

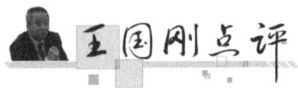

我们都在谈论经济下行。所谓下行,指的是经济增长速度下行。第三次经济普查显示第二、第三产业在2013年多了2万多亿元、3.4个百分点,这究竟意味着什么,值得我们大家认真思考。

李茂生:60年来的"急紧死"问题

发言专家:特华博士后科研工作站研究总指导、北京特华财经研究所所长李茂生

新中国成立60年来有几种常态,大体上可分为三类。

第一类常态,是以大跃进时期为核心的常态。财贸所老所长28岁就担任国家计委副主任,他对此有很深的体会,那时候的常态是"急紧死"。那个年代虽然经济取得了很大发展,但是也带来了很多问题。

第二类常态，是以习近平同志为总书记之前的改革开放时的常态。"急紧死"这三个问题中仅解决了死的问题，机制变得更加灵活。但是，其余问题基本上都没有解决。当然，急还是需要的，落后就要挨打，不急国家或许就会四分五裂，成为二等国家。紧的方面，也有所松动。但是，从根本上讲这些问题并没有完全解决，包括推行联产承包责任制上也表现出急的特点，没有给广大农民以自主选择权，如果当时没有如此冒进而是稳妥一点，可能就没有后来这么多的后遗症。

第三类常态便是现在的"新常态"。新常态下，紧的问题、死的问题基本上解决得差不多了，但是，急的问题仍需担心。经济发展当中很多要求，是否有些过急？这里只讲一个问题，如何看待污染？如何看待 PM2.5 居高不下？按照国外的标准，美国到 2020 年要使 PM2.5 在 20 以下，但如果我们追求这样的要求，可能就会出现大问题。拿海南来说，昨天 PM2.5 是 60，虽然是中国空气质量最好的，但仍比美国差 3 倍，然而我仍觉得在海南居住很舒服。由此看来，在这方面的要求不能过急，对于现在污染的形成，过去并没有这方面的知识，20 世纪 90 年代写的《市场经济学》里提出了广义效益的概念，到现在并没有被学界更多的人所接受。举例来说，我在山西曾实习一年、工作八年，山西后来发展小企业、炼焦，树和庄稼均被污染致死。当时国有炼焦厂有 20 多种副产品，乡镇企业把这 20 多种副产品全部排放，造成了污染，违反了广泛效益。这无疑是不合理的，但我们要发展，要脱贫，要解决温饱。现在已经造成了当下的情况，因此，在治理污染上不能要求过急，只能是新建企业必须采用先进技术，APEC 蓝将会成为新的常态，而关闭周围的众多工厂，需要一步一步稳中前进，需要一个过程。

高传义：新常态下的融资租赁发展

发言专家：上海融资租赁协会会长高传义

融资租赁是一个小行业，在全国仅有 3 万亿元的规模。从 2014 年这一行业的发展来看，它非常值得各位经济专家重点关注。在经济下行期，其他行业都在走下坡路，但是融资租赁在 2014 年实现了增长：总的规模实现了 60% 左右的增长，租赁公司数量实现了 100% 的增长。下面简要介绍融资租赁行业的魅力、特点以及其在经济下行中快速发展的原因。

一 融资租赁行业的现存问题

30 年的快速发展使融资租赁在国民经济中所发挥的作用日益突出，但是一些老问题仍然存在，主要体现在五个方面：第一，社会认知度还不太够；第二，人才十分缺乏；第三，低成本的资金来源、外部融资非常困难，2000 多家租赁公司里，有 3/4 的企业靠的是自己的资本金以及股东借款进行业务；第四，信用体系缺失，导致风控能力以及资产管理能力不足；第五，行业发展的不平衡，监管方面的不统一，以及整个行业生态环境的不公平依然存在。

二 新常态下融资租赁行业发展

从 2014 年来讲，这一年来，新环境、新经济以及这个环境带来的新常态可从五个方面简单总结。

第一，行业的价值得到了决策层领导的充分重视。在这一年里，习近平总书记以及李克强总理几次在多种场合对于融资租赁在促进经济转型过程中的作用做出重要指示。这些重要指示对于提升整个社会的认知度以及在这个过程中解决行业监管的不平衡起到了重要作用。

第二，租赁国际化时代已经开始到来。在"一带一路"以及经济服务"走出去"的大战略下，融资租赁是伴随中国制造业"走出去"和助力国际经济大循环的服务手段，国际化的机会和要求越来越多，参与国际化的要求和逐渐"走出去"实际上已经开始形成新的常态。

第三，资金的来源不断有新的突破，各类金融工具和融资租赁不断融合，融资租赁的理论不断得到创新。

第四，社会的投资特别是国有企业的投资不断进入，使这个行业成为资本着陆的主要市场，各种各样大型银行、农商行、央企、上市公司等纷纷入资到这个行业，使这个行业成为发展最快的资本市场。

第五，融资租赁渗透的行业越来越广泛。传统的融资租赁只是在医疗、教育、航空航运、工业装备等行业发展，但是，这一年多来逐渐拓展到旅游、文化、娱乐、新能源以及农业等行业，据统计，超过28个行业已经有了融资租赁的渗透。

三 未来的发展趋势

在新常态下，融资租赁未来的发展趋势也可以用五点来说明。

第一，中国的租赁快速地走向了国际化。我们资本的输出、服务的输出、制造业的输出都使这一趋势越来越明显，而且美国、我国台湾等租赁业发展的历史也证明了这一点。

第二，逐渐回归到真实的租赁，随着社会认知度的提高，各类所谓类信贷业务以及通道类业务正在逐渐失去市场。

第三，租赁与普惠金融的结合。伴随着互联网经济、互联网金融的快速发展，租赁与这些行业的快速结合将使各种各样的业态层出不穷，不管在应用层面、资金层面，还是在投资层面，租赁都形成了优质、稳定、低风险的资产，为投资人找到了很好的投资产品。当然，要达到这个目标，必须要使得各种个性化的租赁资产充分标准化和大众化，这是一个极其艰巨的过程。

第四，结构化金融与租赁产品在更大、更广、更深层次上的融合。这将是一个重要趋势，发达国家租赁业的发展也给我们提供了有益的借鉴。德国有一只基金，用于解决航运业的融资问题，同时，也给中产阶级提供了很好的投资渠道。

第五,也是最具想象空间的一件事,在全球互联网快速发展的大趋势下,中国的租赁业作为全球最大的快速发展的市场,很有可能以弯道超车的方式率先通过互联网、物联网、大数据等技术手段实现租赁的物流、资金流、信息流真正的"三流"合一,从而率先实现行业的终极风险控制,实现无缝隙的风险和资源管理,形成全球最先进的投资市场、资金市场、资本市场与租赁市场终极的整合。

马庆泉:新常态的四个重要特征

发言专家:特华博士后科研工作站博士后合作导师、广发基金管理有限公司原董事长马庆泉

经济新常态,增速是重要的,但看待新常态的出发点仅仅局限于增速高低是远远不够的。我理解的新常态包括这样几个要素及特征。第一,新的经济结构的形成以及经济转型的完成。第二,创新成为我们国家经济增长持续的推动力。第三,全面创新、繁荣创新局面的形成。第四,经济增速适度增长,慢慢过渡到比较平稳的阶段。在这方面,要格外重视金融的作用,释放金融抑制,创新金融体制,让企业能够真正在创新路上得到资金的支持。

郭夏：新常态、新指标、新思想

发言专家：北京大学教授
郭夏

认识新常态关键是要理解"新在何处"。对于新常态下的新机遇，我们要看到在 GDP 增长下滑过程中，有很多新的指标会使我们国家的经济进入健康发展的轨道。

第一，海外投资。中国经济现在已经从以招商引资为主转向以海外投资为主，"一带一路"的提出标志着中国今后会把更大的经济体量放在国外，在国外开发，分享全球化红利。

第二，创新驱动。在这方面，前面提到 SBI（产权科技企业孵化器）可能成为重要指标。拿金融来讲，金融的含金量以及金融研究在整个金融体量中的比重大小，决定着今后金融发展的关键。不论钱多还是钱少，加强金融研究，让钱聪明起来，这个意义更为重大。整个经济结构也是如此，需要通过加强研究，使经济变得聪明起来。跟人一样，首先是身高的增长，长到一定程度以后不能再长了，就要长脑子、长关系、长本领。今后新常态便处于长知识、长头脑的阶段。

第三，新常态需要关注今后的创新创业。过去的旧观念是投资拉动增长、拉动就业，今后随着自动化、机械化、智能化的发展，工业的发展对劳动力的吸收越来越少，要通过服务业、通过创业解决就业问题，改善民生，提高健康水平。

新常态下中国新机遇的最关键问题是解决思想观念创新问题。实际上经济发展最关键的问题就是思想问题。跟改革开放之后中国面临的思想解放大讨论一样，如果我们的经济学界、财经界不用新的经济理论、新的经济观念来理解新常态的话，那么中央提出来的创新驱动战略也好、新常态也好，又会回到传统经济理念上。我希望特华博士后科研工作站能够在推动财经理念创新上，在推动新的经济思想、经济理论、经济观念的发展上做出更大贡献。

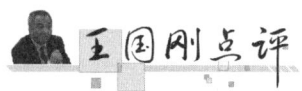
王国刚点评

我们迈进了 2015 年，走进了新常态，面对新挑战，我们能否把握住新机遇？明年我们会再来讨论它，看看这一年走得怎么样。最后希望大家都努力，争取交一份满意的答卷！

第十七届特华论坛花絮

工作站博士后合作导师
黄达

工作站博士后合作导师
王茂林 田进

工作站博士后合作导师
李茂生 刘尚希 李光荣

工作站博士后合作导师
夏杰长 冯占军

参会代表合影留念

2015年1月17日 北京

2016 第十八届特华论坛

—— 新起点、新机遇、新目标

会议背景与论坛主题： 2016年1月16日，第十八届特华论坛在北京五洲皇冠国际酒店隆重召开。会议背景是全球经济低迷状态长期持续，中国经济发展面临逆全球化、人口结构变化、劳动生产率下降、杠杆率过高等一系列挑战。"十三五"规划为中国经济发展提出了新的蓝图。在此背景下，论坛围绕"新起点、新机遇、新目标——全面推进国家'十三五'发展规划实施"这一主题，就当前国内外经济形势、"十三五"期间京津冀一体化发展、引入信托制度活跃土地市场、中国区域发展战略新思路、互助保险发展、居民财富管理等问题展开深入探讨。

主办单位与发言专家： 本届论坛由中国社会科学院金融研究所和特华博士后科研工作站主办，由华安财产保险股份有限公司协办。国家金融与发展实验室理事长、特华博士后科研工作站研究总指导李扬研究员主持论坛。天津市人民政府副市长阎庆民、光大实业集团原总经理高传捷、国家发展改革委国土开发与地区经济研究所所长肖金成、特华博士后科研工作站博士后张领伟、特华博士后科研工作站博士后李青云等做主题发言。

参会导师与特邀嘉宾： 特华博士后科研工作站博士后合作导师（按姓氏笔画排序）王力、王铎、王稳、王一鸣、王丽影、王国刚、米建国、李扬、李成勋、李光荣、李茂生、杨文明、杨再平、肖金成、何盛明、何德旭、陈伟钢、武国政、罗忠敏、周道许、郑新立、孟松林、胡坚、胡滨、施安平、晋保平、夏杰长、高传捷、黄湘平、曹德云、阎庆民、潘晨光、戴根有等，以及来自国内外政府部门、企业界、著名高校和科研院所的特邀专家和工作站博士后400余人应邀参加论坛。

第十八届特华论坛（2016）：新起点、新机遇、新目标

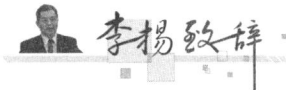

发言专家：特华博士后科研工作站研究总指导、中国社会科学院原副院长李扬

本次特华论坛是自21世纪之初以来举办的第十八次会议。特华论坛主要围绕特华博士后科研工作站而展开，中国社会科学院金融研究所、华安财产保险股份有限公司以及中国社会科学院经济学部作为联系单位和支持单位。时至今日，中国约有3000家博士后站，而特华博士后站毫无疑问最为突出，温家宝总理和李克强总理亲自为特华颁发奖牌，作为唯一一家蝉联三次优秀博士后站的机构，可见其在人文社科和民营领域的卓越地位。

一 当前全球经济趋势

客观地分析可以发现，2015年是中国近几十年最复杂的一年，全球经济形势、中国经济形势发生了阶段性的趋势性大变化。

从全球经济形势的趋势性变化考虑，2007年开始的全球金融危机的长期化趋势已经定型。此次金融危机百年不遇，短期内难以回转，至今八年有余仍没有明显改善，预测全球经济低迷的状态大概会持续十年。

二 全球经济长期低迷的原因

全球经济处于长期低迷状态，且并未发生好转的重要原因主要包括以下几点。

第一，杠杆率过高。全球金融危机因杠杆率过高而触发，首先发生在

次贷领域,"去杠杆"变成走出金融危机的一个必要条件。但截至2015年底,全世界债务达两百万亿美元,其中包括近八年新增58万亿美元,次贷风险过于严峻。中央经济工作会议和十八届五中全会明确提出在中国要"去杠杆",标志着"去杠杆"的重要性和持久性。

第二,劳动生产率下降问题。如今全世界都面临着劳动生产率下降的危机。十八届五中全会、中央经济工作会议都强调将提高劳动生产率作为一个核心目标。劳动生产率的提高要靠科技进步与创新,但是,科技发展仍处于酝酿过程中,从国内和国际的角度观察,当前科技创新并未出现颠覆性成果,而产业创新需要依托科技创新来实现。

第三,利率过低。现在全世界的利率处于第二次世界大战后的最低水平。更有甚者称之为五千年最低。欧洲连续三年呈现负利率,在人类历史上前所未有。中央银行确定这样一个架构目的在于让更多资金投入企业,尽最大可能支持实体。关于货币利率,欧洲中央银行就是负利率,货币利率长期低迷的一个基础性原因是基本收益率低。实际利率是由储蓄和投资的均衡状态决定的收益率水平,全球利率水平偏低,难以上调,根本原因在于投资收益率太低。根据马克思主义的基本原理,利率常常是剩余价值的一部分,当能够创造的剩余价值很少甚至创造不出的时候,又如何来支付货币利率。如果以上判断成立,可以断言,美联储的加息步调不会太快,程度也不会很深。并且可以断言,中国的利率依旧且必须会继续下行。

第四,全球经济形势不乐观,近几年出现了逆全球化趋势。众所周知,从20世纪70年代开始,全球经济增长中一个非常重要的、持续不断的因素就是全球化。全球化会重组产业链,在分工重组的基础上,基于比较利益,使全球产出提高。然而,这样一个使世界各国都曾经获益的良性过程,正朝反方向发展,其中最明显的一个标志就是全球贸易增长率连续三年低于全球的GDP增长率。全球化的环境下,贸易增长率一定高于全球的GDP增长率,反之,全球合作就会变得多余。全球贸易增长率连续低于全球的GDP增长率这一现象标志着逆全球化的过程正在发生。2015年"两会"期间,李克强总理指出,"我们是全球经济的发展者,我们是经济全球化的促进者",在逆全球化的时候,中国应站出来说:"我们是经济全球化的促进者。"

当下经济形势下有一些情况并未发生改变,甚至仍在恶化,全球经济恢复无望,美国预测,2016年的形势或许会略好于2015年,但可以肯定的是2017年又会走下坡路。美国尚且如此,无疑,欧洲、日本、广大的新兴经济体和发展中国家都仍在调整中。

三 中国经济形势

中国作为全球经济体系中一个不可或缺且作用越来越大的国家，毫无疑问会受到全球经济影响，当前和今后很长一段时间，国外因素不能为我们有效地提供很好的环境。另外，考虑到中国自身因素，虽然近40年中国经济保持高速增长，但一系列变化使得结构向另一个方向变化，使得经济增长速度不可挽回地在下降。

第一，市场化。市场化始终是经济增长强大的制度变化动力。市场化起初非常有效，引进市场意味着引进生机，中国通过在农村引进市场告别了鸡肋之国。但时至今日，市场化显然不再具有以往的动力，它的方向、程度、深度都不可再与过去比拟。由此可见，市场化因素在中国未来的发展中作用已经逐渐弱化。

第二，人口结构变化。中国能创造今天的经济奇迹归结于以下两个因素，一是年轻的人口，二是不断产生的就业机会。但现如今人口结构变化了，劳动人口参与率在下降，大概在70%以下，最高的时候在高于72%，最低时是改革开放初期30%多，如今总人口中可参与就业的比重在下降，之后是总人口下降。如今人口红利已经过去。去年，党中央、国务院下决心改变人口政策，开放二孩政策，就是为了消除这一负面因素，从而使我们在2016年后还能有一个好的人口结构支撑中国经济增长。

第三，工业化。中国经济增长的第三个结构因素是工业化。改革开放初期中国是一个农业国家，30余年来传统工业化任务在中国已基本完成，进而进入新型工业化阶段。前年在美国计量经济史学把计量手段用在史学领域，公布的最爆炸成果是人类五千多年历史中只发生了一件重要的事情，即工业化。工业化前，人类的整个经济运行符合马尔萨斯定律，没有工业化，劳动生产率不可能提高，在人口、食品之间周而复始、王朝更迭，始终走不出去。只有在工业化产生之后，人类有了剩余，人们可以用资本从事生产，从根本上改变了马尔萨斯定律发挥作用的条件。今天中国遇到的任何问题，都是新问题。曾经的中国工业化功不可没，但现今作用已不如以往。

第四，国际化、全球化。中国一直坚持用改革和开放这两面旗帜，关于改革和开放孰轻孰重并不重要，但可以肯定，开放是我们的不二法则，没有开放就没有现今的中国，中国加入WTO之后就进入了一个辉煌的新时期。中国的迅速发展，使美国感受到威胁，去年一个很重要的事情就是美国带头通过了TPP，奥巴马总统提到TPP时非常明确地说："我们开展TPP，就是为了不让中国这样的国家来主导国际经济秩序的制定。"中国在过去的全球化中获益，以后也将在全球化中获益，但是，未来的全球化是什么形态？中美都参与讨论，但美国阻碍中国探讨进而阻碍中国主导，实际上近年来中国的主导作用越来越明显，其中亚洲基础设施投资银行更是大获全胜，"一带一路"、丝路基金等，都是中国引领全球格局变化的表现。过去的模式是加入一个现成的体系，然后从中获益，现如今要创造一个新体系，这个过程无疑很艰难。因此，国际化、全球化这个因素在短期内很难对我们产生非常大的促进作用。

国际、国内因素加到一起，合乎逻辑的结论就是，中国经济增长速度还处在下行的通道上。可能需要三年甚至更长的时间才会平稳，目前下行的动能依旧比较强。需要特别要强调的是，中国经济增长速度虽然下行，质量却在全面提高，效益在稳步提高，环境在较快改善，中国经济的可持续性在加强。综合速度、质量、效益、环境、可持续性等因素，中国经济正处在很健康的转变过程中。

中国的经济增长速度依旧会继续下行，"下"会给我们带来很多挑战，比如中央经济工作会议五大任务——"去产能、去杠杆、去库存、降成本、补短板"。可以看出除了补短板会再增加东西，其他措施几乎都指向收缩。当前很多研究表明，无论是去库存，还是去产能，都会使得不良资产大规模增加，所以，中国要想平滑过渡，必须要思考如何处置这些不良资产。回顾历史，20世纪末、21世纪初集中处置由于亚洲金融危机造成的，以及中国经济运行长期积累的不良资产，耗资大约5万亿元。而如今处置这些不良资产肯定耗资更多，我们仍然面临很大的挑战。

中央经济工作会议和十八届五中全会里关于中国未来金融体系的发展有一段新话：商业性金融、政策性金融、开发性金融、合作性金融四种金融并举，相互协调。过去都是强调商业化、市场化，现在是四种金融并举，在很多领域纯商业性金融是不能解决问题的。过去都采用市场原教旨主义的指导思想，下一步要探讨四种金融的发展以及它们的合作问题。未来一二十年里，遇到的问题都不是商业性金融单独能解决和独立支持的，探讨四种金融，是十分关键的重大事情。

阎庆民:"十三五"期间京津冀一体化发展

发言专家:特华博士后科研工作站博士后合作导师、天津市人民政府副市长阎庆民

"新起点、新机遇、新目标"是主标题,"全面推进'十三五'发展规划实施"是副标题。京津冀一体化,在新常态下,作为国家战略,结合"十三五"规划,可总结出以下观点。

一 京津冀协同发展的主要背景

回顾历史,西汉时期设置了冀州、幽州,到了元代,北京已有八百年历史,后来到了明朝,天津叫天津卫,有六百年历史。从河北的角度考虑,有一直比较重要的保定,即北京南大门。到清朝康熙时期,将河北省省会放在保定。2015年7月,中央做出决策,将北京市行政副中心放在通州。改革开放以后,北京毫无疑问是首都、政治中心、文化中心、国际合作中心、科技创新中心,这是排他的。但是,在周边的天津和河北出现了不同发展,三地之间产业结构的衔接不够,再加上首都有一些公共补贴,对公共服务产品给予补贴,要确保首都的稳定、安全、人才、技术以及优质资源。虹吸效应比较明显,这样河北和天津会慢慢萎缩。

二 为何疏解？怎样疏解？

（一）为何疏解

2014年底北京人口为2152万人，交通拥堵，人口居全国首位，房价持续高涨，城六区每平方米4万元，资源环境承载受限。2015年11月、12月北京的PM2.5严重超标，展示出亟待解决的大城市病。党的十八大以后，以习近平同志为核心的党中央提出了"两个一百年"奋斗目标，重申要结合京津冀区域的实际发展，有序疏解北京非首都功能，推动京津冀重大发展战略。2014年2月26日，总书记在北京做了讲话，首都大城市病超过了很多城市，比如伦敦、东京、柏林、首尔，综合大的安全观，2015年总书记在中央全面深化改革领导小组的一个大安全观会议上强调了未来如何承接首都非核心功能，从高度上，提出要尽快疏解首都非核心功能。五年前有一个纪录片叫《垃圾围城》，今天的四环外、五环外，无论是洋房还是别墅，实际上地下都是陈旧的甚至有化学反应的生产垃圾，应考虑以后城市的危机应如何管理应对。为什么疏解？从公共安全危机管理上要考虑。纪录片里有一句话："羊羔在垃圾堆里啃食着烂菜叶和塑料袋，在岸边喝着发臭的污水，拾荒者在垃圾里拣出废品。"这种生活如果再持续下去，后果不堪设想。

（二）疏解的核心内容

《京津冀协同发展规划纲要》里强调疏解四类首都非核心功能，第一，一般性的产业或者禁止性产业、高消耗产业今后必定要离开北京。第二，疏解区域性物流基地、区域性专业市场。第三，疏解教育、医疗、培训机构。第四，疏解部分行政性、事业性企业总部。东方人尤其是中国人，都有独特的故土情怀；西方人则不同，为了下一代的发展，可能从西部到东部，也可能从南部到北部，不同气候，不同生活习气，可能有利于小孩的发展。疏解首都非核心功能非常重要的有两条：公共教育和公共卫生资源，这些都是未来实现《京津冀协同发展规划纲要》必不可少的。伦敦可分为内伦敦、外伦敦，34个区中，内伦敦12个区，外伦敦22个区；在华盛顿特区，有时到国际货币基金组织开会，无法在里面居住，都会住在弗吉尼亚州或者马里兰州；韩国首尔和世宗市，也有很多在首尔居住在世宗市上班的居民。疏解是一个长期过程，短期内很难完成。我们只有通过借鉴西方的经验,同时重视城市管理发展、城市变迁和中国文化来达到疏解目的。与西方不同,中国有个特殊的户籍制度,现在国家也提出了均等化问题、农民市民化问题,这些问题也是需要重点考虑的环节。

三 京津冀协同发展的政策建议

(一) 顶层设计,行政推动

2015年中央下发了文件,制定了顶层设计,为此开了第六次领导小组会议,审议了《"十三五"时期京津冀国民经济和社会发展规划》和土地利用、城乡、生态环境保护等专项规划,提出靠行政推动,强调顶层设计、行政推动,才能把政府引导和市场机制相结合,成为具有行政功能和公共服务功能的单位。

(二) 营造环境,配套政策

关于河北和天津,都要有良好的营商环境和社会环境。在国内的区域规划中,可以借鉴北美自由贸易区,它在第一次世界大战以后就达成共识,完全互联互通。

(三) 审时度势,变革体制

行政区划的调整,其成本是非常高的。在市场配置资源发挥决定性作用时,应该着重利用市场的力量,但是,如果疏解不了,也不排除采用行政的办法。回顾历史,河北的发展南北并不均衡,曾经有规划提出将唐山、秦皇岛、承德、廊坊、宝坻、张家口划分区域。

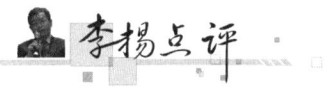

阎市长将京津冀一体化讲解得十分清楚,用学者的眼光、国际的眼光,追溯历史,联系在一起。

高传捷：引入信托制度　活跃农村土地市场

发言专家：特华博士后科研工作站博士后合作导师、光大实业集团原总经理高传捷

引入信托制度、活跃农村土地市场、促进"三农"事业发展这样一个提法，反映了特华博士后学术研究团体对农民和中国农村社会进步的担当和责任感，这也是特华博士后科研工作站成为全国唯一一家三次蝉联全国优秀博士后站的原因之一。关于"引入信托制度，活跃农村土地市场，促进'三农'事业发展"，主要内容是回答三个问题：是什么，为什么，怎么办。

一　四个基本观点

第一，"三农"问题如今十分严重，"十三五"期间要解决"三农"问题，需站在制度创新的新起点，把制度创新放在更重要的位置上。第二，"三农"问题拖延如此之久，核心根源之一是中国的土地制度。第三，解决土地制度，市场化是一个基本方向。第四，在完善土地制度、推进市场化的进程中，信托制度可以作为一个良好的制度选项。

二　是什么

三权分置即所有权、承包权和经营权分置。三权分置在理论上有分歧，在法学界也有分歧，但是，上了中央文件，就应该以这个作为依据来研究今后怎么办才完全可行。

（一）中国农村土地制度

在古代中国，土地制度有三个要点：第一，原住民拥有土地；第二，土地平均分配；第三，土地收益是发家致富的源泉，是社会保障的基本来源。历史表明，如果某一个时期在这三个要点中出现了偏差，轻则社会矛盾激化，重则动乱、政权颠覆。近百年来，我国土地制度经历了六次变迁，现在的土地制度是1983年的家庭联产承包责任制，形式上和传统的土地制度有区别，但实质上差不多。这项制度取得的成绩当然非常大，但是，随着时间的推移也出现了很多问题，农业、农村金融、国有土地利用都有些问题；从产业经济的角度看，基本积累低效、生产单位实力薄弱，总体的产业劳动生产率低下，从而带来产业进步迟缓，一二三产业难以协同，城乡发展差距越拉越大。问题产生的原因之一就是土地资源细碎、分散的资源配置方式，而改变资源配置方式，市场化应该作为基本方向。

（二）土地市场

农村在家庭联产承包经营下出现的土地市场，层次差异很大，有原始的、偶然性的、熟人社会之间的交易，是不成熟的市场；也有层次比较高的，有一定信息化程度，主办人是政府，服务人、买方、卖方众多，中介交易比较活跃的市场。总之，其基本特征是卖方是土地经营权所有人和承包人，交易的商品是土地的经营权，买方是农村集体经济组织、农民和其他经济主体。交易的是土地的经营权和在经营权转让期间土地产出收益的分配权。

（三）信托制度

就是财产的权利归属问题，把财产作为信托财产交付给受托人，让受托人为了受益人的利益来管理财产。信托制度是2001年《信托法》出台以后快速发展起来的，这十几年来，中国营业信托快速发展，仅仅信托公司一类机构就是15万亿元的市场，从零到15万亿元，这是十几年来中国金融体系发生的最巨大的变化，如果把所有类信托资产加起来则是60万亿元。近年来，信托开始进入农村土地制度、农村土地市场活动中，得到了许多成功的案例。大体上土地信托的基本概念是农村土地所有者、承包经营者将其土地经营权委托给受托人，以受托人自己的名义为了受益人的利益而管理和经营财产。土地信托在国外有非常成熟的实践，信托制度最早就是源于土地信托，有三四百年历史。土地信托运行的产权基础是私有制，土地信托的目的集中在土地资源的保护、土地的传承和土地开发利用，可以参考英国、美国、日本比较成熟的案例。

这两年，中国土地信托出现了很多案例，概括分析起来有两类土地信托。第一，政府主导的服务性土地信托；第二，市场主导的，比如信托公司主导的经营性土地信托。服务性土地信托的机制是：受托人不以营利为目的、低成本、高效率地集中土地，承担起土地管理、粮食安全管理、维护农民权益的义务。委托人是农村集体组织和农民，出于受托人的公信力把土地交给他。受托人拿到土地以后找新型经营主体，如大户、农场、工商资本等。政府做这件事情提高了土地利用率，改善了"三农"问题。四个当事参与主体都有实现自身愿望的动机，促进了事情的发展，机制基本健全。经营性土地信托的机制是商业利益主导，受托人能获利，委托人出于受托人和当地政府支持、商业信誉把土地交给他。

三 为什么

为什么要在农村土地制度和农村土地市场中引入信托？其必要性体现在农村土地制度和农村土地市场在信托进入以后所产生的变化，增加了当事人、专业的财产管理人或者财产管理的服务人，引入了多功能的财产权益工具——土地信托收益权。同时，受托人（受托集中管理土地的人）出现在农村土地制度和农村土地市场中，就多了一条国家宏观政策在农村、农民中传导的渠道。同时也加速了土地流转，提高了农业产业整体效率，改善了农村的发展，促进了农村公平正义，能促进农民社会保障的长期化。引入信托收益权，作为双重利益权设置，会把农村因为土地一时得到的高收益固定下来，成为终身的社会保障，成为可以继承、保障、交易的社会保障。而且，收益权多样化以后，可使农民摆脱少得可怜的那点财产的实物化、特定地方化、保值增值手段简单化的束缚，实现土地收益长期化、稳定化、金融化，可以分享经济发展、城镇化带来的长期收益，有利于实现城市市民跟乡村农民共同发展。

四 怎么办

具体实施的重点有两个：第一，政府的思想要转变。政府主导的服务性土地信托最典型的案例是三个,分别为湖南宜阳、福建沙县、浙江绍兴。这三个地方的政府对土地信托服务农民给予了高度重视,采取了很多措施。例如,沙县小吃遍布全国,当地人员外迁,而对于他们的土地,政府用服务性土地信托方式集中起来。沙县土地信托已经集中了全县70%的土地,效果很典型,这其中领导的重视很重要。第二,无论是服务性土地信托,还是经营性土地信托,都证明了一条:推行起来其实并不困难。推行步骤可分为近期、中期、远期。近期要以服务性土地信托为主、经营性土地信托为辅,主要解决农村的种植业,也少量发展多种经营和城镇化服务。中期要按照市场化原则培育经营性土地信托,增加各类土地信托的信托目的、信托财产、信托收益权,除了粮棉油以外,还要发展多种经营,进行城镇化建设开发。现如今是农村家庭土地承包经营权进入信托财产,以后还可以有其他土地,比如集体建设用地、集体共用地、农民自己的宅基地、沙地、坡地、林地、山地、草地,由受托人提供服务管理。土地收益权多样化,收益权通过土地流通市场能发挥出更大的效益。从长期来讲,现行土地制度环境下,形成农村土地分别由经营权归属人自主经营和专业主体集中经营的基本格局,农民家庭自主经营、自己种地和由专业的管理人管理土地两种格局并存,可能专业的管理人占主导,这是农村产业经济发展的一条可行之路。

土地的问题,毫无疑问是中国所有问题的根本。如今土地和人口都出了问题,下一步还需要改革。高度的城市化,使很多农村有许多根本没有产出的土地,政府想解决这个问题。最开始认为土地流转就可以了,但任何权利都不能轻易变动,改革起来障碍非常大。虽然困难重重,但特华博士后科研工作站以后会继续做下去。

肖金成："十三五"期间中国区域发展新战略

发言专家：特华博士后科研工作站博士后合作导师、国家发展改革委国土开发与地区经济研究所所长肖金成

以下主要阐述"十三五"期间中国区域发展新战略。谈到新战略，同样要想一下老战略，比如新型城镇化，对应要想到老型城镇化是什么，所以介绍新战略之前应简要了解一下老战略。老战略是改革开放以来实施的区域发展战略，1979年，实施了东部率先战略；2000年，实施了西部大开发战略；2003年，实施了东北振兴战略；2005年，实施了中部崛起战略。在国家文件上表述为中国区域发展总体战略，这叫四大板块。

下面是关于沟通东中西协调南北方的战略研究。

一 轴带引领战略

沟通东中西、协调南北方，就需要通过轴带引领来统筹和协调，关于"四纵四横"经济轴带，四纵即沿海经济带、京广京哈经济带、包昆经济带、沿边经济带，四横即珠江西江经济带、长江经济带、陇海兰新经济带、渤蒙新经济带。有人说轴带不就是在地图上画线，有什么意义呢？中国国土面积很大，960万平方公里的每一寸土地都发达起来是不太可能的，我们要做到要素集聚，在交通干线上集聚产业，产业会带来就业岗位，继而带来人口的集中，产业加上人口就是城市，轴带上就能发展起来。而且由于轴带上有交通干线，会使要素沿着轴带流动，突破了过去一块一块的发展模式。李克强总理曾经提出过要谋划中国区域发展新棋局，过去讲全国一盘棋,后来分为四大板块。

《中共中央关于制定国民经济和社会发展第十三个五年规划的建议》这样讲到:以区域发展总体战略为基础。四大板块,在文件上称为区域发展总体战略,老战略不能抛弃,在老战略的基础上发展新战略。以"一带一路"建设、京津冀协同发展、长江经济带建设为引领,形成沿海沿江沿线经济带为主的纵向横向经济轴带。

长江经济带,是区域发展三大战略之一,提出"四纵四横"后,长江经济带上升为国家战略,范围是九省二市,34个省级行政区中,长江经济带占11个,约1/3,土地面积达205万平方公里,土地和人口占全国的40%,发展合作对全国具有重要的意义。

二 群区耦合战略

群即城市群,区即经济区。过去谈到城市群与经济区时,群和区是分立的,如今"十三五"规划要把它们耦合起来,用城市群来辐射带动经济区。城市群里城市密集,城市规模较大,城市数量较多,经济较为发达。但是,城市群不能自顾自地发展,城市群并不是孤立的,而是要辐射带动更大的地方。另外,城市群的内部结构要合理,现在有许多城市群,但内部竞争很激烈,没有形成整体的竞争力,城市体系不太合理,产业结构不太合理,城市结构也不太合理。比如京津冀,是个城市群,但是,北京、天津范围很大,而且仍在继续扩大,与此同时,河北的城市相对较小,这样并不合理,需要通过规划控制、政策引导或者国家的推动使城市体系更加合理、产业结构更加合理,变北京、天津、河北单个的竞争力为整体的竞争力。城市群竞争力提高以后,能辐射更大范围,比如覆盖环渤海经济区。

原来说中国有十个城市群,后来认识到城市群的优势,每个省都要建立,目前城市群已经有二三十个,但是,城市群是有条件和标准的,有些省不这样考虑,认为自己的省一定要有一个,甚至有的省不只有一个,有的达到五六个。要由城市群辐射带动经济区,关键是要建立区域合作机制,没有区域合作机制,各省市只是自顾自发展,缺少区域之间的合作。如今发达地区要素高度聚集,欠发达地区很难发展,造成区域差距越来越大。"十三五"的五大理念中的一大理念是协调,现在提出区域协调发展,以城市群为核心,构建跨省市的经济区,经济区要有内在的联系,并由城市群来带动经济区,比如京津冀城市群,现在京津冀城市群存在很多问题,这些问题解决之后,京津冀会形成世界级的城市群,用高铁把城市联系起来,实现一体化和同城化，比如北京到唐山、北京到秦皇岛、北京到张家口、北京到承德都是一小时到，将来可以自由地选择住在哪里。现在已经进入到规划，而且马上会成为现实。

《中共中央关于制定国民经济和社会发展第十三个五年规划的建议》提出：要发挥城市群的辐射带动作用，优化发展京津冀、长三角、珠三角三大城市群，形成东北地区、中原地区、长江中游、成渝地区、关中平原等城市群。推进重点地区一体化发展，培育壮大若干重点经济区。

三　开放合作战略

改革开放这一国策，自 1979 年推出至今已接近 40 年。过去的开放是"引进来"，重在打开国门，招商引资，吸引世界的跨国公司、国际资本到中国来。现在的开放除了"引进来"外，主要强调"走出去"，如今商品已外销到世界各地，除此之外企业也需要"走出去"投资，相比来看"走出去"比"引进来"要困难许多，境外投资是有风险的，国内投资都会面临风险，何况到外国投资，无疑会面临更大的风险，所以，有许多企业"走出去"后，血本无归，由此可看，"走出去"比较困难。

政府和军队无法"走出去"，所以，一定需要企业"走出去"，企业"走出去"又困难重重，此时就需要政府保驾护航，通过合作，跟若干国家建立双边的、多边的合作协议，促进企业"走出去"，帮助企业"走出去"，这就是开放合作战略。合作要由近及远，与全世界所有国家都合作，虽然理论上看可以实施，但实际上是非常困难的。

第一，"一带一路"倡议是国际合作框架，是为了和别的国家合作而推出的战略，某种程度上是国际区域合作。第二，推进全方位开放。第三，国际区域合作与国际次区域合作。党的十八大将次区域的概念写进报告，表明国际区域合作和国际次区域合作是不同的。比如中国和东盟十国的合作，中国和中亚各国的合作，中国和俄罗斯、蒙古、日本、韩国、朝鲜的合作均可称为国际区域合作。但是，国际区域合作一定要由外交部出面，而东三省（吉林、辽宁、黑龙江）跟远东地区的合作，跟海参崴的合作；新疆跟中亚国家的合作；云南、广西和广东和东南亚国家的合作，不能叫国际区域合作，这样的合作称为国际次区域合作。今后的合作要做到全方位，包括华北，像北京、天津、河北、山东可以和黄海次区域合作。

"一带一路"的含义。第一，合作之路，"一带一路"是合作之路，目的就是合作。第二，贸易之路，要推进贸易便利化。第三，发展之路，我们要共同发展,通过本国企业帮助别国的企业发展,这就叫共同发展。第四,共同繁荣,繁荣之路。第五,和平之路,"一带一路"并不是要到别的国家实行殖民主义,而是一条和平之路。2015年,在印度尼西亚召开的华人媒体大会上,我讲到了"一带一路",我们始终高举和平旗帜,不搞新殖民主义,中国足够13亿人居住,而我们要做的就是合作,要共同发展,中国是第二大经济体,已超越周边国家,此时中国就是要将经验与大家共享,使中国改革开放的经验与全世界共享,与发展中国家共享,中国拥有如此多的外汇储备,亚洲基础设施投资银行的成功,就是在"一带一路"背景下完成的。

前面的交流,以国家文件中的内容为根据。基本思路是以和平发展为目标,坚持团结互信、平等互利、合作共赢的核心价值理念,以周边国家为重点,以政策沟通、道路联通、货币流通、民心相通为主要内容,创新对外合作模式,全方位推进与沿线国家的合作,建设区域共同体、利益共同体和命运共同体。

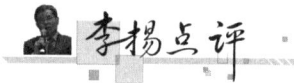

对于区域发展这个领域,现在仍没有具体的政策,全国发展错综复杂,没有重点、没有政策。因为没有重点,不想给政策,区域发展也进入了新阶段。肖金成先生的观点,让我们了解到了当局的想法、背后智囊的想法,以及某些关键词的含义。

张领伟："十三五"期间互助保险发展

发言专家：特华博士后科研工作站博士后张领伟

互助保险发展问题跟我们的生活息息相关，深受媒体关注。相互保险对于保险业而言是新事物，甚至对公司组织形式而言也是新事物，超越了传统公司法的范围，但是，它代表了保险业发展的必然趋势，也代表了各行各业管理风险共同的内在需求。

一 相互保险的起源

人类产生的时候，没有汽车，没有高楼大厦，没有银行，没有美元，没有现在的许多东西，但是，有一样东西不能缺少，就是互助共济的精神。从前有人打猎得到一个非常大的猎物，若只供他自己享用，而不和别人分享，后果可想而知；如果将猎物共同分享，把有限的物质资源在时间和空间上合理配置，让每个主体不致断顿，就都能够生存下去，这就是互助共济，是人类生存和发展的基本理念和做法。互助共济，简单来说，就是相互保险，是指具有相同风险保障需求的投保人，在平等自愿、民主管理的基础上，以互助为目的，为自己办理保险的保险活动。

二 相互保险的发展阶段

相互保险经历了几个发展阶段。经过鸦片战争，现代保险业作为舶来品，以股份制、公司制的形式产生了，以家族为相互保险的载体被分解了，代之以城市里各个行业性的风险互助。20世纪，随着工业化发展，相互保险得到了大幅发展。20世纪末，相互保险达到顶峰，1997年在全球前十大保险公司中有6个是相互保险，全球前50个保险公司中有21个是相互保险。在发达国家相互保险的份额达到40%，在日本更是达到了3/4。但是，鼎盛的同时也出现了非相互保险化浪潮，有些变成公司制，因为相互保险难以在股市上得到大的融资。全球金融危机以后，相互保险又得到了大的发展。2007年到2014年，相互保险的保费增速远远高于整个市场的水平，2014年，全国相互保费收入1.3万亿元，占整个市场的27%，覆盖人群近10亿人，总资产达到8万亿美元。

对于相互保险，我国一直给予大力支持，2014年"新国十条"鼓励发展相互保险，后来国务院颁布的《国务院关于大力推进大众创业 万众创新 若干政策措施的意见》也要求发展相互保险业务，监管政策为相互保险发展打开了空间，提出了明确的办法。

三 相互保险的优势

就相互保险的组织形式而言，其中非常大的优势在于相互保险没有股本，每个投保人既是股东，即公司的拥有者，同时也是公司保单的持有人，达到了拥有者和持有人的融合统一。这降低了整个公司的代理成本、营销成本，大大减少了公司的道德风险，保证了相互保险的健康发展。

可以用以下四点简要概括：

第一，普惠。相互保险覆盖了很多传统保险不可能或者不愿意保的领域，比如农险、健康险、寿险中传统保险难以覆盖的领域。

第二，弥补了传统的组织形式，中央文件有四种组织形式，相互保险最接近合作形式。

第三，促进转型，相互保险的费率可以进行很好的调整。如果费率低了，明年可以加保费；如果保费高了，明年会员可以享受到会费返还。

第四，促形象改善。相互保险更好地体现了"人人为我、我为人人"的保险理念，有利于改善保险的形象。

相互保险具有经营成本和客户优势，2015年整个保险业的保费收入是2.4万亿元，同比增长20%，净利润增长70%，在当前经济形势下，保险业一枝独秀。在此基础上，根据国际经验和现在推动的速度，相互保险未来的发展空间非常值得想象和期待。相互保险不但可以给投资人带来利息收入，还可以给投资者带来品牌效益，同时还可以共享客户。

四 互助保险未来的发展

未来相互保险有四个发展趋势。第一,差异化导向,相互保险更多在传统保险难以涉及的方面发展;第二,坚持相互本质;第三,改革创新,发展特色,小而精;第四,循序渐进。

相互保险与股份制保险公司有一定的竞争关系,但更多的是协同发展,在这个过程中,股份制公司应该主动作为,提供技术上、管理上、客户资源上的合作,同时注重自身发展,达人达己。特华博士后科研工作站前期发起了知行人寿互助保险总社,对博士后的发展、对密切老师和同学们之间的关系十分有利。

李扬点评

保险的本质是相互,在中国却并未贯彻这一本质。对于保险是不是金融,其实也是有争论的。这次金融危机以来,凡是坚持保险相互本质的基本都没问题;但凡是太突出保险投资功能的,就出了问题。今天为明天、大家为少数人、健康人为不健康人、父母为子女,保险完全是人文的东西,将它变成赚钱的手段,就错了。所以,相互保险应当成为我们今后的发展方向。

李青云:"十三五"期间我国居民财富管理

发言专家:特华博士后科研工作站博士后李青云

一 以宏观的角度观察人口的结构效应

居民的财富管理问题,看上去可能是微观的,但是可以偏宏观的角度观察它。中国人口数量第一次下行是在20世纪50年代后半期,这次下行的主要原因是三年困难时期,但当时总体上鼓励生育,所以,在三年困难时期结束之后,又高速增长。第二次下行是在70年代后半期,很多人不理解为什么这个时候没有搞计划生育,却出现了下行。如果我们从生命周期的角度看,其实很简单,70年代后期这次下行,恰恰是50年代后期下行的重复,因为父母的数量在递减。紧接着是对当前经济和社会产生巨大影响的一次下行,即1990年以后的那次下行。1990年,我国出生人口为2600多万人,接近2700万人,但是,到1999年,出生水平锐降到1150万人左右,仅仅九年时间少生了55%以上人口。1990年之后出现如此高速的下行,理由很简单,首先,70年代父母数量的减少;其次,1990年之后我国的计划生育政策推行力度大幅加强。

1990年之后的这次下行对现在具有重大影响。从数据上观测,我国高考报名人数每年都在增加,但从2009年开始,高考报名人数连续下降。我国的结婚人数每年都在增长,2014年却突然下降,很简单,1990年出生的人大概在2014年前后完成结婚这件大事,房地产刚需可能到此是一个重要的拐点。

二 居民财富管理问题的两个切入点

(一) 普通家庭的养老金

第一个切入点,是养老金支付是否平衡。现在领养老金的大概是50年代的群体,在交养老金的是60年代、70年代、80年代的群体,尤其是80年代的群体。即使在三个群体在交、一个群体在领的前提下,有些省份仍出现了当期养老金支付入不敷出。国家层面会有很多办法和措施,但从微观层面要注意什么?应该先把当前中国中老年人手里的资产管好、用好,一方面为国家减负,另一方面自己手里有粮心里不慌。

(二) 民营企业家较大的家庭和社会财富问题

第二个切入点,是一批民营企业家较大的家庭和社会财富问题。从家庭到家族，是两个概念，现在我们的财富拥有水平大体达标，唯一没有达标的就是家庭结构的深化。但是，家庭结构的深化在未来五年即将面临嬗变。民营经济真正放开是在70年代末80年代初，当年的青壮年民营企业家现在就要退休了。所以，从结构上推断，未来五年是一个非常重要的转折点。

从2007年到现在，最近几年反复讨论当前经济状况怎么看、趋势如何、投资怎么做，到底处于何种经济周期的何种阶段。历史上有一段相似的时期，即第二次世界大战后欧洲的30年高增长以及立即的减速。有两个相近之处。第一，内容相近，第二次世界大战后欧洲的30年跟改革开放30年做的事情有一点相似，就是系统性的集中建设。第二，方法相近，第二次世界大战后欧洲采用的是国有企业为主导的国有体制，撒切尔夫人后来为了改革英国的情况，采用了私有化，反过来印证了当时国有体制的程度。所以，两者之间可能具有一定的可比性，不妨把这个特殊现象命名为大建设或者重建周期，其中有两个关键点。第一，有形产品集中供应；第二，美国、加拿大等国从未经历过，是一个特殊的经济现象。

如果这个比较可以用，我们接着推会怎么样？是不是会见顶？欧洲大建设见顶，有两个关键指标，即1973年钢产量和发电量指标。我更倾向于大建设见顶，房屋、道路修好以后，很长时间内不需要更换，所以，会造成供应自然过剩。一旦大建设周期见顶，一定会出现新旧需求转换问题，转换期可长可短，现在有一个观点是供给侧改革，从旧供给转为新供给，从有形产品到服务，对重资产的依赖程度下降，股权融资比例会适度增加。

刚刚讲的是偏宏观方面的考虑。但是，对于微观企业转型有两种情况。一种是企业选择了自主转型，依赖于新的管理人是否优秀，相当于二次创业。原来的产业形态要做系统性调整，以前可能是制造某种物品，现在可能改成拍电影。另一种是许多传统行业中的非主流企业，选择虚拟化，被收购，出售资产，变成金融资产。接下来的问题就是，如何对虚拟化的企业资产进行有效管理。这里提供两个选项：彻底进入金融资产领域或者以股权投资"曲线"转型。

第一，养老金缺口是一个不争的事实，不同研究机构有不同估量。我们的估算是到2029年会出现赤字，所以必须考虑如何用财政的手段来解决

这一问题。

第二，党中央对这个事情有所安排，十八届五中全会和中央经济工作会议关于国有资产有很多说法，到必要的时候，出售国有资产来填社保缺口可能是一个选项。我国未来的风险是很大的，真正遇到缺口时，能用到的只有战略性资产，所以我们应当更加重视跨期配置。中国金融迄今为止行为非常短期化，我们要做的就是将其长期化，更加注重跨期配置问题，特别是保险行业，要注重迭代配置，一代25年。在金融武器库里很少有能够跨代配置的手段，在这个意义上，保险发展的潜力是无穷的。股权融资如果没有一个跳跃性发展的话，全部是债务、高杠杆，结果无疑是很严重的。目前，我们面临着非常复杂的、极具挑战的局面。

今天是饕餮大宴，讲了许多大问题——农村问题、区域发展问题、土地问题、保险问题、互助问题，应当说覆盖了2016年以及今后一段时间的大问题。同时，针对这些大问题，演讲者们给出了一些解决方案，即使不是最优的解决方案，也肯定是有建设性的解决方案。我们的论坛之所以有生命力，正是在于研究问题都是前沿的，我们保持了这一优良传统。

第十八届特华论坛花絮

工作站博士后合作导师
黄达 周道炯 王洛林
王力 李茂生 李光荣 李扬 霍学文 黄湘平

工作站博士后合作导师
蔡鄂生 黄荣 戴根有

工作站博士后合作导师
罗忠敏 何盛明

工作站博士后合作导师
潘晨光 武国政

参会代表合影留念

2016年1月16日 北京

2017 第十九届特华论坛

—— 寻找中国经济发展新动能

会议背景与论坛主题： 2017年1月8日，第十九届特华论坛在北京北辰洲际酒店隆重召开。会议背景是创新已成为推动发展的原动力。激发劳动、资本、技术进步和组织体系等要素的能动性，才能从供给侧提供经济发展新动能。在此背景下，论坛围绕"寻找中国经济发展新动能"这一主题，就监管创新与金融稳定、知识产权保护新机制、创业投资的新玩法、创新创业的英国案例、企业创新、营造创新法律制度环境等议题展开深入探讨。

主办单位与发言专家： 本届论坛由中国社会科学院金融研究所和特华博士后科研工作站联合主办，由华安财产保险股份有限公司协办。国家金融与发展实验室理事长、特华博士后科研工作站研究总指导李扬研究员主持论坛。十二届全国人大财政经济委员会副主任委员吴晓灵、中国证监会主席助理宣昌能、国务院发展研究中心信息中心原主任米建国、深圳国中创业投资管理有限公司首席合伙人施安平、英国雷丁大学亨利商学院副院长唐银山、依文企业集团董事长夏华、特华博士后科研工作站站长李光荣先后做主题发言。十届全国人大法律委员会副主任委员王茂林、中国社会科学院经济研究所研究员李成勋和北京特华财经研究所所长李茂生做评论发言。

参会导师与特邀嘉宾： 特华博士后科研工作站博士后合作导师（按姓氏笔画排序）马庆泉、王力、王稳、王一鸣、王丽影、王松奇、王茂林、王国刚、朱新蓉、刘力、米建国、李扬、李光荣、李志生、李志伟、李茂生、杨文明、肖金成、吴晓灵、何盛明、何德旭、邹东涛、张进隆、陆文山、陈伟钢、陈胜昌、武国政、罗平、周毅、周延礼、胡坚、胡滨、施安平、宣昌能、贺瑛、晋保平、夏华、夏杰长、高传捷、唐银山、黄晓勇、黄湘平、蔡鄂生、翟立功、潘晨光、霍学文、戴根有、魏迎宁等，以及来自国内外政府部门、企业界、著名高校和科研院所的特邀专家和工作站博士后400余人应邀参加论坛。

发言专家：特华博士后科研工作站研究总指导、国家金融与发展实验室理事长李扬

寻找新动能有不同的路径，比如从互联网产业、健康产业等产业侧找新动能；又如从包括内需和外需在内的需求侧寻找新动能。但在我看来，应当从供应侧寻找，这才是新动能最基本的源泉。供应侧主要是要素，包括劳动、资本、技术进步以及组织体系的变化。不像需求侧或者产业侧有比较明确的抓手，供应侧既然是要素，那么如何激发要素的能动性就是我们寻找新动能的关键所在：如何让大家劳动更积极，如何让资本更加能动，如何让创业能够更具活力，如何让组织体系更有效率？所以，从这个角度看，我们今后寻找新动能可以从以下几个方面入手。

一 重视、强调和落实公平正义

从世界的角度看，此次金融危机暴露出当今世界的诸多重大结构性缺陷。其中一个很重要的缺陷就是世界各国对于公平正义和普通劳动者的诉求过多、过久的遗忘，促使其在这次金融危机中推波助澜。从英国脱欧到特朗普当选，背后潜在的力量就是人们追求公平正义的潮流。

从国内的角度看，中央经济工作会议在阐述过去一直贯彻和落实的战略的同时，对公平正义给予了比过去任何时候都要多的重视。以习近平同志为核心的党中央一直强调将公平正义放在比较优先的战略位置上，切实落实公平正义，做到从人民出发、让人民满意、让人民有获得感，利用群众力量发展新动能。

二 恒产促恒心——保护产权利益，激发产能动力

2016年11月4日，中共中央、国务院联合发布了一个旨在强调保护产权的文件，将产权保护放在更重要的位置。此次联合发文的内容丰富重要，其中有以下几点值得我们牢记和落实。

第一，产权是社会主义市场经济的基石，保护产权是社会主义市场经济运行的必备条件，值得我们给予高度重视。

第二，在中国共产党及中华人民共和国的历史上，首次确认了非公有经济财产权神圣不可侵犯。文件认为，公有制经济财产权不可侵犯，非公有制经济财产权同样不可侵犯，这个表述是十分重要的。

第三，近年来在日常经济运行中，翻旧账问题时有发生，认为非公有产权具有原罪。而在这个文件中，用"法不溯及既往"给出了正面回答。同时，该文件规定"罪由法定"，在新旧法之间"从旧兼从轻"，对于财产权保护给予了迄今为止最完备的表述，法律框架最为完善。正如吴晓灵行长的观点，保护了财产权，就保护了动力，就激发了动力，恒产才有恒心，这体现了中国智慧。

三 深化供给侧结构性改革，落实"三去一降一补"

中央经济工作会议文件中对供给侧结构性改革"三去一降一补"做了进一步阐述，认为2017年的主要工作是深化供给侧结构性改革，并且突出强调了要有序、依法而且按市场规则去杠杆。

2017年是关键的一年，党的十八大以来一系列重要的提法、文件、制度安排都要逐条落实。正如习主席所说的"一分部署、九分落实"，现在我们的功夫要下在"九分落实"上。从这个意义上讲，我们今天讨论发展新动能是非常及时的，也是非常重要的。

吴晓灵：金融创新的逻辑路线

发言专家：特华博士后科研工作站博士后合作导师、十二届全国人大财政经济委员会副主任委员吴晓灵

在当下呼吁创新的热潮中，大家往往会迷失创新的本源。创新是国家发展的动力，由于在市场经济中金融创新能使金融资源得到重新组合，因而其重要性备受业界与社会的关注。在聚焦金融能否为实体经济服务的同时，诸如金融该怎样发展，通过什么样的方式创新才能真正有利于实体经济发展等问题值得我们深入思考。

仅仅两三年的时间，曾经金融创新的风口——互联网金融就从热点变成了面临整顿的对象。金融科技正在逐步替代互联网金融，对二者的理解也引起了市场的热议。但我认为，不管是金融互联网还是互联网金融，第一，都没有改变金融的本质；第二，实际上都是在应用信息技术做好金融服务，都应该在线提供更多的创新金融服务而不是简单地把传统金融服务搬到线上。传统的金融业务和机构需要做更多的改善，但是万变不离其宗，金融服务的本质不会改变，正是因为没有解决好创新的动力逻辑与条件，风靡一时的P2P、股权众筹如今逐渐成为高危领域和鸡肋。

一 金融创新的源头与动力应是客户需求

发现问题、解决问题是一切创新的起源，但如果仅仅为创新而创新，则很难有什么实质性的成果。在社会和经济领域，也可能在文学领域，超前的幻想有可能成为我们创新的动力。比如儒勒·凡尔纳幻想着上天入地，这在18世纪是不可能的，现在却成了科学创新的动力。在现实的经济社会中，强调重视解决现实的问题。金融创新的源泉与动力更应该来自客户的需求：金融产生于交易的需求，需求导向应该是创新的动力。全球金融危机之后，李扬院长有一句非常经典的话，他说"这次金融危机之所以会爆发，除了其他很多原因之外，还有一条，就是我们的金融业脱离了为实体经济服务的本质，自娱自乐地创造了很多很复杂的金融工具，使我们的客户难以真正掌握风险，最后积累风险、酿成风险"。所以，我们的金融创新不能仅仅着眼于自己的利润，不能为了金融机构自身的销售及利润而设计那么多复杂的金融产品。

与金融界中很多强调供给导向观点的人不同，我认为金融创新更多的应该是需求导向，最本源的还是应该帮助实体经济、帮助客户解决他们所面临的问题。当前金融面临的问题主要是更便捷地服务于更广大的人群，包括支付、融资、理财、保险在内的这些最基本的金融服务实际上也是老百姓所需要的，但现实中金融的情况却是不便捷、门槛太高。真正的互联网金融是在信息科技运用到金融领域以后，最大的突破点是它能够让我们更便捷地服务于更多的长尾客户。赚快钱是创新的掘墓人，现在很多金融机构，特别是打着互联网旗号的机构昙花一现，从最初的创新到了最后却是非法集资和犯罪。虽然其中大多数刚开始时并不是想马上去圈钱、去犯罪，但由于风险控制不够，违规构建了资金池，最后触犯法律底线，构成了犯罪。因而，我认为创新的第一位不应该是怎样创造一个产品来赚钱，而是应该着眼于运用产品来帮助客户解决问题，在给客户提供方便、优质服务的过程中赚取利润，获取双赢。

二 金融创新要遵循正确的经济逻辑路线

在创新过程中选择正确的经济逻辑路线是至关重要的。正如自然科学，如果路径错了，比如把永动机作为发明创新的一个目标的话，最后肯定是要失败的。在金融领域，如果创新逻辑离开了方便商品和服务交易这个原点，所有的创新都有可能会产生偏离。最早金融业是从票据开始的，最早的银行理论也是真实票据论，到现在为止，虽然金融领域中充斥着各种各样的银行理论，但是，如果一个产品最终没有销路，没有现金流，所有的风险控制都是不可能实现的，这样的金融创新无疑会走向失败。

当下互联网时代比较成功的创新，主要体现在两个领域。一个是电商生态圈，以支付宝为代表的第三方平台担保支付，让交易双方能够放心地付款和交易，在此基础上又衍生出了小额信用贷款。另一个是社交圈，从互联网上存在的行为数据里，可分析筛选出一定的白客户作为小额信贷、小额信用放款的基础。在这两个创新基础上，我们可以为很多过去金融机构没有涉及的长尾客户提供服务，给他们以最初的小额信用放款，让他们积累信用，为今后获得更大额、更复杂、更全面的金融服务创造条件，这是一个积累信用的过程。互联网时代的电商生态圈或社交圈能够为小额信用放款提供数据和技术支撑，然后借助独立的第三方征信平台，扩大授信范围。

综上所述，无商业场景、无风控技术分拆标的、赚快钱，是 P2P、股权融资违规和失败的主要原因。

三　金融创新的门槛在提高

首先，互联网金融创新并没有想象中的那么容易，技术进步才能服务长尾客户。传统的金融 P2P 是靠熟人关系，但在信息化时代，金融创新的关键在于，互联网上各种各样的在线活动能够积累大量数据，云计算拥有强大的计算能力，在线的数据积累和云计算的结合才使得我们能够在信息匹配方面做得更好，从而能够提供智能服务。

其次，推进信息化才能拓展自金融的范围。传统金融通过互联网拓展到长尾客户，而通过信息化的推进可拓展自金融的范围。自金融是指客户能够对自己的财产进行运用，而不依赖于第三方金融中介机构，如不依赖第三方金融中介机构而进行直接借贷或直接股权投资。搭建自金融平台的关键在于个性化消费、私人定制、订单融资服务，即通常所说的产业链金融服务。若缺乏这种产业链金融服务环境，不管是借贷还是股权融资，难免会产生用款方信息不真实的情况，从而产生更多风险；若具备产业链金融服务环境，充分运用信息化技术，对积累的数据进行分析，并进一步做好信息匹配，就可以搭建自金融平台。

马克思说过，商品到货币的逾越是惊险的一跳，金融源于现金流，就是源于商品到货币的惊险一跳，所以成功的逾越也是金融安全的基石。由此看来，在信息化时代能够做到个性化消费、私人定制、订单融资的产业链金融服务，在此基础上产生的各种各样的金融创新，才是有基石的创新；独立第三方征信加上商业场景中的金融需求是未来金融创新的制高点。离开了这些最基本的创新，最后难免会偏离金融的本质。

李杨点评

吴晓灵女士讲了非常重要的观点。首先,大道至简,什么是金融创新?这个看起来很复杂的问题实际上就是服务客户。其次,谈到以人为本,她多次提到了所谓长尾客户,长尾客户也就是大多数人。传统金融其实是富人的金融,长尾客户往往是被遗忘的。对于互联网金融,吴晓灵认为,从2013年的风生水起到2015年的促进发展,再到2016年的整顿建议,虽然事态翻转十分迅速,但依旧值得研究。

但是,我也注意到管理部门对于互联网金融标准的用词也在变化,从开始沿袭众人所说的互联网金融,到现在的标准提法"数字化普惠金融"——首先,强调了数字化,数字化比互联网、大数据等概括性更强,且更有理论意义;其次,强调了普惠,只有真正走上普惠道路,金融才真正有了新的发展方向。这样一个变化非常值得研究,在众说普惠的背景下,金融领域也找到了走数字化普惠金融这样一条普惠之路。除了互联网,包括大数据外,那些较少被谈论的新的算法,比如滴滴打车就是两个新的算法构成了一套新的运行机制,也值得我们进一步研究。

最后,讲到自金融问题,也是非常有意思的,沿着这样一条路走下去,如果金融普惠了,金融就自金融了,金融业自然就不复存在了。

宣昌能:监管创新与金融稳定

发言专家:特华博士后科研工作站博士后合作导师、中国证监会主席助理宣昌能

"行为监管和金融稳定",主要从以下几个角度进行分析。

第一,行为监管过于薄弱。长期以来无论是国际上还是国内,都重视审慎监管,而行为监管相对薄弱,然而若没有有效的行为监管,审慎监管也会大打折扣,甚至货币政策也会受到很大的削弱。如今国内很多通道业务、资管业务、表外业务等,归根结底还是传统信贷业务的变通。但是,银行的表内业务借助通道业务,既不占用资本金,也不计提拨备,通过银证保机构的多关环节,可以变为表外业务,导致资本充足率的分母被严重低估。由此看来,行为监管、产品监管和业务监管都很重要。这些年来,通过发展表外产品,加大了信贷的扩张,为风险的集聚埋下了隐患,需要给予高度重视。

第二,现有理财产品短期居多。现在很多理财产品以短期为主,三个月、六个月、九个月等。短期理财、短期资金从理论和实践上来说都不应该是股本资金的来源,但二者通过诸多包装最后却投到了股权市场。但是,通过短期理财的不断滚动去支持股权的形成,往往会产生期限错配问题。

第三,名股实债的产品创新问题。创新必须要透过面纱看本质。行为监管要引起我们高度重视。在近期的一些违约风险案例中,企业出现了风险以后,有些地方政府及有关部门提出了首先由债权人承担损失的风险化解方案,大股东的股权却并未稀释减少。无论是从《公司法》还是从《破产法》来说,首要的解决方法应为用股本金吸收损失;让债权人吸收损失,无疑是破坏市场基本规矩的行为。同时,从审慎监管的角度看,事先计提风险拨备时,风险权重衡量就要考虑到杠杆率、股本质量。股本不首先吸收损失,而让债权人吸收损失,风险权重是严重低估的。这种做法既破坏了市场经济的基本规矩,又破坏了法治的基本规矩,同时使得审慎监管的指标严重高估了。行为监管对各种创新外衣下的业务、产品还需要更多的关注,把握创新产品包括业务拓展行为的本质。

几年前,野村证券做了一个分析,总结出了"530现象"。"530现象"是指,20世纪80年代以来的这三四十年中,国际上发现大大小小的金融危机的国家和地区在发生危机前的5年中,非金融部门总体债务水平占GDP的比重都上升到了30%以上。从2009年以来,中国该比重每五年都基本以八、九、十个百分点的高比例上升。如此高比例的上升并不一定会出现问题,但无疑需要引起高度重视。党中央提出"三去一降一补"作为供给侧结构性改革的重要目标,正是对这一问题的高度重视。同时,从行为监管以及维护金融稳定的角度来看,无论是银行、证券、保险,还是某些类金融的机构和产品,都需要更多地从行为上、从产品实质上、从销售上、从本质上进行监管,否则一味地强调审慎监管,可能会造成监管基础被严重削弱,分母严重被低估的后果。去年中央经济工作会议明确了要稳中求进、把风险防范放到更加突出的位置上。在这个大环境下,防范风险、维护金融稳定应该更加注重行为监管。要穿透层层面纱,从本质上看待创新金融问题。

　　宣昌能着重强调了要从行为的角度进行监管,并由此扩展出诸多内容,其中涉及影子银行,以及一些交易行为、通道活动等。影子银行活动可以说是21世纪以来一个重大的新现象,它可以在不触动资本金、拨备数量的情况下完成金融活动。影子银行主要在交易中产生,离不开银信、银保合作,在不断的资金交易过程中,绕过现行的监管,实现金融活动。迄今为止,没有一个很好的理论框架能对此加以刻画,同时也亟待一个解决影子银行问题的根本办法。影子银行的提出及其在不变动货币及存量等情况下完成交易,让我们更进一步认识到交易是金融的本质。

米建国:正能量地进行创新

发言专家:特华博士后科研工作站博士后合作导师、国务院发展研究中心信息中心原主任米建国

　　我以"创新"和"正能量"这两个流行热词展开论述。中华崛起,势不可当,创新发展,步伐铿锵。无可置疑,创新是实现中华民族伟大复兴

最重要的新动能。我们常说创新、鼓励创新、支持创新，但必须有一个前提，那就是创新必须具有正能量，而不是借创新的名义，满足一己之私、绑架政府和社会的负能量。同时，创新也不能盲目地一哄而上。盲目创新、负能量创新破坏力巨大，会严重危害经济社会的健康发展，对于这些不具备正能量的创新，必须保持高度警惕，实施必要的纠偏。

一 金融创新必须具备正能量

只有能够实现普惠、简便、服务实体经济这三个目标的创新才是应该支持与鼓励的正能量创新。从事实体经济的企业上市，不仅要耗费数年时光，而且需要大量的人力、物力、财力支出。某些公司在短短几天的时间内完成上市，其危害在于这些与实体经济无关的股票，不但不务实，还会洗劫大量的国民财富，这种不具有正能量的金融创新是不应被提倡的。真正意义上的金融创新必须符合我国的金融发展阶段、发展水平与监管能力，是能够促进普惠、简便和务实的，符合中国实际的。创新不能一味地强调与国际接轨，否则，发生在纽约的占领华尔街事件，也有可能发生在北京的金融街。

二 金融创新服务科技创新

2016年国家知识产权局受理的发明专利申请继2015年之后再次超过100万件，增幅连续6年居世界首位。我国在世界知识产权组织《专利合作条约》（PCT）框架下提交的专利申请数量实现了两位数增长，我国是全球唯一取得这一成绩的国家。作为一个知识产权数量大国，尽管我国专利申请总量已位居全球第一，但知识产权推动经济社会发展的能力却远远低于发达国家，与建设创新型国家的要求还有很大距离。因此，金融在支持科技创新和知识产权转化方面如何有所作为值得关注。

目前，国际上从事知识产权转移的主要机构有美国高智发明公司、英国技术集团和德国史太白技术转移公司。这三大公司虽然业务量不小，利润也颇丰，但都没有形成完整的知识产权产业链。借鉴国际先进的知识产权运用方式，结合我国科技创新和技术转化中的实际需求，站在时代的高度和科技的前沿，通过金融创新，把与知识产权有关的方方面面有机连接起来，打造出一个知识产权产业链，是一个发展方向。打造出一个国际上还没有的知识产权产业，作为托起科技创新的起动机、引领科技创新的新引擎、保护知识产权的大盾牌，将吸引国际知识产权到中国交易、转化，从而打破西方国家对我国高技术出口的封锁与限制。我们要积极参与国际规则的制定，占据全球知识产权产业价值链的顶端。通过引领创新，促进交流，力争成为聚焦创新、立足中国、连接全球的知识产权产业综合运营中心，走出一条中国特色的知识产权产业发展道路，形成具有重大国际影响力的中国创新发展模式。

具体而言，要打造"四位一体"的知识产权产业金融支持发展服务体系。金融是现代经济的核心，知识产权则承载着创新。通过建设以"中国知识产权银行、中国知识产权信托、中国知识产权保险公司和中国知识产权发展基金"为四大支点的、四位一体的知识产权产业金融支持发展服务体系，全方位拓展金融服务知识产权产业发展和支持科技创新的各项功能。知识产权银行、知识产权信托、知识产权保险公司和知识产权发展基金，其本身不仅是创意与创新，更是推动创新型国家建设的知识产权产业金融服务港，即知识产权金融超级大平台。

银行吞吐货币，帮有钱者理财，为缺钱者融资，利用利率和货币乘数的杠杆撬动作用，提高社会资金的使用效率。知识产权银行的功能不局限于为知识产权研发和转化提供融资方面的服务，更重要的是借用银行的概念聚集发明专利、版权、著作权、实用新型等科技创意与创新，成为一个巨大而高效的知识产权吞吐池。知识产权所有者存入的是各种各样的知识产权，获取的是产权收益。知识产权银行与知识产权信托、知识产权保险公司和知识产权发展基金有机配合，通过专业化的运作与管理，促进发明专利和实用新型等知识产权的产业化，激发、撬动、释放人们的创新积极性，切实服务实体经济，充分发挥科技的第一生产力作用，助推创新型国家建设。

知识产权银行的初步设想构架是建设八大平台和一网、一院。一是知识产权聚集平台，二是知识产权价值分析评估平台，三是知识产权交易与委托代理平台，四是知识产权投融资、众筹、孵化和再开发平台，五是知识产权信息与交流推广平台，六是知识产权法律服务与风险保障平台，七是知识产权人才育成平台，八是知识产权会展中心平台，九是连接八大平台的知识产权网，十是国际知识产权研究院，编纂出版《国际知识产权蓝皮书》。

发展中国的知识产权产业是一项空前伟大的宏业，是时代赋予中国金融人的光荣使命。一旦在完备的金融服务体系支持下知识产权产业在中国率先形成,中国经济增长将出现一个新引擎、大引擎。殷切盼望特华能够为此大有作为。

三 中国资本市场的创新——新三板市场的设立

新三板市场的设立,可以说是中国资本市场上值得称道的创新。目前,新三板挂牌企业已达10209家,市值超过4万亿元。发展很快,但也存在流动性差、信息披露不充分、猫腻多、监管难等许多问题。为解决这些发展中的问题,亟须从事金融研究的金融工作者组织起来深入开展研究。特华博士后科研工作站去年编纂出版了《新三板蓝皮书:中国新三板市场发展报告(2016)》,为中国资本市场的发展做出了很大贡献,希望特华博士后科研工作站服务好新三板企业、服务好投资者、服务好监管,为中国资本市场发展做出新的更大的贡献,持续迸发具有正能量的金融创新。同时,也盼望与会人士对特华博士后科研工作站在新三板市场上的作为给予关注、支持和参与。

四 创新须遵循客观规律

任何事物都有其发展变化的规律,创新更是如此。必须遵循规律、按规律办事,盲目创新无疑会走向失败,金融创新和金融监管也不例外。拿股票市场来说,股市指数没有最高,只有新高。股市运行有三大要素:投资、泡沫和波动。投资是动力,泡沫是吸引力,波动是生命力。监管层对股市的调控,既要利用投机,又要抑制过度投机;既要有些泡沫,又不要泡沫过大,否则会彻底崩盘;既要保持市场波动,又不能波动剧烈,这就需要监管层在市场波动的基础上提高监管艺术。

米建国先生强调了知识产权特别是专利问题。创新并不是简单地发表了论文、申请到专利,而是将论文和专利变成实实在在的经济活动。米建国先生的设想正是要解决这一问题,要使它成为经济活动,能够创造企业、创造产业,从而促成就业、产出产值。以华为做例子,曾经上创业板有一个前置条件,就是要经高科技论证,而中国科学院的院士评审时认为华为只是生产交换机,只有经济没有科技,从而否决了其上市请求,但事实证

明华为是值得我们骄傲的。这件事恰恰表现出,中国人对创新的理解是有问题的,特别是从经济的角度讲创新。创新的目的是产值、是就业,而不是诺贝尔奖。如何将论文和专利变成实实在在的经济活动,是我们要关注的重点。这个问题同样涉及产业政策,对比德国的《工业4.0》和《中国制造2025》可以看出,中国在制定产业政策时应更多关注发展方向和具体安排,而不是一味地空谈目标。

施安平:创新 VC 投资的新玩法

发言专家:特华博士后科研工作站博士后合作导师、深圳国中创业投资管理有限公司首席合伙人施安平

当前大众创业、万众创新的新形势下,VC 怎么开展投资,就是 VC 的新玩法。下面主要分三部分进行讨论:第一部分,大众创业的新形势;第二部分,创业投资的新打法;第三部分,新形势下怎么开展投资。

一 大众创业的新形势

在李克强总理亲自的倡导和推动下,"大众创业、万众创新"已经在全国形成了一股新的热潮,各个层面都在推动创新、创业的发展。那么,作为风险投资,怎么适应这种新的形势是我们现在面临的一个新课题。当前"双创"进入了发展的快车道,据统计,2016 年前三季度全国新登记的市场主体有 1211.9 万户,比去年同期增长了 13.7%,平均每天新登记的市场主体有 4 万户;2016 年前三季度新设企业 401 万户,平均每天新登记注册的企业有 1.46 万户。从这个数据的增长,特别是从企业注册数的增加来看,全国创新创业的热情十分高涨。但是作为风险投资机构，我们观察的结果是创新创业项目或者企业在创业项目上趋同化非常严重，创业投资面临的环境更加复杂。这就导致了一对矛盾：一方面是创业的企业越来越多，全民上下都在积极参与到创业创新中；另一方面是企业的同质化、追风口、搭便车的现象非常严重，给创业投资造成了新的困惑。

从清科集团统计的 2016 年前 11 个月中国创业投资市场发展的情况来看，创业投资和中国资本市场的发展是紧密相关的。2005 年股权分置改革，为创业投资带来了新的发展时期，能够看出 2006 年、2007 年、2008 年创业投资的投资额上涨非常快。同时，创业板的推出又使风险投资进入了新的发展阶段，2010 年、2011 年全国创业投资总额又达到了新的高潮。随着 IPO 的停滞，2012 年、2013 年创业投资进入低潮。但是随后的 2014 年、2015 年创业投资又进入了新的发展阶段。虽然 2016 年全年数据并未公布，但是从前 11 个月的数据来看，可能与 2015 年基本持平或略有增长，当前创业投资增长的幅度大大减少。

而造成以上现象的原因，首先，从创业创新的角度看，经济增长新的动力是创业创新，此外，经济结构的调整以及风险投资项目资源均依赖于创业创新。其次，从创业投资的角度看，如果我们把创业投资的过程比喻成一场球赛的话，现在的创业投资已经进入了下半场。上半场结束了，过去靠抢风口、抢项目、靠搭车、靠迅速到资本市场变现的打法已经过时了；现在风险投资追求的是真正的价值投资，对于创业创新企业要靠我们专业的眼光去发现好苗子，同时，用专业的增值服务扶持和培养好苗子，这样才能完成风险投资真正的目的。风险投资过去的红利已经消失，这个行业也正在进行洗牌。过去追求 Pre–IPO 的一些基金，特别是行业内没有真正核心竞争力的风险投资机构第一轮资金到位以后，第二轮、第三轮资金很难到位，很多 LP 承诺的出资不出了，因为过去的打法已不适应新的形势。这个行业理性的投资或者说专业化的投资已经成为行业普遍共识，另外，退出方式也不仅仅是 IPO，收购、兼并、重组都可成为新的退出渠道。

总的来看，大众创业的新形势，可从以下三个层面来观察。

从国家层面来看，大众创业的新形势受到了国家的大力倡导和引导。2015 年国家推出了 600 亿元规模的国家中小企业发展基金，其投资方向主要是中小企业，投资范围覆盖全国，投资的重点产业是战略新兴产业；同年，国家推出了 400 亿元规模的国家新兴产业创业投资引导基金，这些都说明国家已经希望通过中央财政的引导来促进全国创新创业的发展。

从创投层面来看，受"双创"政策的影响，VC总体上的表现较为活跃，但也面临着项目同质化问题，行业间的竞争愈发激烈。在此情况下，就必须对创业投资机构提出加强"内功修炼"的新要求。

从企业层面来看，创业企业借助资本市场、"双创"政策积极参与到创业创新活动中，促进了大众创业新形势的进一步发展。

二 创业投资的新打法

（一）创业投资新打法面临的环境

创业投资已进入下半场的新阶段，新形势下面临的环境主要可从以下六个方面来看。

从宏观层面来看，由于国家宏观经济周期进入L形区间，而且我们认为可能L形区间还相当长，所以，GDP的增长大致上是在一个相对稳定的区间内长期保持这样一个数据。

从监管层面来看，监管从严将会成为整个资本市场的新常态，过去靠投机、靠在市场缝隙之间生存的投资方法已不再适应。

从行业层面来看，靠天吃饭的投资已不复存在，小米科技的创始人雷军曾说，"如果在风口，风来了，猪也会飞"，但是我坚信，如果真是猪，当风停下来的时候，猪一定会摔下来。风险投资绝对不能投给猪，风险投资应该投的是丑小鸭。当风来的时候，它长大了，它可以成为展翅高飞的白天鹅，这是最关键的实质。

从企业层面来看，创新的企业越来越多，但是，优质的标的并不多，趋同化问题十分严重。最近两年做风险投资，2014年、2015年走到哪里都是互联网、移动互联网、O2O，特别是O2O；2016年上半年变到AR、VR，下半年又有新的风口——区块链。很多创业企业不是从自身出发，而是观测风口走向，追逐风口而跑。在这种情况下，就造成了创业企业越来越多的表象，但是，真正有核心竞争力的、真正创新商业模式、有巨大生产空间的项目反而不多。

从管理层面来看，投资后的管理及整合能力匮乏，风险逐渐暴露，过去追逐Pre-IPO的基金没有更好的后续增值服务能力，造成很多项目投完以后靠天吃饭，没有更多的附加价值来引导企业成长。

从市场层面来看,估值的预期今后会越来越低,过去一个项目动辄几十倍、上百倍的市盈率不再可能发生。

(二)创业投资新打法的类型

创业投资新形势下的新打法也可简要地归结为以下五个方面。

第一,风险投资要从跟风式投资回归到价值投资的本质。风险投资的根本目的是扶持企业成长,把它内在的价值培养出来,而不是借助风口迅速变现。过去靠烧钱、补贴形成的很多"独角兽"已经偃旗息鼓。风险投资要有内在价值,有自我生存能力才是对实体经济真正的贡献。

第二,坚守正确的投资理念。最近有人说 2016 年是风险投资的寒冬,但不管资本市场是热潮,还是寒冬,作为一个成熟的投资机构、一个理智的投资人,要有自己的投资理念。我们所要坚持的投资理念可概括为四个。一是宽容失败的理念,要敢于投资,风险投资就是要敢于投资有一定风险的企业,但是要对风险投资的价值本身有正确的判断。二是溢价投资的理念,风险投资一定是溢价投入,有的企业需要一定的资金才能迅速形成自己的产品、服务和市场空间。资金不够,走在半路,也会死掉。三是服务至上的理念,风险投资给企业的不仅是钱,更重要的是钱背后的增值服务。四是激励与约束相结合的投资理念,我们投资的是企业的未来,对企业肯定有溢价,但同时我们也要有对赌措施。

第三,风险投资必须走专业化投资的道路。专业化是投资机构一个非常重要的护城河,从长期来看,专业化的竞争将会成为新常态。投资机构应该关注自己最擅长的那些领域,过去一只基金各行各业都投,未来可能都会发展为专门领域化的投资基金。

第四,更加重视投后管理服务。进行投资,表面上看给企业的是钱,但实质上带给企业的是钱背后的服务,这种服务可以分为几个层面:第一个层面,资源整合,通过钱,风险投资机构和企业成为一体;第二个层面,对资本运作的服务,风险投资机构投的企业多,在资本市场的运作方面有丰富的经验,可以介绍给企业;第三个层面,输出管理;第四个层面,解决疑难杂症。

第五,要控制好项目和风险。风险投资机构不能纵容企业在不顾自身风险的情况下,为了一味抢占所谓风口项目而盲目提高估值。

三 新形势下怎么开展投资

投资就是投人,简单来说,就是要看项目单位的带头人是否具备创业精神。而判定一个人是否具备创业精神可以从以下四个方面来看。第一,有没有吃苦耐劳、敢于打拼的精神,这是要特别强调的一点。第二,专注主业,锐意创新。要沿着自己的专业,在自己最擅长的主业基础上进行创新。第三,工匠精神,兢兢业业。做好自己的本职工作,而不是随便地追风口。比如一个企业,去年VR做得最好,今年区块链做得最好,这样一个风口上的运动员是不能投的。第四,坚韧不拔、百折不挠的精神。企业发展中难免会遇到各种各样的困难,只有具备这种精神的企业才会赢得最后的成功。

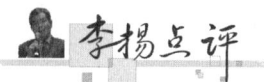

在特华这个平台上讨论创业投资是十分有历史感的。20世纪末被称为中国创业投资之父的王国刚和王松奇先生,在当初有关部门推动中国创业投资体系建设时做过一个文件,然而那时讨论的问题到今天还在讨论,踏步不前。关于创业投资,依旧要回归到创业是市场行为,是一个企业行为。施安平最后那段话讲得非常好,创业投的是人,如果投的都是真正具有创业精神的人,哪怕最后不成功,也一定会有成果。20世纪本已经基本说清楚的事,如今依旧在反复讨论,这是一种原地踏步的现象,这种现象无疑值得我们反思。当然,我们一定能够突破这样一个瓶颈,获得新动能。

唐银山：英国的创新创业案例

发言专家：特华博士后科研工作站博士后合作导师、英国雷丁大学亨利商学院副院长唐银山

本来，我是想从生物学或者进化的角度谈一下我个人对创新创业的理解。但是，考虑到听众和我从英国来的特点，今天给大家分享一个英国创新创业的案例。这是一个正在进行并未结束的案例，却具有一定的代表性，经历了从自主发明到创新创业的过程，现在逐渐走出了一条自己的道路。虽然最终结果尚未可知，但至今的成就值得我们认可，也是英国创新创业体系里中特殊案例的代表之一。

不同于投资的角度，这个案例是从发明者的角度来考虑创新创业。案例的主人公是从事科学研究的大学教授，20年前的一天，他偶然迸发奇想，为何手机信号穿透力如此之强？而强大的穿透力又能做些什么事情？是否可以让它穿透人体？穿透人体以后，通过信号变化和信号衰竭能不能看到人体内部结构？根据这些奇想，结合理论依据以及前人发表的文章，他申请了英国EPSRC研究基金，成功获得了将近100万英镑的研究经费。运用研究经费，他完成了硬件和软件两方面的设计，测试的成像效果十分成功。用电磁信号来做穿透人体测试，会有两种现象：一是电阻的衰竭，二是电容的衰竭。正是因为有电阻和电容的衰竭，收集数据形成的图像测试中还有定性过程。所谓定性，比如癌变细胞的电容和电阻特性是有一定标记的，也就是只要能看到细胞的电阻和电容符合这个标记特性，基本就可以肯定发生了癌变。他又以此申请到了近300万英镑的研究经费，以深入研究标记特性，进一步提高信号采集的速度，成功运用到了乳腺癌的早期诊断中。

这种新的方法有两大优势。首先，步骤更加简单便捷。对比医学上早期的通过X光透视、穿刺之后检查细胞才能确诊的方法，运用定性标记发现癌细胞的方法来进行乳腺癌早期诊断步骤更加便捷。其次，这种方法速度也很快，而且灵敏度也相当高，目前是5毫米左右。如果有了早期的鉴定，按现在的医疗水平，乳腺癌的治愈率是相当高的。他因此获得了2015年英国国家发明奖。

之后在我的建议下他考虑办一个企业，成为企业家，开始了创新之路。创新的道路无疑是艰难的，难免会遇到诸多坎坷。

在创新之路上所要跨越的第一个槛，就是知识产权问题。他认为这项知识产权是他自己的"孩子"，他个人必须占100%的股份。我给他举了个例，假设以后有了"孩子"，拿男孩来说，孩子成人以后会娶妻生子，那时还能说他是100%属于你的吗？答案显然是否定的。想通之后，他便接受了英国一些单位的投资。

第二个困难便是收益分配问题。这项发明属于在职发明，他所在的大学首先看到了这个发明的前景，并且提出了高达80%～85%的收益比例要求。这个要求在他看来是不合理的，虽然这个发明是他在职期间完成的，但是从最开始的想法、创意，进而到基金的申请、发明创造以及最后的产品完成，都是他自主完成，大学拿80%～85%明显不合理。经过一番讨价还价，学校最终允许他用几百万英镑将知识产权买断。但不管是风投，还是天使基金都没有人愿意拿出这几百万英镑，资金上面临的难题使这件事搁置了两年多，迟迟没有进展。

就在他将创新创业的想法慢慢忘记的时候，美国的一家投资商提出愿意替他支付学校要求的产权买断金。由此看来，英国人和美国人思考问题的方式和对机会把握的方式是不一样的。英国的社会环境、教育体制、特殊的思维方式很适合发明创造，而且发明做得都很好，但是英国缺少风险投资的氛围。如果没有美国的这家企业投资，他的发明可能就死掉了，借助这家美国企业在创业、管理上的优势，他就能把创新创业这个事情做好。

英国政府实际上也清楚他们所面临的这种挑战，于是他们制定了一个名为KTP（Knowledge Transfer Partnership，知识转移伙伴）的计划。虽然资金不多，但作用颇大。KTP主要用于促进大学和企业之间的合作。按照英国法律规定，纳税人的钱是不能直接投给私人企业的。于是，他们"曲线救国"，当大学和企业之间达成创新创业协议时，企业掏30%的钱，国家出

70%的钱用于支付 KTP 联系人（通常是知识库单位大学的研究生）的工资。由于 KTP 联系人属于大学员工，因此纳税人的钱也算未直接投给私人企业。KTP 项目在英国政府管理的项目里是公认的最成功的项目，差不多有 37 年历史了，而且每年都有很多申请，资助了大量的创新创业项目。

唐先生为我们介绍了一个英国的案例，我在这里加一个中国的案例。在深圳曾经有一个名为奥沃的企业，与华为齐名，是深圳政府重点支持对象。老板恰好是我中学同学，是一个发明家。他引进了瑞典固定式 Ω 刀，并加以旋转化，变成全身 Ω 刀，这项发明前景甚好，几乎各大医院都引用了这项发明。但他想将从研发到医院的使用都控制在自己手里，这就犯了经济学上的大忌讳，即忽略了专业化分工。因为每一个环节都要有大量资金投入，但他没有那么多资金，以致大量借款，资金断裂，最后造成了企业分裂。中国企业家会模仿，会在模仿的基础上创新，但是想包揽所有环节，肥水不想外流，这是不行的。必须做各自擅长的东西，做好专业化分工。这两个案例相互映衬，能让我们对 VC 有更深的理解。

夏华：新时代的产业互联网

发言专家：特华博士后科研工作站博士后合作导师、依文企业集团董事长夏华

金融无论如何，最后都会回归本质，即在社会生产以及消费需求大循环里起到最核心的作用。借助产业互联网，全球产业正开始第一次真正的

互动。

一 两大关键词——聚合与温度

最近在企业家俱乐部会议中，有2017年非常重要的两个关键词在企业家中传播，一个叫聚合，另一个叫温度。对于为什么要谈论聚合与温度，可从以下几个角度理解。

第一，从概念上来讲，如今全球企业边界变得很模糊，不同企业之间的主动聚合将会产生真正的生态系统。但我觉得生态系统不是生造出来的，而是在对的时间、通过对的事件让有价值的企业自发地进行一次聚合，由此产生的才是真正大的具有自我衍生能力的生态系统。能否变成最有价值的以及引领者，关键就在于此。

第二，在方向上，龙头企业的发展将会产生两个巨大变化。首先，从风口回归到价值。中国是非常特别的土壤，对于企业家而言，定力非常重要。这几年风口论影响了许多企业家，大家都争相寻找风口，企图站在风口之上，但事实证明风口往往是在不停变化。能够解决产业内部的、消费者的问题并找到核心价值点的企业才能最终发展起来。像滴滴，它以一种独特方式解决了消费者相对有尊严的、优雅的出行问题。其次，热度回归到本质温度。中国企业一向存在过热的问题，我做商业22年，在商业里每一次发言，别人对我从事产业的称呼都不一样。从开始的服装企业，到文化创意产业，再到现代服务业，但重点在于把事情做好，而不是随着热度盲目地在整个圆里旋转。

第三，模式上，当企业发生高度聚合的时候，原来的龙头企业要想保持领导者的地位，关键在于要学会管理。从管理竞争到管理合作，是最不容易的转变。这些年中国企业一直在管理竞争，企图消灭竞争对手，做到第一、做到最大，是你死我活的竞争模式；而管理合作强调的是共赢，不让对手死掉是我们的使命。时装产业最怕的是好的工厂相继垮掉，一个品牌是不能独立生存的，这时就要强调管理合作。管理合作的关键点是互利共赢，甚至有时懂得保护敌人才是保护自己。由此看来，今年的关键词——聚合与温度，对每一个产业的企业家都至关重要。

二 产业互联网的五大趋势

第一，下一个BAT将诞生在实体产业中。今年令所有在实体行业中有所作为的企业最为兴奋的是连 BAT 的领导者们也都认为，下一个 BAT 将会诞生在实体产业里，而不是原来纯粹的线上资源整合者。只有那些在实体产业里有坚持、有执着、有耐力的企业才会成为下一个 BAT。

第二，产业"互联网+"将更关注产业本质和模式创新。微创新最重要的是要把握时间和机会，国外的一个好技术，运用在中国，借助巨大的人口体量基数和用户基数，就能迅速地发展起来。举例来讲，前不久微博的市值超过了推特，而开始时微博是在学习推特的基础上产生的，经过微创新，在中国这样一个人口基数大国，产生了一次巨大的放大和剧变。

第三，抓住机遇加速产业整合。举例来说，如今的纺织服装行业是被低估的，在去年经济整体不好的情况下，仍达到 13 万亿元的销售量。对于这个产业只要略微有一次整合，哪怕只做 5%、10%，都是万亿级体量的。这种情况下如果加以资本助力，中国产业整合的速度无疑会加快很多。

第四，行业间的跨界融合将会成为产业互联网一个巨大的浪潮。时尚这个行业是最容易打破行业界限的，每一个人都要穿衣服，每一个网红、每一个明星甚至娱乐都会跟它产生一次化学反应，当我们将多行业进行价值聚合，这个化学反应带来的下一个浪潮是值得大家关注和思考的。

第五，互联网人才将迅速加入传统产业。仅去年一年，从几大 BAT 来的人就占据了创新部门人员的 1/3，互联网锻造的一批人，终于了解到自己的核心价值，要推动实体经济的发展。对于实体产业，用户的社群化，是去年一年令人感受最深的。在一次中国社群大会中，参会的大概有 1800 家社群领袖，其中从怀孕的妈妈到哺乳期的妈妈就有大概 100 个社群，而这些社群是中国婴儿用品最大的消费平台。用户社群化值得我们关注，现在你会发现要找客户，最精准的就是在自动聚集的社群里寻找。

三 如何在新时代下脱颖而出

（一）更新心智模式

产业互联网时代对企业家的心智模式提出了新的要求。首先，对于企业家来说，最重要的是找到自己的初心。中国企业家这些年在大环境的影响下，可能许多人都忘掉了初心，但找回来后依然还会有大作为。其次，要看清生死。作为服装行业的一个品牌领导型企业，我去年确确实实感受到了"生死"，中国从针头线脑到原料供应商有上千个，平均每个月都会有一些死掉的和跑路的。如果你不能很好地抓住这个时代的脉搏，可能就会被淘汰掉。我们需要火眼金睛，看清自己的长板到底在哪里。

（二）找最长的长板

这些年我们从西方经济中学到最多的就是补短板，但事实上，补短板耗费最多的就是时间成本，而一个企业成长最有价值、最耽误不起的就是时间。所以，长板碰长板才是每个企业家最大的智慧，这个时代允许我们找最长的长板跟你碰，迅速让你更健全、更完善。

世界上最远的距离不是我是传统行业你是互联网，而是我是链接器，而你却不甘愿做链接者。未来企业家只有两种形态，一种具有链接器能力的，另一种则是链接者，大家在一起把这个产业做好。

大数据的算法让我们掌握了消费者的消费行为，分析出他们的需求，然后精准地供给产品，这是我们的长板，也是明星愿意跟依文企业集团合作的重要原因。在个性化时代，网红、明星的力量是强大的。举例来说，我们年前跟谢娜合作，她有八千万的微博粉丝，产品转化率极高，哪怕是一个围裙瞬间都会被抢没了。如果大数据再加上金融杠杆的撬动，未来5年，全世界时装产业的首富很可能诞生在中国。

（三）做时代的企业

我特别认同张瑞敏那句话，"没有最好的企业，只有时代的企业"。首先，无悔于过去。在中国这个拥有十几亿人口体量基数的国家，没有哪一个行业是小入口的，无论选择从哪个入口进去，十几亿人，做好了，你的客户都能达到欧洲一个小国的体量，但我们要做到深挖客户。其次，无怨于现在。大家认为现在很多政策不好、环境不好，但事实上，从诞生开始，每一个民营企业，都不是一帆风顺而是历尽坎坷的。企业本身能力的锻造至关重要，越不好的环境越能锻造一家真正具有能力的好企业。最后，无惧于未来。企业家也是人，我真的希望大家能够吃顿舒服的饭、睡个安稳的觉，希望企业会像鲜花一样绽放在不同时期。

夏华女士讲的内容中，有两点很能打动人。第一，合作的理念。这点

非常重要,在全球化退潮的时候,中国引领了新一轮全球化,我们给世界的贡献是合作共赢,而不是像过去那种零和游戏。中国主张合作共赢,这是中国文化。夏华女士的企业之所以成功,是因为扎根于中国文化的深厚基础之上。第二,互联网理念。不仅在制度层面,而且在意识形态层面,只有彻底地把自己的思维方式互联网化,才能够领先,才能适应现在的状况。每个人都是互联网中的一个点,每一个点都会影响到其他点,这是至关重要的。

李光荣:通过企业创新寻找经济发展新动能

发言专家:特华博士后科研工作站站长李光荣

本次论坛的主题是"寻找中国经济发展新动能",之所以选择这样一个主题,主要基于以下几点思考。首先,在当前全球经济增速放缓的背景下,如何应对经济发展中的诸多挑战,实现经济平稳增长正成为世界各国共同面对的突出问题。其次,中国经济发展进入新常态后,在外部经济加剧波动的影响下,实体经济持续低迷,金融风险也在不断累积,这决定了我国经济下行压力依然较大。因而,如何突破瓶颈寻找中国经济发展新动能,成为我们迫切需要解决的重要课题。对此,党中央、国务院已经提出了较为清晰的解决方案,2014年9月,李克强总理在天津夏季达沃斯论坛上提出"大众创业、万众创新"。2015年10月,习近平总书记在党的十八届五中全会上提出"创新、协调、绿色、开放、共享"五大发展理念。习总书记特别强调,面对日益激烈的国际竞争,我们必须把创新摆在国家发展全局的核心位置。随着国家创新驱动战略的加快实施,大众创业、万众创新的波涛席卷全国。在党中央创新政策的引领下，我国的创新创业浪潮正在以前所未有的速度迅猛发展。

回顾2016年，特华投资控股有限公司（以下简称特华公司）在推动企业创新方面做了大胆的尝试，主要包括以下几点。

第一，特华公司参与了组织模式的创新。正如夏华女士所说的产融结合、抱团取暖的发展模式。我们参与了中国民生投资股份有限公司（以下简称中民投）等民营企业联盟的发起设立。受企业规模和盈利能力的影响，民营企业整体呈现小、散、弱的特征，单打独斗，很难在转型升级方面实现突破，国际化更加困难。成立国内首家全部由民营企业组成的中民投，为民营资本提供了组织模式创新的有益尝试。这一模式已经在多个省份被复制，比如江苏的苏民投、广东的粤民投、浙江的浙民投、内蒙古的蒙民投、陕西的陕民投等，这无疑是一种组织模式的创新，是一种资源聚合。全国有财险公司80多家，前10家百亿级企业占主要市场份额，那么占市场份额非常小的中小保险公司该如何生存发展？由特华旗下的华安财产保险牵头发起设立的中小保险公司联盟无疑是一种解决问题的创新模式。

第二，参与中小企业发展基金的发起设立。国家中小企业发展基金一共600亿元，第一期60亿元，由财政部与深圳市政府出资。特华和华安财产保险作为LP认购者，其认购份额在民营企业里是最大的，这是特华、华安财产保险参与创新的一次重要举动。

第三，与英国雷丁大学亨利商学院签署战略合作协议。如今特华博士后科研工作站已经成为全国规模最大、运作规范、发展较好的博士后工作站。为了将工作站打造成国际一流智库，2016年6月，特华博士后科研工作站与英国雷丁大学亨利商学院签署了战略合作协议。根据协议，双方将联合设立特华亨利商学院和特华亨利研究院，联合开展金融高管定制化培训，联合发布全球企业竞争力指数，联合举办中英创业项目大赛，双方的合作将极大地提升特华品牌价值和国际影响力。

第四，发起成立了中英企业家俱乐部。2016年6月，第二届中英企业家峰会在伦敦举行。此次峰会以"投·创未来——全球产业整合新时代"为主题，探讨在新的世界经济形势下中英两国加强合作面临的新机遇，参与全球产业链布局，扩大国际产业融合等话题。借峰会契机，特华与其他中英产业领军者一起，发起成立了中英企业家俱乐部，发起人包括中民投董文标先生、平安银行前行长邵平先生、英国总商会张进隆会长等。俱乐部将以促进中英两国企业交流对话、嫁接互补优势、推动创新合作与产业融合为主要任务，这也成为中英产业对接创新模式的一个重要探索。

第五，发起成立了中英企业家金榜创客俱乐部。在第二届中英企业家峰会上，我们与英国王室成员约克公爵安德鲁王子联合成立了中英企业家金榜创客俱乐部。2016年9月5日，俱乐部第一次理事会在北京召开，会议选举我为俱乐部主席，夏华、杨腾波、张进隆都在会场。10月26日，安德鲁王子专程来华为中英企业家金榜创客俱乐部揭牌，我们与安德鲁王子决定于2017年5月下旬在中国赛区举办金榜创客总决赛。金榜创客项目在中国的落地，标志着中国创业项目走向了国际舞台，在资源、平台、机遇、导师以及资金等方面将得到全球化的支持。根据计划，金榜创客项目的运作主要有以下步骤：第一步，国内最有影响力的五大创投平台：清华控股徐井宏先生推动的创业平台、香港科技大学霍启山推动的创业平台、北大创业营、中国企业家未来之星和正和岛共同合作，对参赛项目进行初选。选拔出有竞争力的创业项目。第二步，成立金榜创客创业者训练营，为训练营里的创业者授课，训练营向全国创业者开放。第三步，举办金榜创客俱乐部创业者决赛。第四步，中国决赛评选出的金榜创客优胜者赴英国参加最终竞赛，与全球最优秀的创业者展开角逐。目前，金榜创客项目吸引了中国大批极具影响力的组织及企业领袖，他们希望与俱乐部开展合作，其中就包括国家中小企业发展基金。通过这个平台，把全球致力于创业的企业家聚在一起，会产生化学反应，产生很多新的项目、新的机遇。同时，与全球的企业家在一起互动交流，必将为中国企业在世界范围内提高知名度、创造世界声誉带来重要的发展机遇。

第六，推动金榜创客项目落户广东自贸试验区。金榜创客项目将在广东自贸试验区南沙片区打造"五个一工程"：一个俱乐部，即中英企业家金榜创客俱乐部；一个论坛，即中英企业家高峰论坛冬季峰会；一只基金，即中英企业家金榜创客基金，计划总规模100亿元，首期20亿元，现在正在推进；一个大赛，即金榜创客中国总决赛；一栋大厦，金榜创客创业大厦，推动中国、英国各100家创新创业企业入驻大厦。我们将努力打造大众创业、万众创新的典范工程。

创新是企业持续发展的永恒动力，就像特华博士后科研工作站，在发展中创新，在创新中发展。再加上各位老师、博士后、社会各界的支持，博士后工作站办得越来越好，这也是一种创新。正像习总书记2015年5月视察杭州高新区时指出的那样，企业持续发展之基、市场制胜之道在于创新，只有创新才能为我国经济发展增添新动能。

李光荣先生用很短的时间向大家简单回顾了华安财产保险和特华博士后科研工作站所做的工作。通过回顾，我们感受到论坛能够越办越好的关键点就在于强大的实业支持。

王茂林：营造社会创新的法律制度环境

发言专家：特华博士后科研工作站博士后合作导师、十届全国人大法律委员会副主任委员王茂林

从2008年美国次贷危机开始，中国生产力学会和特华博士后科研工作站合作，已经完成了六个课题，国务院总理对其中五个课题都有明确表态。如何应对美国次贷危机的课题，引起了极大的反响。为什么这些课题能得到国家主要领导人的重视？就是因为我们是站在民间，与国家研究机构说话做事要讲究分寸不同，站在民间有个好处，就是说真话、说实话，对现实的评价也是实话实说。党的十八大后，以习近平同志为核心的党中央提出创新驱动，四年当中，习近平总书记在各种场合讲到创新驱动超过1000次，说明这个问题的重要性，大家也认识到企业未来发展靠创新。前年，国家发展改革委招标一个课题，课题名字叫"'十三五'期间依靠创新驱动若干重要政策研究"。我们中标后，用了一年的时间，经过专家们的评审，向国家发展改革委上交了一份满意的答卷。我在上海专门给习近平同志和李克强同志写了封信，把这个课题做的过程以及我们的主要建议写出来了，他们两个人都批示了有关部门。中国生产力学会现在在创新问题上主要做

两个工作。第一，党的十八大以后，专门组建了创新驱动委员会，每年召开两次会议，表扬依靠创新驱动涌现出来的企业。第二，每年剖析两个在创新驱动上做出突出贡献的企业典型，并报给分管这项工作的副总理马凯，而他每次都有很重要的批示，要求工业和信息化部向我们学习。抓创新驱动，不光要有上面的号召，还要注重下面的执行。依靠创新驱动带动企业发展，涉及管理的创新和技术的创新。比如金融企业，靠管理创新。供给侧结构性改革现在成为一种口号，在全国响亮地提出来，几乎在所有领域都能听到，但到底什么是供给侧结构性改革呢？在刚刚过去的2016年，供给侧结构性改革在金融系统到底做得如何？有什么新的成效？2020年以前，金融系统供给侧结构性改革到底要做好哪几件事情？遗憾的是，如今四大银行的工作部署，仅仅停留在喊口号上，并没有非常具体的实质性内容和要求。

当前在金融领域至少存在六个问题：

第一，国内金融企业的原创性创新太少，吸纳性创新多，不少产品是拿来主义，而且相当一部分照搬国外。

第二，创新的层次低，多表现在数量的扩张。创新不是为了创新而创新，而是要依靠管理制度的创新、依靠技术创新来推动企业发展。如今在管理创新以及技术创新方面有所成就的企业数量并不多，所以创新不能一味地注重数量。

第三，负债类企业创新多，资产类企业创新少。

第四，对某些企业和创新个人的资金支持并不到位。在特区和沿海城市，金融管理相对宽松，市场比较活跃，创新比较集中；而在中西部地区，由于较多的管制以及干部素质，人才、创新服务不足等种种特殊原因，创新相对较少。就金融系统来说，创新首先要体现在为经济实体服务。国有银行对煤炭业、钢铁业、建材业有几万亿元、十几万亿元资金的支持，但是对于中小民营企业，特别是科技型的中小民营企业资金支持却并未到位。从上海的几所大学来看，国家提供给学校支持创新的基金本身就较少。名教授分得大头之后，中青年副教授几乎得不到任何资金支持，但培养人才要从40岁左右的年轻副教授开始，我们要支持这样的人。

第五，金融创新主要由体制转换和改革等外因推动。金融本身应意识到创新的重要性，自觉自动地推进金融体制内部改革。自贸区大概分三类：沿海自贸区如上海，内陆自贸区如重庆，沿边自贸区如云南。前两类已经实现，第三类已经过批准，正在酝酿过程中。在与自贸区税务局局长的交谈中，我了解到，中央制定了许多关于自贸区的赋税政策，但大多并未落实。以金融系统为例，本应要减税，但1～10月却增加税收3200亿元，金融企业有自己的难处，若不积极创新，无法实现减税。

第六，国内金融企业同样面临国际金融环境的影响和人才瓶颈方面的挑战。中国未来五年将会是经济转型、结构调整最困难的五年。金融系统现在存在许多问题，如财政赤字问题，人民币进入一揽子货币，成为国际货币，也会出现诸多问题，这些问题都是新的一年里即将遇到的。由此看来，未来五年是金融形势最严峻的五年，中央领导、各省市领导承担压力最大的五年，但我坚信在以习近平同志为核心的党中央正确领导下我们完全有能力冲过去。

最后，进行简要的点题，强调几点目标。

第一，以建设创新强国为目标。在实施创新驱动发展战略中，无论是地方，还是企业，都需要打破行政壁垒和行业壁垒，从教育抓起，从改变人才政策和户籍制度管理入手，努力解决创新发展的人才瓶颈问题。

第二，以服务实体经济和推进金融创新为目标。所有金融企业都要综合利用民间资本、侨资和外资的优势，积极构建多元化资金链，解决现在股票市场和债券市场暴露出的许多问题。

第三，以推动我国经济产业迈向中高端水平为目标。在完成"稳增长、转方式、调结构"任务中，地方政府、相关部门、各级企业应结合创新驱动，优化提升经济产业链。

第四，以提高我国整体创新能力和水平推动为目标。充分发挥企业创新的主体作用，从政策引导和鼓励措施方面入手，全力培育、扶持产业创新的协同链，促进产业链协同创新。

第五，以建设创新型国家和科技强国为目标。改变科技对经济增长贡献率低、科技成果向现代生产力转化仍然不顺、不畅的问题，进一步支持高精尖科技人员发扬工匠精神，打造发展的创新链。如今我国最缺乏的就是科技带头人，特别是40岁左右年轻的科技带头人，他们有理念、有创新精神、有很多好的构想，但却得不到支持，尤其是资金上的支持，这个问题无疑需要得到解决。

第六，以深入推动创新驱动发展战略为目标。进一步落实简政放权的决策部署，建立权力清单制度，实施负面清单管理模式。统筹整合政策链，把该由市场决定的交给市场，让市场发力，激发社会创造活力，为实现中华民族伟大复兴的中国梦做出贡献。

周延礼：重视金融业的风控和创新

发言专家：特华博士后科研工作站博士后合作导师、中国保监会副主席周延礼

第一，要高度重视金融业的银证保融合业务生态环境的变化，特别是混业经营防范风险问题。中央经济工作会议召开之后，强调加强风险防范，高度重视当前通道业务的规模扩张带来的风险问题。据了解，通道业务的规模已经超过 60 万亿元，稍微出现一些偏差，就可能会带来巨大的风险。解决以上问题的方法主要有两个。首先，寻找正确的渠道，走自己的路。运用新的技术，提高服务能力和水平，搭建一个新的平台。其次，寻找合适的客户，维护自己的平台，银行就做银行，证券就做证券，保险就做好保险，尽量选择风险较低的客户，寻找经济发展的新动能。

第二，要高度重视金融科技和保险技术形成的场景及其渗透变化。要增加传统保险的服务新模式，同时要围绕衣食住行甚至玩来研究和提供保险产品与服务，保障能力是保险业最大的竞争力。

李茂生：官产学研结合起来贡献力量

发言专家：特华博士后科研工作站研究总指导、北京特华财经研究所所长李茂生

　　特华论坛在李光荣博士的努力下渐入佳境。夏总、施总他们讲得活灵活现，很有现实价值。产学研三方面结合起来，如果加"官"的话，加上已经离开官的岗位的，这样才能真正对国家、民族有所贡献。现在大家都在讨论如何走出困境、走出低谷。夏总他们所讲到的观点，确确实实能够使我们走出困境。鸡年马上要到了。猴年，我们折腾了一番；鸡年里，希望大家都能抓住机会。祝大家鸡年雄鸡高唱，凯歌一路。

李成勋：支持特华智库建设

发言专家：特华博士后科研工作站博士后合作导师、中国社会科学院经济研究所研究员李成勋

特华论坛实际上是金融论坛，站在金融的立场上来辐射国民经济各行各业。作为一个金融的外行人，我参加会议的定位就是倾听、学习。在最后的自由发言，我主要讲以下几点意见。

第一，"互联网+"风靡神州大地，产生了很大的影响，取得了很大的成绩。既然创新是第一动力，创新驱动是新的动能，为什么不可以提出"创新+"？要让创新辐射到行行业业、上上下下，"创新+管理""创新+科技""创新+文教""创新+生态""创新+管理"，今后应该把"创新+"喊出去，让它推动经济发展。

第二，要将特华博士后科研工作站转化为一个智库，需要具备以下三个条件。首先，转变思维模式，智库就是智慧之库，就要具备以奇思取得奇效的思维方式和决策能力。其次，能够聚集有创新思维的人才。最后，在管理上，必须要善于整合，合理定位。

第三，茂林同志提出的供给侧结构性改革喊口号问题，再加半句就不是口号了，即"加强供给侧结构性改革，实现国民经济按比例发展"。供给侧失调，导致了严重的产能过剩，引发工厂倒闭、工人失业，这就相当于过去我们所说的经济危机。而问题的发生在于没有遵守按比例发展这一客观规律，忽视、违背这一客观规律无疑会受到规律的惩罚。因此，加强供给侧结构性改革、实现国民经济按比例发展统一起来就成为一个有效的政策指导。

李扬点评

2017年是复杂的一年,存在诸多不确定性,包括国际上的不确定以及国内的诸多不确定性。我们所面临的问题不全是经济上的,还有其他各种各样的问题。大致的判断是,2017年经济增长速度恐怕比2016年要略逊一点,其他几个维度,像质量、效益、可持续性以及对环境的影响可能会有所改善。2017年还是在积蓄力量。习总书记最近在讲话中提到,党的十八大以来我们主要做的是夯基筑台,夯实基础,把台子搭好,选料备料,选好材料,立柱搭梁。习总书记用盖房子比喻党的十八大做的是准备工作,党的十九大我们可以期望有非常大的变化,就像习总书记在元旦贺词中说的那样,我们该撸起袖子大干了。

第十九届特华论坛花絮

工作站博士后合作导师
吴晓灵 周延礼 翟立功

工作站博士后合作导师
何德旭 潘晨光

工作站博士后合作导师
黄晓勇 夏杰长

工作站博士后合作导师
杨文明 王稳

参会代表合影留念

2017年1月16日 北京

2019 第二十届特华论坛

—— 稳中求进　迈向高质量发展

会议背景与论坛主题：2019年1月26日，第二十届特华论坛在北京东升汇俱乐部隆重举办。会议背景是世界正处于"百年未有之大变局"，经济增长持续低迷。中国经济处于大调整中，外部平衡与就业问题凸显，资金传导机制不畅。在此背景下，论坛围绕"稳中求进　迈向高质量发展"这一主题，就国际国内形势、中美贸易摩擦、2019年中国经济形势、资本市场发展瓶颈、金融监管的技术创新与价值重塑、不良资产处置、防范金融风险、金融科技等问题展开深入讨论。

主办单位与发言专家：本届论坛由中国社会科学院金融研究所和特华博士后科研工作站联合主办。国家金融与发展实验室理事长、特华博士后科研工作站研究总指导李扬研究员主持论坛。中国社会科学院世界经济与政治研究所副所长宋泓、博鳌亚洲论坛原副秘书长姚望、特华博士后科研工作站博士后陈昌盛、中国人民大学财政金融学院资深教授王国刚、中国银保监会国有重点金融机构监事会监事陈伟钢、中国东方资产管理股份有限公司总裁邓智毅、特华博士后科研工作站博士后刘绪光、十届全国人大法律委员会副主任委员王茂林、特华博士后科研工作站站长李光荣等先后做主题发言。

参会导师与特邀嘉宾：特华博士后科研工作站博士后合作导师（按姓氏笔画排序）马庆泉、王力、王铎、王稳、王一鸣、王松奇、王茂林、王国刚、邓智毅、卢德之、田进、史建平、米建国、孙宽平、李扬、李光荣、李茂生、何盛明、何德旭、邹东涛、宋泓、陆文山、陈伟钢、陈胜昌、武国政、罗平、孟松林、胡滨、胡昭广、赵立华、姚望、贺瑛、夏杰长、高传捷、黄晓勇、黄湘平、蔡鄂生、翟立功、潘晨光、霍学文、戴根有、魏后凯等，以及来自国内外政府部门、企业界、著名高校和科研院所的特邀专家和工作站博士后100余人应邀参加论坛。

发言专家：特华博士后科研工作站研究总指导、国家金融与发展实验室理事长李扬

今天，我想简单说一下关于一些重大问题的心得。

一 第一个问题：国际形势

现在，我们仍然坚持原来的判断，就是国际形势还没有好转。用习总书记的话说便是百年未遇之大变局。原因有很多，有实体经济方面的因素，如劳动生产率下降、世界各主要经济体人口都陷入了危机、经济结构的持续恶化等，这些都造成了世界格局的调整。最主要的调整有两方，一个是中方，另一个是美方。所以便有了今天中美贸易摩擦这样一个大背景。我认为，我们恐怕在很长时间里都要以全球格局不断变动为背景来考虑问题。这样的变动、这样的百年未遇之大变局导致的一个结果就是经济增长始终比较低迷，各个国际组织对于明年、后年的经济预期普遍下调，我们今天不展开讨论。

二 第二个问题：中国经济

今天的主题是"稳中求进 迈向高质量发展"，从高速度增长转向高质量发展，需要对经济变化进行综合、科学、全面的论述。高质量发展是一个缓慢的过程，我们都感受到了经济增速的下行，从现在的数据看，2019年应当说是不乐观的。我们预测这种状况恐怕要持续三到五年，中国经济处在40年未遇之大调整。传统上说的需求侧三个因素（国内消费、国内投资、出口）普遍在下行，特别是2018年的数据显示，实质性消费需求其实是在下降的，这让从事宏观分析的人感到特别紧张。以后靠什么来支撑中国经济？这是一个问题。从供给侧来看，结构性调整取得了成绩，但是正如习总书记最近所说，也遇到了一些困难，有的调得稍微大了一点，产生了一些新的扭曲。所以，从需求和供给两边来看，中国经济都还处在调整之中。

2019年可能遇到的问题首先是外部平衡。从20世纪90年代中期开始，中国的对外部门基本上是双顺差格局——经常项目顺差，资本与金融项目顺差。体现在国内，便是长期的外汇储备增长，我们这几十年都是在应对这件事。这种格局很有可能从2019年起会发生变化，很有可能出现双逆差，连带外汇储备下降。我们现在的外汇储备勉强达到3万亿美元，形势很严峻。对于中国这样的大国，倘若没有外汇储备的持续增长，便难以抵御国际冲击。此外，现在就业问题也以三种形式表现出来：一是新增就业少；二是中国特色的"下岗"增多；三是不下岗但工资下调，有关部门发文要求企业维持就业，下调工资。从这三种情况来看，目前就业市场形势不太好。为何我特意谈就业市场呢？因为就业问题直接关系到社会稳定。

三 第三个问题：中美摩擦

中美摩擦为什么一下子变得如此激烈？原因有三：一是经济因素。从20世纪60年代开始，美国GDP占全球比重逐渐下降，中国则逐渐上升。2002年，中国正式成为WTO成员国，这一形势发生了跳跃性变化。两国的摩擦是因为此长彼消，此长彼消的关键点是中国加入WTO，由此中美摩擦就有了争夺全球治理体系主导权的内容，中美摩擦始终和WTO改革等联系在一起。阿根廷会议之前，西方发达国家紧锣密鼓地出台了一系列关于WTO的联合声明和所谓关切，一定程度上使得我们进退维谷，形势非常严峻。二是国际政治因素。中国经济增长迅速，创造了中国奇迹，中美摩擦也有政治方面的原因。三是外交因素。2013年，我们首次系统地提出了新型大国关系论，之后我因为工作原因接触了不少国外官员，他们不断地追问什么是新型大国关系。后来有了14字原则，即"不冲突、不对抗、相互尊重、合作共赢"。2018年，习主席接见基辛格时重申了14字原则。与这个相表里的概念是关于世界形势的看法，即命运共同体，这与以美国为首的西方发达国家价值观有所差异。因此，可以很清楚地说，中美摩擦是长期化的。当然，我觉得不可能像2018年那样天天加码，形势可能会缓和，但是这些本质性问题一个都没有少。

我们在等待90天后的谈判，主要涉及1000多个项目，归为142个方面的问题，现在一个一个地谈。这些问题可分为几类：一类经过艰苦的谈判是可以达成的；还有一类是无法达成的，如习总书记所说，有些东西不能改的坚决不改，不能放弃自身的立场。但是我想，中美摩擦不会以那么激烈的形式展开，但会始终存在，所以对此要有长期准备。

大家看到党中央采取了一系列措施，召开了一系列会议，中央全面深化改革委员会又通过了11项改革方案。习总书记说，在中国共产党和中国社会主义的历史上，党的十一届三中全会是一个里程碑，它使得中国开辟了一条新的道路，即社会主义初级阶段道路，党的十八届三中全会是又一个里程碑。这个表述非常实在、非常重要。改革标准到底是什么？习总书记告诉我们，标准就是全面落实十八届三中全会《决定》。比如关于市场和政府关系的问题、市场调节和政府作用的问题、关于国企改革的问题、民企作用的问题，十八届三中全会《决定》中都说得很清楚，说得教科书级别的好，现在我们要逐步落实。我觉得这是习总书记非常英明的决策，十八届三中全会在中国国内应该说是最大公约数。以后中美摩擦会自动消失，比如国企问题，如果沿着十八届三中全会《决定》所说的"管资本不管企业"，美国对国企的攻击也就无从谈起，很多都是类似的问题。

中国有着五千年文明史，有着中国共产党的坚强领导和习总书记这一核心，经过最初的冲击，我们现在逐渐认识清楚了问题，也大致上找到了应对方案。所以2019年，我们应当树立信心。大家团结在习总书记周围，以十八届三中全会《决定》这样一个新的里程碑式的文件全面推进改革，便一定能够克服种种困难。

宋泓：中美贸易摩擦评述与展望

发言专家：特华博士后科研工作站博士后合作导师、中国社会科学院世界经济与政治研究所副所长宋泓

我主要介绍三方面内容：一是中美关系的三重性，二是中美经贸关系的调整，三是中美相互关系的调整。

一 中美关系的三重性

过去40年里，中美关系形成了不同于一般双边关系的三重性。首先，中国和美国互为最大的贸易伙伴。从国别来讲，中国是美国最大的货物贸易伙伴，美国也是中国最大的货物贸易伙伴。其次，从20世纪70年代末开始，中国和美国正好处在全球化过程中的两极。美国将产业外包，在技术和品牌上占据高端价值链，并且拥有美元地位；而中国则是全球制造和加工基地。因此在贸易上，美国表现为巨额贸易逆差，而中国表现为巨额贸易顺差。最后，经过40年发展，中国经济逐渐崛起，与美国之间存在领导权的竞争关系。

从过去40年的情况来看，中国与美国的关系经历了三个阶段。一是1993年之前，中美是正常的双边关系。二是1993年以后，中国基本每年都与美国保持贸易顺差，并且每年都在持续增加。2018年，尽管存在贸易摩擦，中国与美国的贸易顺差依然从2017年的2700亿美元增加到3200亿美元，增加了500亿美元。三是2016年至今，中国已超越加拿大成为美国最大的贸易伙伴。按照美方的统计，2017年中美贸易总规模为6300亿美元，按照我们的统计,我们跟美国的贸易总规模也是 6300 多亿美元,增加 500 亿美元。我们预测 2018 年中国与美国的贸易顺差是 3750 亿美元,2019 年可能达到 4100 亿美元,贸易规模将达 7000 亿美元。大家可以看到,一方面双边经贸关系快速发展,另一方面贸易结构发生了变化。中国在美国货物贸易里贸易顺差占据的份额是比较高的,40%~50%的比例。这基本上是中美之间经贸关系的体现,即最大的贸易伙伴及最大的逆差、顺差来源。

为什么会形成这样的关系?过去 40 年,中国改革开放的过程恰好是全球化推进的过程,我们首先融入东亚经济网络,随着东亚经济的融合加入全球经济网络。加入 WTO 以后,拉美、巴西、阿根廷,以及澳大利亚、加拿大等发达资源性出口国家都加入进来,成为整个经济循环的一部分,中国经济的影响力越来越大。在这样的背景下,我们看到了中国经济的崛起,40 年间 GDP 年均增长 9.5%,七八年翻一番;人均收入年均增长 8.5%,八九年翻一番。

在这样的背景下,从人均 GDP 前景来看,如果美国和中国按照正常速度发展,大概在 2060 年中国人均 GDP 可以赶上美国。从领导权的更迭调整来看,未来相当长的一段时间里,双边关系都比较动荡。

二 中美经贸关系的调整

中美经贸关系的调整也有三重性,不光是正常的国家之间的调整,还包含全球经济的调整。特朗普的贸易观主要是自由平等和对等的贸易关系,跟以前不一样的地方是对等关系,特别是对中方来讲要求对等的贸易关系。这样的贸易观下,美国与其他国家贸易关系调整的逻辑是什么呢?首先是贸易的平衡,贸易逆差伙伴作为头号谈判对象,2017 年与墨西哥和加拿大重新谈判,接下来与韩国谈判,2018 年中国是重点,一直延续到现在。此外,不鼓励外包,这与 20 世纪 70 年代以来美国领导和推动的全球化发展走向是不一致的。特朗普认为,美国产业向外转移的重要原因是国外环保和劳工标准低,所以要求提高标准。2018 年 11 月底,在 NAFTA 重新谈判和韩美自贸区重新谈判中,这些内容都包含了进来。很难说这些谈判到底对美国有多大好处,以汽车制造为例,若每小时收入水平 16 美元的工人比例达到 40%~45%,北美自贸区的很多汽车制造企业成本或竞争力会受到很大削弱。我们也看到,前段时间通用公司关闭了好几个美国工厂,这也是其中一个反映。在这样的逻辑下进行中美经贸关系调整,既是最大的贸易伙伴和最大的逆差来源,而且还没有正式的贸易协定安排,又是潜在领导权的竞争者和替代者，所以调整面临的压力比较大，幅度也比较大。

我们也看到，"301调查"之后，美国对中国的贸易战或者贸易制裁措施逐渐加码。我们对不同情形下的影响进行了模拟，例如在500亿美元、25%关税的情形下，对GDP的影响是-0.3%；如果增加到2000亿美元、25%关税，三个月以后没有形成新协议的话，对GDP的影响会更大；若全面征收25%关税，影响会进一步加大。

中美摩擦除了贸易平衡的调整和双边关系的调整这两个内涵外，还有结构性改革的内涵。结构改革现在有三个比较突出：一是技术转让。过去很多产业存在市场换技术，现在已经对这种情况进行了调整。二是知识产权的侵权和网络窃取问题。三是经济方面的歧视，像股比要求、数据的本地储备、政府采购。特别是对一些重点产业的支持，如《中国制造2025》中的重点产业和国有企业的支持。华为和中兴事件对中方的影响更大。在这样的结构调整中，哪些能够形成共识还有很多不确定因素，涉及很多经济方面的政策和对过去一些做法的调整。我们觉得，更有挑战的是权力更迭的调整，而不光是经济方面的平衡或者模式、政策方面的调整，可能更艰难。

三 中美关系的调整

总体上讲，从第一层调整来看，虽然中美互为第一大贸易伙伴，但是美方对于中方这样的地位实际上不珍惜、不尊重，反倒成为要求我们进行调整的负资产，这是一个很大的问题。另外，在全球经济体系调整里，实际上有两种思路：一种思路是美方要求的，让其他有贸易顺差的国家进行调整，而自己不动；另一种思路很多发达国家已经做得比较好，像日本和北美一些国家，虽然全球化在推进，但是本身国内的经济政策特别是分配政策调整得比较好，经济和社会比较稳定。

未来的走势肯定像剥洋葱一样，剥完一层又一层，首先调整容易调整的方面，但长期形成的结构性摩擦会持续。所以对于未来中美经贸关系或者中美两国关系，我们觉得至少在相当长的一段时间里，会维持一种比较动荡或者摩擦长存的状态，我们应当有心理准备，也要保持信心，毕竟我们曾经历过很多类似的摩擦和调整，实际上中国发展过程中有很多时候面临的挑战和压力比现在要大。

李扬点评

新型大国关系14个字——不冲突、不对抗、相互尊重、合作共赢。我想跟大家交流一个看法,美国跟中国在较劲,根本不是贸易问题,我听参加谈判的人说在谈的时候中方做了好多准备,美方一点准备都没有,后来他们感觉到对方根本没想就这个问题跟你谈,回过头照样加税。因为贸易不可能平衡,美日、美韩、美德现在都没有平衡,美中也不可能平衡。如果再深入一点,全球在产品内分工,找不到所谓的原产国、原产地。中美摩擦背后主要是政治上的竞争,有可能导致双输,大家要认识到问题的严重性。

姚望:国际合作新趋势、新特征、新发展

发言专家:特华博士后科研工作站博士后合作导师、博鳌亚洲论坛原副秘书长姚望

在对外国际合作中,邻国的重要性、周边的重要性直接影响着新时代中国特色社会主义的发展,影响着我们前进的脚步。所以,我想从这个角度讲一些看法。

一 新亚洲

亚洲是我们生存的土地,但亚洲是一个非常模糊、非常复杂、非常没有共性的大陆。从地理上看,亚洲分成东南亚、东北亚、东亚、西亚、南

亚以及亚太。共性不足、地域广阔、发展极其不平衡，这些特点都越来越明显地展现在我们面前。世界三大宗教中，有两大宗教都在亚洲。历史上的纠纷又是连绵不断的，第一次世界大战主要在欧洲，而第二次世界大战对亚洲的创伤非常大。亚洲的发展也非常不平衡，人均GDP最高的澳门和最低的阿富汗相差百倍之多。

但是，亚洲近些年出现了崭新的发展趋势，东方文明越来越显示出自己的魅力，美国好莱坞大片都经常出现东方元素、中国元素。亚洲的自然资源优势日益显现，特别是人力资源优势，把全世界平均年龄大幅度拉低，向全世界不断输出高质量的劳动。这样的人力资源优势以及我们后发制人的特殊发展途径，都形成了亚洲所具有的独特优势，在当今全球经济增量带动中，亚洲特别是东亚占到整个新动能的60%～70%，是绝对的主力。在这个过程中，中国的作用是非常重要的。

二　新周边

看了新亚洲之后，再看看我们的新周边。中国处在亚洲的中部，夹在大山和大海之间，我们有着漫长的边境，有着漫长的海岸线，有着14个邻国再加上8个海洋邻国。有这么多的邻居在全世界是罕见的。我们的周边环境也在不断发生变化，特别是近两年，周边环境不断稳定。我今天凌晨刚从菲律宾回来，在菲律宾，我感受到了一片繁华，中国人和菲律宾人合作得非常愉快，前几年剑拔弩张的局面现在大大缓解。包括中印边境，更不用说漫长的中俄边境，现在也是一片太平。所以，整个周边环境在党中央、国务院领导下处于非常良好的时期。特别是最近又发生了新的变化，高度紧张的朝核问题得到缓解，台湾通过"九合一"选举国民党大胜，大大缓解了两岸关系，新的周边环境迎来了难得的历史机遇。在这种情况下，我们加强了政治关系的建设，加强了经贸关系的往来，加强了人文交流，产生了一系列非常好的效果，形成了良好的周边环境，为我们的社会主义建设和发展提供了很好的基础。

三　新贡献

谈了新亚洲和新周边之后，再谈谈我们的新贡献。之所以有这么好的周边环境，离不开中国在处理周边问题上的一系列重要贡献。早年毛主席、周总理所创建的"和平共处五项原则"，始终指引中国为全球的和平和发展贡献力量。邓小平同志提出的"一国两制",也创造了人类在解决争端方面、在不同社会制度如何相互融合、促进国家统一方面的难得的创举。我们创造的六方会谈把剑拔弩张的朝核问题按照中国提出的"三步走"战略加以缓解,现在美国都不得不沿着我们的战略走,特朗普和金正恩马上要进行第二次会面,整个问题的缓和也是中国的一大贡献。同时,邓小平同志提出的"搁置争议、共同开发"的重要战略思想在解决国际争端方面也是少有的。我们对南海、东海都提出了这样的思想,很好地引导了各国在解决争端方面的思路,从而创造了历史先例,为人类解决领土争端和海洋争端开辟了一条广阔的道路。

我们创造了一些国际活动和国际组织,也为周边更好的和平发展创造了机会。比如,我共事了18年的博鳌亚洲论坛,创造了亚洲团结合作的良好平台,在这个平台上各方形成了许多共识,提出了许多创意,创造了许多推进亚洲共同发展的机会。再比如我们倡导的上海合作组织,现在也成了人类历史上既是军事组织,又是综合发展组织,同时也是维护和平组织的良好先例。亚洲基础设施投资银行更是一个非常好的例子,从博鳌论坛初期我们就开始有这样的设想,建立一个亚洲自己的不受制于欧美的银行。经过若干年的努力,曾培炎同志在博鳌亚洲论坛印度金融会议上首次提出了关于亚洲基础设施投资银行的设想,得到了与会代表的大力支持,形成了文件并上报中央领导,习总书记和李总理很快便批了下来,形成亚洲基础设施投资银行的良好发展趋势,打破了世界银行、国际货币基金组织和亚洲开发银行三足鼎立的西方体系,建立了新的闪光点。我们和它们高度合作,同时又具有完全的独立性,为亚洲开发特别是基础设施建设提供了强大动力,现在已经影响到全球。同时,进口博览会也是重要的贡献,过去我们都讲进口是去赚外汇,现在敞开大门吸引外国的好货物进入中国市场,满足老百姓的需求。现在离下一届进口博览会还远着呢,但下一届进口博览会已经报满了名。

中国的一系列新贡献,高度浓缩在我们的两大创意上:一个叫作"一带一路",另一个叫作人类命运共同体。人类命运共同体指出了我们前进的方向,"一带一路"则给出了实现的路径。在这个过程中,我们看到中国一系列全球治理方案、亚洲治理方案、周边治理方案、金融治理方案等新的创举,开创了外交新格局,体现出了我们应有的担当。

四 新格局

亚洲周边的形势离不开整个国际格局的变化。如果把全球比作一个大企业,联合国相当于股东大会,过去的董事会是G7、G8,以西方发达国家为核心。但现在,随着G20的出现,一批新股东加入世界核心组织,在G20中9个发达经济体之外的11个国家组成了一个新兴经济体,新兴经济体首次占据了微弱多数。新的股东以亚洲、中国周边国家为主体,整个亚洲、整个中国周边国家、以中国为代表的新兴经济体国家在全球的话语权和在全球治理中的地位不断上升。当然未来还有很长的路要走,虽然这仅仅是一个跨入门槛的动作,但却是质的变化。

最后,谈谈经贸关系、大国格局对我们周边的影响。贸易摩擦显然是我们面临的一个新课题,在我看来贸易摩擦有三个特点。首先是遭遇战,我们智库没有想到,我们的官员们没有想到,我们的企业家们更没有想到,突然便出现了。中央一再强调"黑天鹅""灰犀牛",我们要重视。其次,遭遇战会发展为持久战,中美之间的较量将是长期过程。最后,我们周边目前很好,但是会不会出现新的问题呢?肯定会。我们不怕持久战变成综合战,在综合战的过程中,我们要做好全方位准备,形成全方位思考,这样才有可能创造一个稳定的周边环境,更好地发展。

我们的周边确实发展前景非常广阔,特别是随着"一带一路"倡议的提出,现在整个周边环境中华侨的力量也在不断壮大。我们提倡的人类命运共同体是就全球来讲的,但是我们的周边、我们的亚洲很可能成为人类命运共同体最好的试验田。

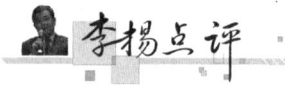
李扬点评

中美摩擦绝对不只是经济问题,其他因素可能更重要一些。另外关于亚洲,我们要多出国听听不同的声音。最后,尽管周边环境良好,现在有些战略恐怕还是需要调整,与周边国家建立互信关系和价值的共识可能更重要一些。

陈昌盛：2019年的中国经济

发言专家：特华博士后科研工作站博士后、国务院发展研究中心宏观部部长陈昌盛

我想结合参加中央经济工作会议文件起草的一些体会，做一个简单的汇报。大家都有一个明显的感觉，相比2016年、2017年那种逐渐企稳的态势，从2018年开始，国际国内环境都发生了很大变化，大家都感觉到了压力，某种程度上变得有点悲观。所以，中央的一个总体判断是"稳中有进"，但是重点是"稳中有变、变中有忧"。我觉得要理解好当前中央的政策或者把握好当前的形势，理解"变"和"忧"很重要。

一　五大变化

"变"主要有五个方面。一是全球经济周期之变。客观上说，国际机构和很多研究者都没有预见到。全球经济好不容易才从全球金融危机中走出来，从2017年开始的全球性复苏按道理应该持续得长一点，但是由于经贸问题和私人部门投资活跃度不够，现在全球经济出现了见底回落的态势。

二是国际经济秩序之变。在以中美贸易为代表的全球贸易格局调整过程中，多边关系逐渐弱化，双边关系逐渐强化。美国看似没有章法，其实在通过一个一个双边关系来重构经贸秩序。其本意不是贸易战，研究美国与德国、日本的贸易战便会发现，贸易战解决不了贸易逆差问题，解决的是结构性问题，解决的是国力问题。

三是产业升级和转移之变，这是当前须高度关注的。以前，我国出现了一些产业转移,表现为少量劳动密集型产业向东南亚甚至拉美转移。那时一般认为东南亚国家没有很好的配套设施,很难出现集群式转移。而现在出现了两种新趋势:一方面,一些本来要在五六年或者三五年后才转移的产业现在就开始转移;另一方面,以往一个个企业"走出去"并活了下来,但现在一个个企业"走出去"之后却活不下来。现在出现了上下游集群式转移态势,我们到泰国、越南调研,越南工厂地价坐地起3倍。我们的产业升级正处在最吃紧的时候,很多关键技术还在快速学习过程中,由于中美摩擦,产业升级的路径可能会打乱。最近一段时间大家都在关注芯片,其实高档机床也是一个问题,很多高档机床2018年就签了协议,但一直滞留在对方海关,到不了中国。我们最近在很多大型企业调研,目前25%的企业有产业转移至少重新进行生产力布局的态势,甚至有一个比较悲观的说法——哪怕3月1日中美达成了贸易协议,他们仍然会继续走转移的道路。这是我们要高度关注的。

四是市场心理之变,这是每个人都有体会的。2018年中美贸易谈判的反复,"去杠杆"造成的影子银行业务调整,民营企业资金链紧张,等等。总书记在中央经济工作会议上亲自喊话,很大程度上打消了诸如"民营企业退场"之类的声音。

五是风险优先性之变。过去的两年里,中央重点应对的是房地产市场风险、地方隐性债务风险以及金融部门杠杆风险。但2018年之后,金融市场自身风险和跨市场的风险系数压力越来越大。中央经济工作会议上,总书记强调要守住底线,更要关注风险优先系数的变化,及时调整应对策略。

二 五大忧虑

在五大变化之外,还有五大忧虑。

第一,国家治理调整过程中被边缘化之忧。WTO改革中,各国抛出了自己的原则,但是谈论的内容和结构性议题完全不一致,而且现在中美之间谈判的本质也是结构问题,而不是贸易问题,和20世纪80年代日美贸易争端提出日本结构改革总体方案一样,问题不在贸易本身。现在总书记也在讲二次入场券问题,我们要避免二次入场时被边缘化。

第二,经济失速之忧。现在总需求较弱,前段时间出现了出口抢订单或者本身的转移。我们在很多企业做过调研,不管是10%还是20%,合约调整都对中方不利。学术界有一个说法,韩国是全球出口的金丝雀,如果韩国出口快速下降,未来一段时间全球出口和贸易都不好。现在韩国出口已经连续两三个月快速下降,也要引起关注。另外,我们用了很多大数据手段,比如移动支付(阿里巴巴、微信数据),以往移动支付消费都是以20%~30%的速度增长,2018年下半年以来,移动支付的增速快速下降,很多地区甚至降到了个位数。我们监测了很多工程机械数据,包括起重机、挖掘机、铺路机等,2018年10月和11月一度有所回升,12月到2019年1月又明显下降。另外一个引起我们关注的是,以往周期中消费波动不大,但是这一轮总需求变化中总投资下降压力不是太大,而消费下降速度比较快。我们还观测了2800个县的实时手机数据,包括餐饮、住宿以及娱乐业的情况,超过40%的县量价都在走低,消费出现了以往我们没有见到的整体性下行压力。

第三,资金传导机制不畅之忧。2018年上半年严格去杠杆以来,宽货币、紧信用问题比较严重,中央经济工作会议强调货币政策的重点是解决传导机制,最近央行做了一些努力,比如全面降准、定向MLF、央行票据互换业务等,某种意义上都是增加商业银行的资本能力。现在货币市场利率已经明显下行,信贷市场利率还很高,政策很难流到实体经济。

第四,政策协调不利之忧。2018年上半年最大的问题不是政策的方向错了,而是产生了经济学上所说的"合成谬误",使政策的力度、效果出现了问题。"7·31"以后,中央一再强调政策协调,甚至提过了一个从来没有提过的概念,叫作宏观政策最优组合,现在已经感觉到了政策不协调问题和合成谬误问题,并着手建立宏观政策协调评估机制。

第五,改革和机遇难落地之忧。简单的总需求政策难以发挥效果,需要进一步改革。刚刚召开的中央改革会议中,总书记重点强调了方法论和落地。现在一直在强调改革,但是大家感觉不明显,面对这种情况有很多讨论,中央经济工作会议给出了明确答案:我们仍处于战略机遇期,但是性质变了,以前更多是并轨、合作,现在更多是转型、竞争、重塑;三大攻坚战必须打,只是要注意彼此之间的协调;最重要的还是要继续坚持供给侧结构性改革,但是要辅助好逆周期调整。

2019年提出了三大政策,即宏观政策、结构政策、社会政策。货币政策、财税政策、宏观政策的核心目的是稳定宏观环境,今年财政政策的主要思路是普惠性减税和较大幅度增加地方专项债,增值税特别是社保方面力度较大。结构政策的核心是改革落地。此外,还提了竞争性政策和产业政策,竞争性政策媒体关注度还不高,其实这是很重要的点。如果用一句话概括中央经济工作会议,便是增强微观主体活力。之前很多人认为供给侧结构性改革要坚持，但是内容是不是要变？起草过程中也给50人论坛出了一个题目，叫供改2.0，最后用的是八字方针，很多人认为"三去一降一补"的任务还没有完成，但是要提出新的任务，把产业链安全提到非常高的高度，同时增强微观主体活力，打通循环，主要是资金循环。

现在市场很悲观，当然3月是一个关键节点，一是中美谈判是否成功，二是英国是否脱欧，这两个因素对市场冲击比较大。我个人感觉到目前为止，从美国自身的状况来看，应该说是审慎乐观。所以2019年肯定有很大的下行压力，但是不确定性并不比2018年多，而且总体上现在的政策对民营经济和微观主体是有利的，2019年是对2018年政策配合的改进，2019年的政策好于2018年，是更友好型的。基于这样的判断，我们认为2019年总体经济走势应该是前降后稳的态势，不宜过于悲观，在座的如果有微观企业，大家要积极争取2019年政策包。

李扬点评

陈昌盛把国内事情说清楚了，五变、五忧、三项政策，语言表达越来越精准，开始画工笔画了。还是要落实习总书记的话，一分部署、九分落实，我们需要落实。

王国刚：中国资本市场发展的瓶颈与可选之路

发言专家：特华博士后科研工作站研究总指导、中国人民大学财政金融学院资深教授王国刚

我来讲讲股票市场。十年前上证指数是3200点，十年后的现在则不到

2600点，而中国的GDP从36万亿元上升到2018年的90万亿元，涨了1倍多。从这个角度看，股票市场虽然有着非常充实的基本面支持，但还是下降了。现在讨论2019年的股票市场，各种媒体报道都在讲好话，都在讲现在是超跌，股票市场有着巨大的增长价值、增长潜力。但是，我们又看到企业的情况并不乐观。中央经济工作会议上说要加大对企业的减负，减负包含了减税、减费，当然还有人主张减息，如果企业状态不好，需要加大减税、减费的力度。那么，股票市场上的上市公司业绩由什么来支持？这就成了我们需要关注的一个基本问题。如果说这些减负只是2019年才开始进行，可能我们对微观面情况的估计还不会那么糟。可惜这样的减负我们从2013年就开始实施了，2013年到2015年减税、减费、减息，按照统计口径说的，给企业减负3万多亿元。但是，这3万多亿元减下来，微观层面的利润并没有出现改善。2018年又减负13000亿元，在这个基础上来讨论2019年的减负，而且力度要加大，当然现在还没说2019年要减多少。可以看到减负对财政、社保、金融而言，可挖的潜力实际上已经非常有限。

在这样一个股市中，监管部门处于非常纠结的状态。回顾一下这段历史，股市高了监管部门忧心忡忡，因为担心泡沫，所以想方设法让它降下来。股市低了，监管部门也忧心，想方设法让它升上去。比较典型的是2018年10月19日，四个监管部门的主要领导在不到两小时内纷纷发声，要让股市升上来，当时股市跌到2400多点，这四大巨头纷纷发声之后股市终于有了起色，回到了2500点、2600点，但是没几天又下来了。2018年最后一个交易日进行了一场大仗，多方想让股市在2500点以上收盘，结果最后仍然在2500点以下收盘。这些事值得我们关注，究竟股市反映出了什么问题。

当然，方方面面可以谈的很多，我想讲一个最基本的。监管者也好，研究者也好，股市的参与者也好，都应该明白一个最简单的道理——股市有着它自己的内在规律。这些规律可以讲很多，我仅举其中很流行也是很容易明白的一条：再高也有套牢者，再低也有投资者。为什么说再高也有套牢者？因为股市上涨，无论是价格还是指数上涨，它终究是成交的结果。再高的价格都是成交的结果，一定有买方，降下来以后买方就被套了。因此，如果想把股市往上抬，从2500点左右抬到3000点，一批人套在3000点，还准备不准备抬？抬到4000点，一批人解套，还准备不准备抬？这是没完没了的事。再低也有投资者也是成交的结果，因为买方在低位买。全世界到目前为止大概没有一个股市因为股价下跌、股指下跌而关门的，所以不用担心。而我们总是在这里忧心忡忡，想着再去做点什么动作，这些动作做多了，20多年下来，中国股市便成了一个非常典型的政策市。当股市高的时候，市场参与者希望监管部门利用政策把股市打下来，从而有他们建筹码的机会；股市低的时候，套牢的人希望监管部门出政策，把市场抬上去，让他们有机会解套。监管部门也屡屡把股市的高低、成交量等当成业绩来讨论。由此，就出现了所谓的股市调控理论，既符合参与者、投资者的要求，也符合监管部门业绩的要求，带来了一系列莫名其妙的说法和概念，其中一些说法现在依然流行，比如说要保护投资者，让人感到一头雾水。股票二级市场的投资者是谁？是曾经的投资者，今天的投资者，还是未来的投资者呢？如果是曾经的投资者，他们已经购买了股票，手上拥有股票，是股东。如果是现在的投资者，他们现在拿钱到市场上买股票，交易的对手方是股东。两者的利益不一致，股东希望股票的价格越高越好，而买方希望股票价格越低越好。保护投资者究竟是要保护谁呢？

正确的说法应该是保护金融市场或者股票市场的消费者，这样更加客观。为什么股市下来了大家对投资股市没有积极性？因为现在准备投的这些人缺乏信心，所以要保护他们。此外，还有一系列含含糊糊的理论。比如，一些人认为西方国家的股市以机构投资为主，而中国的股市以散户为主，所以这是中国的一大弊端。宏观经济学部门模型中讲"居民部门是资金的给予者，厂商部门是资金赤字者，政府部门是资金平衡者"，资金从居民部门来，当然表现为一个个居民分别提供资金进行投资。如果这些概念我们都还没有搞清楚，就急急忙忙地要去做那种机构投资者，而且要准备以机构投资者为主，那么我们就想起两件事：第一，计划经济体制下，直接的监管对象或者管理对象是机构。当以机构为主的时候，很容易出现行政机制而不是市场机制。如果觉得这样的说法耸人听闻，我们可以回顾1999年"5·19"行情是怎么发动起来的。1993年的时候已经明确宣布各个证券公司不得挪用客户保证金，1999年为了打"5·19"行情批准的证券公司用客户保证金救市，究竟在做什么？这就是我们的以机构为主吗？第二，西方国家走过这条路，如果个人交易成本过高而机构交易成本较低，自然会走机构的路；如果机构的成本比个人成本还高，当然不走机构的路。把个人的路堵死，大家都往机构这条路上走，这恐怕不符合理论要求，也不符合事物的规律。

我们还在讲所谓的羊群效应，认为这是导致股市追涨杀跌的主要原因。我们可以做一个假定，如果股市要涨了，有几个投资者往前投了，剩下的投资者逆向思维，全部做空，股市还会涨吗？反过来也一样，追涨杀跌，羊群效应实际上是个人投资者在这个过程中选择的交易成本即便不是最低也是比较低的一种有效方式，这种方式可能要随着整个市场结构的调整而调整，鉴于时间关系我不想多说。

最后讲可选之路。第一，股市监管应该充分重视股市的规律，在股市规律的基础上展开监管，避免股市继续"有市无场"。第二，股市应该弱化调控，加强依法监管，一定要把法摆在前面，不是说只有股市的投资者、上市公司有不遵守法律的事，监管部门一样有着这方面的问题。监管部门不能以股市调控者的思维来考虑问题，要依法行事。第三，要充分考虑股市的风险。大家直到今天都还对2015年记忆犹新，我们怎么能犯如此低级的错误，让那么多的信用资金通过配资平台进入股市？今天，这个市场依然有着大量的信用问题，如果这个问题不能有效解决，结果只能是按下葫芦漂起瓢，解决了一个问题，又在别的地方出问题。最近股市采取了一系列措施，这些措施都值得好好地分析、讨论。如果这些事不讨论，今天好像在疏困，疏困的结果是在累积更大的困难，我们都以为我们已经有了一整套应急机制，后来发现这套应急机制几乎不存在，该怎么应急也是我们需要好好讨论的大课题。

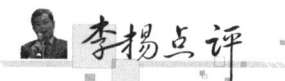

国刚老师有一个观点我很赞同，那便是要法治。另外，要相信市场，人们总是认为政府比市场聪明，而事实一再证明市场比政府聪明，观念要转变。

陈伟钢：金融监管的技术创新与价值重塑

发言专家：特华博士后科研工作站博士后合作导师、中国银保监会国有重点金融机构监事会监事陈伟钢

一 经济高质量发展依靠什么

经济的高质量发展依靠什么？第一，要营造良好的环境，包括营商环境。第二，党的十九大提出了三大攻坚战，其中之一便是防范金融风险。习总书记在省部级领导干部讲话中讲到要防范重大风险，包括政府风险、意识形态风险、经济风险、科技风险、社会风险、外部环境风险、党的建设风险，我感到这些风险都和良好的环境建设分不开。第三，金融业要发展，最重要的是信用环境。金融的本质有三：一是桥梁作用，二是信用作用，三是服务作用。这三方面做好了金融才能发展好。迈向高质量发展要靠良好的环境，良好的环境包括良好的金融秩序、良好的信用环境。

二 金融风险现在仍然居高不下

巴塞尔委员会对银行风险提出了九个方面，其中最核心的是信用风险和操作风险。以前提到金融风险，庞氏骗局臭名昭著。金融产品、金融科技在创新的同时，也增加了很多新的风险，比如P2P。为什么这么多P2P公司可以一夜之间关门？为什么老百姓的钱在网上可以被P2P老板们卷走？钱是怎么卷走的？谁在监管？e租宝700多亿元居然被高管消费了三四百亿元，钱是怎么被消费掉的呢？这就是监管的落后。所以，如何对金融不诚信问题进行监管是需要重点解决的问题。2018年出台的资管新规中有一条大家比较不理解，就是打破刚兑。从理论上来说这是正确的，做金融产品、投资一定是有风险的，谁投资谁负责。但是，现在把打破刚兑泛化，只要是做金融产品都不能够承诺保本，都不能够承诺收益，那么老百姓谁还敢去买理财产品？谁还敢去买信托产品？"信托"这两个字的英文本意就是诚信，受人之托、代人理财。既然是代人理财，却不能对客户保本，也不能保收益，那么客户为什么来委托呢？这种泛化是一种对诚信的践踏。为什么会有这种践踏呢？我感觉是因为我们的监管力度不够，所以需要这样一个政策。如果老百姓投的钱是透明的，钱亏多少、有多少收益都能看到，这种承诺就不需要了。资管新规对于为何不能够保本的解释是，如果金融机构承诺保本或者承诺收益，对投资者是一种不公平，如果承诺10%的收益，而实际上收益达到了15%，金融机构就会把超出的5%截留。试想，如果我们的监管可以让超出的5%偷偷变成别的，如果我的钱已经有了10%的收益，但被告知只有5%，老百姓找谁去呢？所以，这样解释是解释不通的，这些都是因为我们的监管手段没有到位，如果监管手段到位了，我觉得问题是能够解决的。

三 防范金融风险的根本出路在于科技创新

金融科技发展非常迅猛，我们要用科技的手段来迎接科技金融的发展，用监管创新来迎接金融创新，这才是根本出路。在监管理念上，我们不能用行政的手段去解决市场的问题，靠市场手段去解决人性的问题也是行不通的。现在一切都市场化，而人的本性就是贪婪的，监管机构要靠更高明的技术、更亮的眼睛来遏制人的贪婪的手，所以金融科技的创新迫在眉睫。

比如，把区块链技术应用到金融环境就是非常重要的创新。区块链的一个重要特点是智能合约，金融机构也好，企业也好，只要加入区块链，就要遵守区块链的规则，自愿加入，主动履约。如果不履约，区块链技术有着智能化的、无须经过本人同意的履约机制，还有着严厉的爽约惩罚机制，通过这些手段可以完善金融系统的诚信中枢。所以，监管部门只有在这些方面加强投入、加强研究，才能使金融更加符合市场规律和人性规律。金融监管的价值就是要树立公平、公正、公开、公允的市场秩序、金融秩序，尤其是诚信秩序，这方面有很多文章可做。我到浙商银行调研时，发现他们现在在做应收账款区块链，初步取得了效益。以前三角债很多，但加入这个区块链以后，如果该付的钱不付，系统便会自动结算；如果赖账就会有很多惩罚机制，让赖账企业寸步难行。

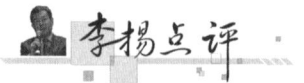

监管部门说自己的问题，挺好。以前监管部门把责任较多地归于市场和投资者，肯定是有问题的。刚刚说到要遵循市场规律、遵循人性之规定，这是很好的，如果大家都是雷锋，搞什么市场啊？大家都想赚钱才有了市场。

邓智毅：做好不良资产处置，有效防范金融风险

发言专家：特华博士后科研工作站博士后合作导师、中国东方资产管理股份有限公司总裁邓智毅

一　金融资产管理公司的定位

在做好不良资产处置、防范金融风险方面，金融资产管理公司具有独特的优势和不可或缺的地位。从大的逻辑上讲，一个国家也好，一个地区也好，经济运行都要追求高质量发展，如果金融风险的容忍度超过边界，很可能酿成区域性甚至系统性金融风险。如果出现这种情况，经济的高质量发展就无从谈起。所以，在历次文件和会议里，我们都强调确保不发生系统性金融风险，这跟我们追求高质量经济发展有着非常重大的内在因果关系。

中国的四大资产管理公司走到今天，实际上内在逻辑也在发生变化。

1999年，四大国有独资商业银行应该说是困难重重，用国外的话来说就是技术上已经破产。在那种情况下，从四大国有银行剥离了13939亿元不良资产，成立了四家资产管理公司，工商银行对应华融资产，农业银行对应长城资产，中国银行对应东方资产，建设银行对应信达资产。但当初的逻辑是，这四家资产管理公司存续期仅有十年，十年之后从哪里来回哪里去。而完成不良资产处置之后，四家国有独资商业银行上市，这几千人、几万人回去的话，最直观的问题就是没有那么多职位和岗位，上市公司猛的一下要注入这么多人是不可能的。所以，才对十年期限进行了调整，探索商业化道路，四家资产管理公司自己到市场谋生存，这是一个折中方案。从这方面引出了一个新的逻辑的变化，小到一个地区，大到一个国家，运行一段时间以后，难免会产生一些无效资产、问题机构和"僵尸企业"。经济参与主体成千上万，每个人的决策思维、路径、方式、维度都不一样，不可避免地会产生问题项目、无效资产和问题机构，它们是放错地方的资源，如果仅仅让它们自我消化、自我化解，从国民经济循环的角度来说也要付出沉重的代价。所以，怎么把这些资源利用起来，挖掘潜在价值，是新时期四家资产管理公司在国民经济运行中的定位，要重新认识它。

二 化解不良资产、防范金融风险的东方样本

从成立之初到2018年底，东方资产在这十多年时间里，前前后后总共化解问题资产超过1万亿元，成功处置了一批问题机构，如闽发证券、中华保险、大连银行以及一些信托公司。闽发证券通过收购重组，由一个濒临破产的公司变成东兴证券，成了比较优质的上市公司，各项指标处于整个行业中等偏上的水平。中华保险现在变成员工将近5万人，涵盖财险、寿险、资管业务，每个县都有机构的保险集团。大连银行由问题重重的银行，变成资产达到4200亿元的银行。总之，如果这些问题机构就地破产，很可能形成溢出效应。而通过收购处置以后进入新的良性运行阶段，对于金融的稳定有着非常大的帮助。我们刚刚和海淀区签订一个战略协议，成立了100亿元的股市基金，和中关村管委会联合起来，支持那些基本面非常好，只是暂时出现流动性困难的科创企业，它们属于等待挖掘的金矿，今后前景一定是非常好的。我们和宝武钢铁集团联合成立了钢铁行业资产管理公司，利用它们的专业技术和我们的资金优势，强强联手。

三 探索金融资产管理公司的可持续发展道路

现在资产管理公司处于寒冬,一些兄弟公司出现了问题,监管部门拿着放大镜对我们进行体检。资产管理公司要坚守主业、主责任,顺势而为,才能真正找到定位。此外,还要更新理论方法,东方资产提出应该从"三大"到"三重",即重组、重整、重构,利用实有投行的手段进行价值的深度挖掘,对于浙江和粤港澳的很多工厂,利用其地理位置和场地将其改造成物流园区,重新体现其价值。借这个机会我们也呼吁,资产管理公司进入了非常敏感的改革期,应该从国民经济循环特别是逆周期调控工具的角度,对金融资产管理公司进行重新定位和认识。

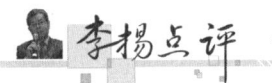

不良资产处置是一个严峻的挑战,这是世界级的问题,我们现在要做好准备,三五年下来就积累不少不良资产,照这么下去,整个格局都在发生变化,下一步这个问题非常严峻。同时,这也是一个富矿,在从事资产管理的人看来,没有垃圾,只有放错地方的资产。

刘绪光:应对金融科技挑战与加强监管

发言专家:特华博士后科研工作站博士后刘绪光

金融科技已经成为一个热词,受到了各方面的关注。一方面,近十年来，围绕金融科技领域的风险投资持续增加，资本从来都是敏锐的，春江水暖鸭先知。另一方面，大型科技企业和科技平台都渴望向金融领域渗透，如在我国耳熟能详的百度、阿里巴巴、腾讯、京东，还有那些所谓的新金融科技企业，如美团、滴滴、今日头条、拼多多。从国际来看，谷歌、苹果、亚马逊、脸书也纷纷基于用户数据的沉淀以及技术能力，直接申请金融牌照或间接为金融机构提供助贷、助保、助投服务。此外，近十年以金融科技为主题的论文也越来越多，很多高校都在论证设立金融科技专业。

这些现象背后呈现出一种趋势，即科技与金融的深度融合。金融产品创新周期越来越短，以前传统银行的对公产品和个人产品几年不变，现在手机APP里的金融产品基本每周、每个月都在更新。另外，产品覆盖大范围人群的能力越来越强，相应地，风险积累程度也被放大，甚至已经渗透到数字货币层面，这无疑对金融监管时效性、精确性和前瞻性提出了挑战。

概念的界定往往是最重要的。首先，金融科技本质上是金融，是通过技术手段推动的金融创新。不管是技术驱动的支付结算、信贷、投顾还是保险，金融的本质没有变。其次，应用大数据、人工智能的目的也是驱动各类金融活动进行创新和流程再造。在我国，金融科技是一个外来概念，而互联网金融是我们的本土概念。从某种程度上讲，互联网金融更多的是金融自由化的表现，在实践中，很多传统金融机构和科技公司确实利用互联网提升了金融服务的便捷性和有效性，然而也出现了大量P2P跑路、虚拟货币交易等问题。

金融科技到底新在哪里？经过梳理，我们认为有如下几个方面。

第一，新主体。一是大型科技企业和技术公司，它们有的是搜索引擎，有的是智能电商，基于手机、智能网络APP应用，沉淀了大量衣食住行偏好数据，基于这些信息能第一时间准确把握消费者需求，传统的等客上门的银行渐渐成为金融服务的后台，而这些科技企业则成为前台。二是P2P、股权众筹等新型平台，它们既是企业又是市场，兼具金融交易所、投资银行甚至信息中介的属性，传统的支付功能、交易功能在这些平台上都可以集聚，形成了很复杂的金融产品。三是金融科技企业，如区块链企业、支付企业。它们为成百上千家金融机构提供服务，某种程度上已经成为新型的区域性金融基础设施，而又不在监管范围内，一旦发生金融风险将引发一系列问题。

第二，新流程。实际上，资产证券化、供应链等很多金融产品的金融功能和本质并没有变化，在区块链、大数据技术的附加下，流程已经被解构，参与方逐渐增加，资金端已经不是传统的银行。很多P2P、网络众筹、网络小贷、物流企业也开始做供应链金融。我们进行互金整治时，发现某个企业经营地和注册地不一致，就请顺丰帮忙发一个快递看看是否签收。韩国是进出口的金丝雀，顺丰是实体经济方面的小金丝雀。在区块链技术条件下，风险定价、风控模型、契约的履行都已经发生了变化。

　　第三，新型数字货币。其影响层次更深，既包括私人加密的数字货币，也包括央行的数字货币。各个国家都开始进行尝试和探索，有的国家进行了有限许可，有的国家进行了监管沙箱，还有的国家干脆发放新的金融牌照。2018年，美国发布了特殊目的国民银行牌照；香港金融管理局发布了所谓的虚拟银行牌照，截至2018年底，腾讯、蚂蚁金服、京东、众安、小米、中国平安都开始申请虚拟银行牌照；瑞士也发布了金融科技许可证。一方面，这些举措能够促进金融市场竞争，提高金融的普惠性和便利性。另一方面，更多的服务主体、更广泛的服务对象和更快的速度可能带来更多问题，冲击也是多元的。新主体的涌入可能引起监管不一致问题，引发监管套利。新流程下，一个产品背后既有传统银行、传统金融机构，又有金融交易所，还可能有保险公司。这些机构共同交叉复合提供金融服务，只需要花1000元就可以买理财产品。看似产业链坚不可摧，但一旦出现问题谁都不是责任主体。这里面又加入了所谓的人工智能AI服务，出现了问题，我们是找机构，是找机器人，还是找设计机器人的程序员呢？这些都提出了一些挑战。

　　面对挑战，国际监管有两条路径、四个趋势。首先，各国对金融科技的监管很大程度上取决于各个国家金融发展的战略和对现有金融体系的冲击。我们发现，成熟经济体大多金融服务覆盖面广，金融科技活动领域更多是小额的、补充性的。加上其金融监管规则比较完善，金融科技可能引发的风险和不稳定因素相对不明显。他们对金融科技监管的态度更多是美国次贷危机之后监管收紧的回调，试图实现创新与风险的再平衡。我国香港、新加坡等小型经济体对金融科技特别欢迎，从某种意义上，他们要寻找新的优势，抢占国际话语权。具体路径上，以支付结算为例，支付结算又分为个人零售和机构批发两大领域。第一个层次如果沉淀了资金，则严格地颁发有限牌照；如果只是提供技术服务而不沉淀资金，便要遵守相应的外包服务要求。此外，数字代币某种程度上是一个集合体，既是使用凭证，又是支付媒介，同时还具有融资标的属性，受到各国的普遍关注。

　　我们要客观认识金融科技发展的不同，我国互联网金融企业的技术优势很大程度上体现在资金端,其他环节如资产端的获取和风控模式并无差异。监管面对新金融主体出现了一些不适应,一是功能监管的缺位,二是综合监管的缺位。下一阶段,我国监管的重点可能不仅仅是监管科技和技术,更多的是金融层面的监管。金融业务模式层面,数据的获取和处理方式都可能改变,金融风控的方式也可能改变,金融机构实时采集企业经营、物流数据,并且与财务报表进行比对,可能提供新的金融产品。一些大型金融科技企业在客户获取、产品控制、风控方面逐渐积累能力,甚至利用交叉营销、补贴定价、延长账期等手段非正常地派生客户需求,并且形成垄断能力。更多基于客户体征识别催生的金融需求很难以业态为界,为了满足客户需求,不同金融功能可以嫁接组合,产品属性不再清晰,一项金融活动可能由多个主体合作完成,去货币化趋势越来越明显,货币的内涵发生了变化,交易媒介、计价属性、财务管理可能分离,具有高流动性、价值稳定的资产都可能在局部成为支付和交易的媒介。

对此,我们提出几个监管理念。首先,应该多角度审慎看待金融科技的发展,给一定的观察期。同时,审慎界定金融和科技的边界。我们鼓励更多采用判例式的监管方法,对于新问题表现出灵活的动态反应和较高的调整效率,同时用技术治理技术,用区块链治理区块链,加强数据导向的监管科技。

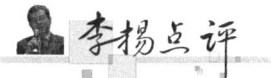

我总的感受是特华论坛依然保持着较高的水准,对这些问题的研究还是比较深入的。对于金融科技,一个判断很重要,金融科技之所以会出现,是因为原本的金融体系不顺,不能责怪用新手段做老业务。今天谈了一些观点,但是我觉得更多是提出了问题。其实中国放眼望去,现在已经出现了很多问题。比如金融领域中所谓的宽货币、紧信用,美国也有,但是中国这种情况是突出的,这些问题都需要深入研讨。

王茂林：发挥优势推动中国经济高质量发展

发言专家：特华博士后科研工作站博士后合作导师、十届全国人大法律委员会副主任委员王茂林

"稳中求进 迈向高质量发展"是2019年非常重要的一个问题，涉及外部环境，也涉及内部环境。从外部环境看，2018年出现了中美贸易摩擦，我认为这个问题实际上不难。2017年6月，我接受采访时讲了五个问题，第一个问题就是中美关系，我提出可能要发生中美贸易摩擦，讲了中美贸易摩擦的实质、原因、后果。

我认为贸易摩擦纯粹是个现象，在我和美国人接触过程中，有很多这样那样的说法。改革开放40年的成绩确实了不起，我们必须说够。别说40年前，30年前中国的GDP和美国的加州差不多，而2018年则成为世界第二大经济体，已经突破90万亿元，这是不可想象的，必须充分肯定。但是，在肯定成绩的同时，一定要实事求是，我们取得的成绩不容易，但是不要过分夸大。在和美国人接触的过程中，我们总认为中国要超过美国了，特别是有一本书叫《论美国》，我认为这本书的观点总体上不错，但是其中一个主要论点存在问题，即认为美国是冠军，中国是亚军，现在的主要问题就是冠军和亚军在争夺。我认为这种观点完全不符合中央精神，从毛主席到邓小平再到习总书记，已经讲得很透了，中国向来称不带头、不称霸、不结盟，以后也是这样。

内部环境要迈向高质量发展。首先，要保证国家稳定、经济安全、金融安全、社会安全。单纯地追求经济总量会带来很多问题，如环境问题。其次，金融学家最近一直在呼吁金融这条战线存在严重风险，当中国的财政出现赤字的时候问题便会浮现。2018年党中央把防范金融风险放到了重要位置,而且采取了很多措施。此外,要关注老百姓的生活,特别是就业问题。高质量发展不是简单的经济总量问题,而涉及社会各个方面。

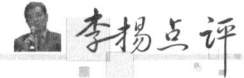

高质量发展涉及内部环境也涉及外部环境,这要求我们全面地考虑问题。此外,要实现高质量发展,不仅要关注经济的发展,还要关注民生,关注就业问题。

李光荣:新起点新征程——特华论坛回顾与总结

发言专家:特华博士后科研工作站站长李光荣

值此辞旧迎新的时刻,第20届特华论坛顺利召开。今年也是特华投资控股有限公司成立20周年。回顾我们的发展历程,特华20年如一日,始终坚持"用知识服务社会,以智慧回报国家",坚守本源,服务经济,沉淀了一定的物质资本和非物质资本。在多年的发展中,形成了以"四个四"为核心的企业文化:站在四个源头,坚持四个说话,摆正四种关系,反对四种倾向。站在四个源头,就是站在"知识、信息、政策和操作"的源头做事。坚持四个说话,就是要坚持用资本、知识、本事和事实说话。摆正四种关系,是要正确对待和处理国家、社会、员工与股东四者之间的利益关系,国家利益至高无上,社会利益高于公司利益,员工利益高于股东利益,最后才是股东利益。反对四种倾向,则是反对个人英雄主义、小团体利益、享乐主义和平庸主义。"四个四"文化解决的是什么人来做事、怎么做事、利益如何分配、发展中克服什么困难的问题。这是特华的价值观，指引着公司的发展方向，也决定着公司能走多远。

我们坚信，做正确的事永远比正确地做事更为重要。诺贝尔经济学奖获得者罗伯特·席勒曾说过，真正的好金融绝不仅仅是管理风险，还必须是社会资产的探索者和社会价值的创造者。实际上，不仅仅是金融企业，任何企业都应当承担社会责任，以社会效益最大化为最高目标，这就是值得我们矢志不渝去做的正确的事。比如特华持之以恒举办的特华论坛，从2000年至今已办了20届，这件事能够坚持下来，要感谢特华博士后科研工作站广大导师以及博士后的积极参与与大力支持，也正是依托广大导师和博士后的智库优势，每一届特华论坛都能紧紧围绕国家发展的焦点、热点问题提出高屋建瓴又有实践价值的政策建议。令人欣慰的是，特华论坛也受到了政府部门、企业机构以及社会各界的广泛关注和高度评价，成为我国经济金融领域开展学术交流的论坛之一。

借此机会，我也把特华博士后科研工作站的发展情况向大家做一个简要汇报。

工作站于2000年11月经人事部批准成立，是我国第一家从事经济金融理论研究的民营博士后科研工作站，始终坚持"培养一流的博士后研究人员、推出高质量的研究成果"的办站方针，形成了"在实践中创新、在创新中发展"的管理模式，紧紧围绕"有利于服务社会、有利于博士后成长、有利于企业发展"的"三有利"原则开展工作，不但成为经济金融领域人才培养的摇篮，为社会源源不断地输送了大批高级人才，而且充分发挥在职博士后和合作导师的智库优势，对我国经济金融领域的诸多重大课题进行了前瞻性、战略性和实证性的研究，为各级政府和企业机构提供了一些专业研究服务。

在有利于服务社会方面，工作站围绕宏观经济、区域经济、产业经济、金融理论、资本市场、财政税收等诸多研究领域出版了六个系列的学术专著120多部，完成行业及专业研究报告350多项，在国家核心期刊、主要报纸发表学术论文1300多篇，完成各级政府委托课题260多项，其中省部级重点课题60余项，所承担的对北京、上海、深圳当地金融业发展的相关研究课题均受到了各级政府的高度评价，成为当地政府制定政策的重要依据。

在有利于博士后成长方面，截至2018年，工作站与中国社会科学院、清华大学、北京大学、中国人民大学联合招收了19批258名博士后，聘请合作导师130余人。工作站在每名博士后进站之初都配备了3名分别来自政府经济部门的权威专家、国内外高等院校和科研机构的知名学者以及具有丰富实践经验的一线企业家作为合作导师，成立三人合作导师组，从政策、知识和操作的源头，对博士后进行悉心培养，使博士后的研究既有前瞻性又有实践性。目前特华博士后科研工作站已发展成为全国规模最大、在站博士后最多的企业博士后科研工作站。

在有利于企业发展方面，以工作站的非物质资本为指导，特华经营管理团队带领华安保险、精达股份等企业取得了长足进步，沉淀了一定的物质资本。从2002年重组至今，华安保险由重组前即将被保监会接管到目前年收入增长30多倍，由亏损严重到年年盈利，年纳税额增长40多倍，累计向国家贡献税收超过60亿元，进入国内财险行业前十名。2003年重组至今，精达股份年收入增长约20倍，利润增长约15倍，年纳税额增长10倍，是国家重点高新技术企业、国家技术创新示范企业，又是国内最大、全球最大的特种线制造企业，还是中国企业五百强和民营制造业五百强。华安资产连续八年平均收益率超过保险行业60%。

在"三有利"原则的指导下，历届博士后完成了一批高质量研究项目，佼佼者包括曹红辉博士主持的亚洲债券研究，李清娟博士主持的上海优先发展先进制造业行动方案研究，倪鹏飞博士主持的中国城市竞争力报告，张领伟博士主持的中国保险业发展报告等，不胜枚举。更为突出的是，工作站多项研究成果得到了国务院领导的重视和批示：2010年后全球金融危机时期我国金融安全若干问题研究得到了国务院时任总理温家宝和时任副总理王岐山的重要批示；2013年对当前我国金融业流动性紧张的分析研究及政策建议和关于深化我国利率市场化改革的建议，得到了国务院总理李克强和时任副总理马凯的重要批示；2016年深化金融体制改革促进民营银行发展研究，得到了国务院总理李克强的重要批示；2017年信托产业深化改革与科学发展研究，得到了国务院时任副总理马凯的重要批示；等等。

在主管部门的正确领导下，在社会各界朋友的关心下，工作站获得了许多荣誉。2010年和2015年，工作站两次被北京市人力资源和社会保障局评为"北京市优秀博士后科研工作站"。2005年、2010年和2015年，工作站在人力资源和社会保障部组织的历次评估中均被评为全国优秀博士后科研工作站。2011年、2015年，工作站分别被第七届、第九届全国生产力理论与实践成果奖评委会评为全国先进生产力发展典范机构奖。目前，工作站形成了如下品牌价值：全国第一家社科类全国优秀博士后科研工作站，全国第一批获得独立招生资格的企业博士后科研工作站，全国第一家可以在各省份设立分站的博士后科研工作站，科研成果获得中央领导批示最多的博士后科研工作站。

"人间正道是沧桑"，凡做大做强者必定坚持正道。特华坚持和遵循的是不断为社会做加法，这是原则性问题。所以，我们不但设立了博士后工作站，培养经济人才、提供研究服务，而且设立了华民慈善基金会，开展大学生就业辅助项目，累计投入2亿元，培训约9万人。还通过华安保险开展了学贷险，将保险引入国家助学贷款机制，扶贫先扶智，帮助57万名寒门学子圆了大学梦，不但荣登了中国保险学会保险扶贫先锋榜，而且被评为联合国千年消除贫困发展目标推广案例，由联合国开发计划署向全世界推广，还被首届人民好保险推选活动评为"扶贫之星"保险扶贫优秀案例。特华将一如既往，在坚持正确理念的基础上，规规矩矩，心存敬畏，有始有终，敢于担当，与各界朋友携手，恪守长远发展之道，沉淀长远价值。以史为鉴，继往开来，特华将致力于成为深化改革推动经济迈向高质量发展的实践者、探索者和贡献者。特华博士后科研工作站将继续致力于为社会贡献智慧、建言献策。

在此，我也祝愿各位导师、各位博士后推陈出新，创造出更加喜人的研究成果。万事万物贵在坚持，特华论坛要继续办下去，我们期待特华论坛迎来更加出彩的新的20届。

从2000年至今，特华论坛已经办了20届。我们一届一届地参加，不知不觉已经做了这么多事情，这些事情对于任何参与者来说都是值得骄傲的。这届特华论坛到此结束，我们明年再见。再次感谢各位导师，感谢各位博士后研究人员！谢谢！

第二十届特华论坛花絮

工作站博士后合作导师
李光荣 王茂林

工作站博士后合作导师
陈胜昌 翟立功

工作站博士后合作导师
胡昭广 赵立华

工作站博士后合作导师
陈伟钢 邓智毅

参会代表合影留念

2019年1月26日 北京